AGNÈS GAB

DIE
MALERIN
DES LICHTS

atb aufbau taschenbuch

AGNÈS GABRIEL

DIE MALERIN
DES LICHTS

*Manet sucht in ihr seine Muse,
doch Berthe Morisot findet ihren eigenen
Weg in der Kunst*

ROMAN

 aufbau taschenbuch

MIX
Papier | Fördert
gute Waldnutzung
FSC® C083411

ISBN 978-3-7466-3964-2

Aufbau Taschenbuch ist eine Marke der Aufbau Verlage GmbH & Co. KG

1. Auflage 2024

© Aufbau Verlage GmbH & Co. KG, Berlin 2024

www.aufbau-verlage.de

10969 Berlin, Prinzenstraße 85

Der Verlag behält sich das Text- und Data-Mining nach § 44b UrhG vor, was hiermit Dritten ohne Zustimmung des Verlages untersagt ist.

Satz LVD GmbH, Berlin

Druck und Binden CPI books GmbH, Leck, Germany

Printed in Germany

Für meine Mutmacherinnen

Malen ist für mich so notwendig wie atmen.
BERTHE MORISOT (1841–1895)

Kapitel 1

»Darf ich Sie mit zwei bezaubernden jungen Damen bekannt machen, mein lieber Freund? Mademoiselle Berthe und Mademoiselle Edma sind die Töchter von Monsieur Morisot, dem Leiter des Rechnungshofes. Sicher haben Sie schon von ihm gehört.«

Abrupt legt Berthe Pinsel und Palette auf das Tischchen neben der Staffelei und wischt sich die farbverschmierten Hände an dem braunen Kittel ab. Sie ist verärgert. Erstens, weil sie es hasst, bei der Arbeit gestört zu werden, denn die erfordert ihre volle Konzentration. Und zweitens, weil der Mann, dessen näselnde Stimme sie sogleich erkannt hat, sie und ihre ältere Schwester als Töchter eines stadtbekannten Finanzbeamten tituliert hat.

Eine steile Falte ragt zwischen ihren Augenbrauen auf. Wen hat zu interessieren, wessen Töchter sie sind? Sie sind Berthe und Edma Morisot und in den Louvre gekommen, um als zukünftige Malerinnen Ausschnitte aus einem Gemälde des flämischen Malers Peter Paul Rubens zu kopieren. Genauso wie die anderen Schüler, allesamt junge Burschen, die am Vorbild der großen Meister von Renaissance und Barock Proportionen, Perspektive und Farbauftrag studieren. Mit dem Unterschied, dass diese Männer ihre Ausbildung an einer der zahlreichen Malakademien oder gar der renommierten Académie des Beaux-Arts absolvieren. Frauen hingegen ist der Zugang zu dieser Einrichtung verwehrt. Nur in der Rolle als Aktmodell ist es ihnen gestattet, die heiligen Hallen der Académie zu betreten. Daher erhalten Berthe und ihre ältere Schwester Edma Unterricht bei einem Privatlehrer. Solche Maler machen sich das Reglement der Akademien zunutze und bilden junge Mädchen und Frauen in ihren eigenen Ateliers aus.

Mit zusammengekniffenen Lippen wendet Berthe sich um und wirft ihrem Lehrer Monsieur Camille Corot einen verächtlichen Blick zu. Doch der bemerkt nichts vom Unmut seiner Schülerin, viel zu sehr ist er damit beschäftigt, seinen zerknitterten, aus der Mode gekommenen Mantel mit fahrigen Händen glatt zu streichen. Vermutlich, um nicht allzu nachlässig neben seinem jüngeren Begleiter zu wirken. Dessen Kleidung ist von ausgesuchter Eleganz. Das feine Wolltuch beweist den erlesenen Geschmack seines Trägers ebenso wie das handwerkliche Geschick des Schneiders. Berthes geschultes Auge registriert wohlwollend die fein aufeinander abgestimmten Grün- und Brauntöne von Anzug, Weste, Mantel, Hut und Schal.

»Sehr erfreut, Sie kennenzulernen, Mesdemoiselles Morisot, mein Name ist Édouard Manet.«

Berthe spürt einen kräftigen Händedruck und merkt auf. Das also ist der Mann, den der vor wenigen Monaten verstorbene Dichter Charles Baudelaire als »Maler des modernen Lebens« bezeichnet hat. Der von Kollegen seiner Zunft hoch geschätzt und von Auftraggebern hofiert wird. Der von den meisten Kritikern jedoch wegen der harten Konturlinien von Personen und Gegenständen und seiner ungemischten Farbpalette verlacht oder verhöhnt wird. Der »Bürgerschreck«, dessen Gemälde mehrfach zum Tumult geführt haben, weil sie, nach Meinung des Publikums, das sittliche Empfinden stören. Manets Charaktere sind Menschen der Gegenwart, ohne Bezug zur Mythologie oder Überhöhung durch religiöse Symbolik, wie es die Maltradition verlangt. Seine Frauenfiguren sind Frauen aus dem Volk. Manchmal leicht bekleidet – oder auch gänzlich unbekleidet.

Aus dem Augenwinkel heraus beobachtet Berthe, wie Edma Monsieur Manet ihr warmherzigstes Lächeln schenkt. Ihr entgeht auch nicht das verräterische Glitzern in den Augen der Schwester. Es erscheint immer dann, wenn sie sich von einem Mann angezogen fühlt, was mitunter schnell geschieht. Doch während Edma sich in romantischen Zukunftsträumen ergeht, sind alle diese Männer entweder verheiratet oder haben keinerlei Ambitionen, ein Leben als Ehemann zu führen. Insgeheim bedauert Berthe die Schwester um ihre Trugbilder. Sie selbst hat sich noch nie verliebt und hat auch nicht vor, dies jemals zu tun.

»Wie lange nehmen Sie schon bei meinem Freund Unterricht?« Seine Stimme hat ein tiefes, raues Timbre, jede Silbe ist überdeutlich artikuliert.

Über Edmas Wangen huscht ein rosiger Hauch. »Seit drei Jahren, Monsieur Manet.«

Monsieur Corot streckt die Brust vor und streicht mit dem Daumen selbstgefällig über seinen braunroten Schnurrbart. »Die beiden sind meine fleißigsten Schülerinnen, sie haben bereits mehrfach im *Salon* ausgestellt. Mit anderen Worten, die Desmoiselles wussten die strenge Jury zu überzeugen.«

»Zuvor hat uns Monsieur Guichard unterrichtet. Er war es, der uns das erste Mal in den Louvre geführt hat«, ergänzt Berthe, immer noch verärgert über die Taktlosigkeit ihres Lehrers. Außerdem möchte sie vermeiden, dass Monsieur Manet den Eindruck gewinnt, ihre erfolgreiche Teilnahme beim jährlichen *Salon*, dem großen Pariser Kunstereignis des Jahres, sei allein auf die Lektionen bei ihrem Lehrer Corot zurückzuführen.

Unauffällig späht sie zum Ende des langen Korridors, an dessen Wänden sich ein goldgerahmtes Gemälde an das nächste reiht. Dort sitzt ihre Mutter auf einem Klappstuhl und ist über einer Stickarbeit eingenickt. Glücklicherweise, denn sonst käme Marie Morisot womöglich auf die Idee, sich in die Unterhaltung einzumischen. Nicht aus Interesse, sondern um sicherzustellen, dass die Grenzen des Schicklichen gewahrt bleiben. Schließlich diskutieren ihre unverheirateten Töchter mit zwei Männern. Ob diese Junggesellen oder verheiratet sind, spielt keine Rolle. Sie sind Männer, also ist erhöhte Wachsamkeit erforderlich.

Die beiden Künstler treten einige Schritte zurück, bis sie das Gemälde des großen flämischen Meisters und die davorstehenden Staffeleien der Schwestern im Blick haben. Mehrmals kneift Monsieur Manet die Augen zusammen, dann nickt er beifällig in Richtung seines Malerfreundes.

»Eine erstaunlich reife Leistung für zwei so junge Damen … Rubens war ein Meister der minutiösen Pinselführung, er verknüpfte dramatisches Geschehen mit leuchtender Farbigkeit. Man erkennt das Bestreben Ihrer Schülerinnen, das Thema präzise nachzubilden. Recht anschaulich auch, wie sie sich in die Gefühlswelt der agierenden Personen hineinversetzen.«

»Die Historie ist und bleibt die Königsdisziplin der Malerei«, bekundet Monsieur Corot voller Eifer. Monsieur Manet verbeugt sich leicht in Richtung der beiden Schwestern.

»Jeder Kopist weiß, dass die Auseinandersetzung mit einem Gemälde wie *Der Austausch* der *Prinzessinnen* technisch herausfordernd ist. Ich muss feststellen, dass die Desmoiselles Morisot die Anmut der dargestellten Adelsdamen bei Weitem übertreffen. Würde Rubens heute leben, er würde Sie beide porträtieren wollen.«

Berthe überhört bewusst die Bemerkung über ihr Aussehen und spürt ihr Herz pochen. Monsieur Manet, der bekannteste und einflussreichste Maler von Paris, hat ihre Arbeit gelobt! Er, der in der Presse als kauziger Eigenbrötler verschrien ist, erweist sich in Wirklichkeit als charmanter und einnehmender Mann. Eine Malerpersönlichkeit wie ihn wollte sie schon immer einmal kennenlernen.

Nach einem vierstimmigen Wortwechsel über die unterschiedlichen Oberflächenstrukturen durch den Einsatz von Rund-, Flach- und Schrägpinseln verabschieden sich die beiden Männer. Manets Blick ist ebenso nachdrücklich wie sein Händedruck.

»Au revoir, Mesdemoiselles. Ich hoffe, wir sehen uns recht bald wieder.«

Als die Männer außer Hörweite sind, zittert Edmas Hand, die

zum Pinsel greift. »Sag mir, dass ich nicht träume. War das eben tatsächlich der berühmte Édouard Manet, der mit uns gesprochen hat?«

Während Berthe sich wieder ihrer Arbeit zuwendet, mischt Edma gedankenverloren einen Farbton nach dem nächsten auf der Palette. Und doch ist sie zu keinem Pinselstrich mehr fähig. Also begnügt sie sich damit, für heute ihrer Schwester beim Auffüllen einer Rosenblüte zuzusehen.

»Wer war denn der elegant gekleidete Herr, den ich vorhin an der Seite von Monsieur Corot aus dem Rubens-Saal eilen sah?«, möchte Marie Morisot von ihren Töchtern wissen. In diesem Augenblick schwenkt ihr Gefährt ruckartig erst nach links, dann nach rechts. Vermutlich hat der Kutscher gerade noch rechtzeitig ein Schlagloch umfahren können. Der Weg am Seine-Ufer zwischen dem Musée du Louvre und der Rue Franklin, dem Zuhause der Familie Morisot, wird täglich von einer Vielzahl an Fuhrwerken genutzt. Der Jahresbeginn 1868 mit seinen frostigen Temperaturen hat ein Übriges getan, die Straßen in einen beklagenswerten Zustand zu versetzen.

»Das war Monsieur Manet«, erklärt Berthe und hört die Schwester neben sich leise seufzen.

»Manet ...«, Madame Morisot kräuselt die Lippen, »... nun ja, in den Zeitungen liest man so manches Widersprüchliche über diesen Maler. Er scheint die Kritiker geradezu herauszufordern. Zumindest ist er von tadelloser Herkunft. Sein Vater war Richter und arbeitete im Justizministerium. Die Mutter ist die Tochter eines französischen Diplomaten und wurde in Göteborg geboren. Der schwedische König Karl der Dreizehnte war einer ihrer Paten. Das weiß ich von der Comtesse de Valmont, die donnerstags zur Soirée von Madame Manet geht.«

»Stellen Sie sich vor, Maman, Monsieur Manet hat unsere Arbeit gelobt.« Aus Edmas Worten sind Aufregung und Stolz deutlich herauszuhören.

»Wie schön für euch. Ihr solltet aber bedenken, dass ein solches Lob zwei Seiten hat ...« Madame Morisot öffnet die große Gobelintasche, in der sie ihr Stickzeug verstaut hat, und zieht einen Briefumschlag hervor. »Dieser Brief eures Lehrers erreichte mich am Vormittag. Monsieur Corot schreibt: ... *Ich fühle mich verpflichtet, Sie auf einen Umstand hinzuweisen, der nicht vorhersehbar war. Sie hatten mich gebeten, Ihre Töchter zu unterrichten und zu Freizeitmalerinnen auszubilden, die die Verwandtschaft zu Festen und Jubiläen mit gefälligen kleinen Aquarellen erfreuen. Bei dem Talent, das beide besitzen, besteht jedoch die Aussicht, dass aus ihnen einmal Künstlerinnen werden könnten. In gesellschaftlichen Kreisen wie den Ihren dürfte das einer Revolution gleichkommen, wenn nicht gar einer Katastrophe ...*«

Edma verdreht die Augen, und Berthe ringt um Luft. »Das ist ungeheuerlich. Manet, der bekannteste lebende Maler Frankreichs, lobt unsere Arbeit, und Corot, dieser greise, siebzigjährige Pinselgelehrte, spricht von Revolution und Katastrophe.«

»Berthe, mäßige dich, so spricht man nicht über seinen Lehrer. Womöglich hat Monsieur Corot sogar recht, wenn er meint ...« Ihr Zeigefinger gleitet suchend über die mit brauner Tinte verfassten Zeilen. »*Doch könnten die beiden jungen Damen der Sache der*

Malerei weitaus mehr dienen, wenn sie jeweils ein Mitglied der Académie heirateten.«

Fassungslos starrt Berthe ihre Schwester an und verstummt für den Rest der Kutschfahrt.

Monsieur Edmé Morisot füllt zum zweiten Mal seinen Teller mit dem Pot-au-feu und blickt stirnrunzelnd zu seinen Töchtern hinüber. »Was ist mit euch? Warum esst ihr nichts? Den ganzen Abend über sitzt ihr mürrisch und schweigsam am Tisch. Ihr solltet zumindest einige Löffel von dem Eintopf probieren, das Rindfleisch ist wunderbar zart.«

»Ich bin schon satt, Papa«, presst Berthe zwischen den Lippen hervor.

»Ich mag auch nichts mehr essen«, erklärt Edma entschlossen. Sie erntet einen strengen Blick des Vaters und einen dankbaren Seitenblick der Schwester, wie immer, wenn sie der jüngeren in kritischen Momenten beisteht.

»Welche Laus ist euch denn heute wieder über die Leber gelaufen?«

»Sie wissen doch, Edmé ...«, erwidert die Mutter und legt ihrem Ehemann beschwichtigend die Hand auf den Arm, »... junge Mädchen haben an einem Tag den Appetit eines Löwen und am nächsten Tag den eines Spatzen. So ist die weibliche Natur nun einmal, es besteht kein Grund zur Sorge.«

Monsieur Morisot brummt etwas Unverständliches und löffelt weiter seinen Eintopf. Dann hält er inne und richtet vorwurfsvoll den Zeigefinger auf seine Töchter. »Ihr seid ohnehin viel zu dünn, vor allem du, Berthe. Ein Besenstil hat mehr Umfang als du. Man kann nicht nur von Luft und Malerei leben. Das Renekloden-Kompott werdet ihr doch hoffentlich essen.«

Im Gleichtakt schütteln Berthe und Edma den Kopf.

»Darf ich?« Blitzschnell greift Tiburce, der jüngste Spross der Familie Morisot, zu zwei Kompottschälchen und zieht sie zu sich heran. Vergnügt zwinkert er seinen Schwestern zu und widmet sich höchst zufrieden dem Nachtisch.

Als Edmé Morisot die Tafel aufhebt, ziehen sich die drei Geschwister in ihre Zimmer zurück. Tiburce in seine Kammer unter dem Dach und Berthe und Edma in den ersten Stock, wo sie sich ein Zimmer teilen. Die Eheleute beschließen, sich zum Abschuss des Tages an den Kamin zu setzen, wo der Hausherr sich selbst ein Glas Beaujolais und seiner Ehefrau ein Glas Chartreuse einschenkt.

»Es wird Zeit, dass die Mädchen sich an ihrer ältesten Schwester ein Beispiel nehmen und heiraten. Dann vergehen ihnen auch so manche Flausen. Dieses Gehabe ums Essen ist lächerlich«, klagt Monsieur Morisot und steckt sich eine Zigarre an.

Seine Ehefrau nickt ergeben und nimmt einen tiefen Zug von dem Kräuterlikör.

»Ich weiß nicht, ob ich diese Nacht schlafen kann, ich muss fortwährend an Monsieur Manet denken, an seinen warmen Blick, den festen Händedruck und was er zu uns gesagt hat. Jedes seiner Worte könnte ich wiederholen.« Edma hat die Bettdecke fast bis zur Nasenspitze hochgezogen und beobachtet die jüngere

Schwester, wie sie sich vor dem Ankleidespiegel das lange dunkle Haar bürstet.

»Sein Schneider dürfte dank ihm zu den Wohlhabenden in unserer Stadt zählen. Und da sagt man immer uns Frauen nach, wir seien eitel«, entgegnet Berthe. Dass auch sie von diesem Maler beeindruckt ist, gesteht sie sich nur insgeheim ein. Auch wenn er mit seiner beginnenden Stirnglatze, den Falten um die Augenpartie und den zu großen Ohren kein Schönling ist, strahlt er eine Präsenz und Souveränität aus, die einen unmittelbar in Bann ziehen.

»Wie alt mag er sein?«, fragt Edma sinnend.

»Auf jeden Fall bedeutend älter als wir«, erklärt Berthe bestimmt. »Warum interessiert dich das?«

»Er ist so ... ich weiß nicht, wie ich es erklären soll. Monsieur Manet ist etwas ganz Besonderes, ein außergewöhnlicher Mann. Das muss dir doch auch aufgefallen sein. Hoffentlich kommt er wieder in den Louvre, wenn wir das nächste Mal dort sind.«

»Er ist ein Freund von Monsieur Corot, sonst wissen wir nichts über ihn. Wir haben nur wenige Worte miteinander gewechselt. Womöglich wollte Monsieur Manet uns schmeicheln, weil er meint, er könne auf diese Weise Frauen für sich einnehmen. Vielleicht wollte er sich auch über uns lustig machen, weil er ein Spötter ist. Oder aber, er ist in Wirklichkeit derselben Ansicht wie unser ignoranter Lehrer, dass wir lieber einen Maler heiraten als weiterhin selbst malen sollten.« Während sie dies sagt, spürt Berthe, wie sich ihre anfängliche Begeisterung für diesen Maler in Luft auflöst. Nein, sie wird sich nicht von falschem Lob blenden lassen. Sie wird ihren Weg gehen, und niemand wird sie davon abhalten können. Eines Tages wird sie eine erfolgreiche und geachtete Malerin sein.

Empört richtet Edma sich im Bett auf. »Das glaube ich nicht. Er klang so freundlich und aufrichtig. Ich hätte doch gespürt, wenn er es nicht ehrlich meint. Was glaubst du, ob er noch Junggeselle ist?«

Berthe schüttelt die Federdecke auf und steigt in ihr Bett an der gegenüberliegenden Wand des Zimmers. »Das kann ich mir nicht vorstellen. Ganz sicher ist Monsieur Manet ein glücklicher Ehemann und fürsorglicher Vater einer großen Kinderschar.«

In diesem Augenblick landet ein Kissen aus Edmas Richtung auf Berthes Gesicht. »Du bist gemein, du bist so gemein.«

Kapitel 2

Am folgenden Mittwoch, dem Wochentag für die Kopisten, fahren die beiden Schwestern wie gewohnt in den Louvre, um ihre Studien an dem Rubens-Gemälde fortzusetzen. Reproduktionen von Gemälden berühmter Künstler sind bei ausländischen Touristen und dem Pariser Bürgertum gleichermaßen beliebt. Vielen der angehenden jungen Malerinnen und Maler eröffnet sich dadurch eine wichtige Einnahmequelle. Während Berthe an einem Spitzenkragen weiterarbeitet, kann Edma sich nur mit Mühe konzentrieren. Immer wieder blickt sie um sich, in der Hoffnung, den Mann zu entdecken, der ihr so sehr imponiert hat.

Auch in der Woche darauf bleibt ihr Wunsch unerfüllt. Lediglich Monsieur Corot lässt sich kurz blicken und korrigiert bei Berthe einen Schlagschatten auf der Wange eines Puttos und bei Edma den Grünton einer Wasserpflanze. Dann entschwindet er zur nächsten Schülerin in einen anderen Saal.

»Warum ist Monsieur Manet noch nicht aufgetaucht? Schließlich hat er bei der Verabschiedung gesagt, er hoffe, uns bald wiederzusehen«, klagt Edma.

»Das kann er aus purer Höflichkeit gesagt haben, eine Floskel eben. Bestimmt hat er unsere Unterhaltung längst vergessen.«

Ungerührt tupft Berthe ein wenig Ultramarin auf die rechte Gesichtshälfte des Puttos.

»Warum bist du nur so garstig?«, beschwert sich Edma. Verärgert packt sie ihre Malsachen in einen länglichen Holzkasten. »Für heute habe ich keine Lust mehr. Ich gehe jetzt zu Maman und leiste ihr Gesellschaft, bis du fertig bist.«

»Bleib doch, Edma. Ich wollte dich nicht vergraulen. Ich will nur nicht, dass du dir falsche Hoffnungen machst. Monsieur Manet ist ein gestandener Mann und ein anerkannter Maler. Warum sollte er sich ausgerechnet für zwei angehende junge Malerinnen interessierten?« Sie mischt ein wenig Weiß unter ein helles Blau und tupft mit dem Pinsel zart über einen Perlenohrring. »Im Übrigen halte ich Monsieur Corot für einen Heuchler. Was ist das für ein anmaßender Gedanke, dass wir lieber einen Maler heiraten als selbst malen sollten ... Gleichzeitig unterrichtet er mehrere Schülerinnen, von denen er obendrein Geld nimmt. Viel Geld sogar. Ich bin der Meinung, dass wir keinen Lehrer mehr brauchen. Wir besitzen mittlerweile genug technische Kenntnisse.«

Die Familie hat das Abendessen beendet. Edmé Morisot faltet seine Damastserviette zusammen und legt sie neben den Teller. Auffordernd blickt er zu seiner Ehefrau.

»Was wollten Sie uns denn Wichtiges erzählen, meine Liebe? Sie taten vorhin recht geheimnisvoll. Dürfen wir jetzt die Neuigkeit erfahren?«

Marie Morisot setzt eine gewichtige Miene auf. »Am Nachmittag erhielt ich einen Brief von Monsieur Manet.« Bedeutungsschwer schaut sie ihre beiden Töchter an. »Wo steht es denn? … ach, hier … *durfte ich die Bekanntschaft Ihrer beiden bezaubernden und begabten Töchter machen, auf die Sie sehr stolz sein dürfen. Ich plane ein neues Bild, eine Balkonszene mit drei oder vier Personen, und ich möchte Sie fragen, verehrte Madame Morisot, ob Ihre Tochter Berthe willens ist, mir Modell zu sitzen. Und falls ja, was ich sehr hoffe, ob Sie und Ihr Gatte mit dieser Entscheidung einverstanden sind.*«

Berthe ist sprachlos. Edma hingegen braucht offenbar einen Moment, um zu begreifen. Dann zeigt sich in ihren Augen eine abgrundtiefe Enttäuschung: Er will Berthe malen, einzig und allein Berthe!

Madame Morisot wendet sich ihrem Gatten zu. »Was halten Sie von diesem Vorschlag, Edmé?«

Nachdenklich streicht sich Monsieur Morisot über den Bart. »Nun, ich weiß nicht recht. Würde es nicht dem Ruf unserer Familie schaden, wenn ganz Paris unsere Tochter auf dem Gemälde eines Skandalmalers erkennt?«

»Meine Schwester hüllenlos auf einer Leinwand … auf diesen Anblick würde ich gern verzichten«, ereifert sich Tiburce. Sofort trifft ihn die Schuhspitze von Berthe am Schienbein. Der strafende Blick seiner Mutter lässt ihn verstummen.

»Du solltest dich schämen, Tiburce. Du hast doch gehört, was ich vorgelesen habe. Es geht um eine Balkonszene.« Madame Morisot greift zu ihrem Weinglas und blinzelt ihrem Mann über den Rand hinweg zu. »Monsieur Manet ist ein Maler mit guter Reputation und von ehrenhafter Herkunft. Bestimmt wird er einmal weltberühmt. Das habe ich bei meinen Soiréen aus den Diskussionen herausgehört. Monsieur Degas und Monsieur Mendès halten ihn für äußerst begabt. Sie besuchen beide den Jour fixe von Monsieur Manets Mutter.« Sie legt die Hand auf den Arm ihres Gatten, als wolle sie einen etwaigen Widerspruch von vornherein entkräften. »Außerdem würde von seinem Ruhm auch etwas auf unsere Familie abstrahlen. Ich bin der Meinung, Berthe sollte zusagen, nicht wahr, Edmé?«

»Ich bin ganz Ihrer Meinung, meine liebe Marie.«

Im Gesicht der Mutter sieht Berthe Genugtuung aufblitzen.

»Berthe, was sagst du dazu? Ist dieses Angebot nicht schmeichelhaft für dich?«

Mehrmals muss Berthe schlucken. Am liebsten würde sie den Vorschlag empört und auf der Stelle zurückweisen. Schließlich ist sie Malerin und nicht Modell! Andererseits verspürt sie ein eigenartiges Kribbeln in ihrem Innern. Sie würde diesem Künstler bei der Arbeit zusehen können und eventuell herausfinden, was seine Einzigartigkeit und Widersprüchlichkeit ausmachen. Vielleicht könnte sie sogar von ihm lernen, natürlich ganz unauffällig und ohne dies jemals preiszugeben. Vielleicht wäre sie aber auch enttäuscht, und Manet würde sich als wenig geistvoll erweisen. Dann hätte sie ebenfalls einen Erkenntnisgewinn. »Ich möchte eine Nacht über den Vorschlag schlafen, Maman.« Aus dem Augenwinkel wird sie Edma gewahr, die wie erstarrt neben ihr sitzt. Der Schwester zuliebe schließt sie eine Frage an. »Wissen Sie, ob Monsieur Manet Familie hat?«

»Nein, dazu kann ich nichts sagen. Wir verkehren zwar in

denselben Kreisen, sind einander aber noch nicht begegnet. Von der Comtesse de Valmont weiß ich, dass die Manets wohlhabend sind und eine Reihe von Häusern und Grundstücken besitzen. Auf den Verkauf seiner Bilder ist Monsieur Manet also nicht angewiesen.«

Edma erhebt sich abrupt von ihrem Stuhl. »Ich habe schreckliches Kopfweh. Bitte entschuldigen Sie mich.« Sehr aufrecht eilt sie aus dem Raum. Madame Morisot hebt die Brauen und schaut nachdenklich ihrer Tochter hinterher.

»Was ist mit dir, Edma, hast du tatsächlich Kopfschmerzen?« Berthe setzt sich zu ihrer Schwester auf die Bettkante und legt ihr den Arm um die Schultern. Mit zusammengebissenen Lippen sitzt Edma da und starrt vor sich hin. »Nun sag schon, oder ist es wegen des Briefes, den Maman vorgelesen hat?«

»Warum will er dich malen und nicht mich? Ich bin viel schöner als du«, platzt es aus Edma heraus.

Berthe schluckt einen bissigen Kommentar hinunter und versucht, die Schwester zu besänftigen. »Ganz sicher denkt er, dass du, so hübsch, wie du bist, längst einen Verlobten hast und dass es sich aus diesem Grund nicht schickt, wenn du ihm Modell sitzt.«

»Niemals würde ich einen Mann heiraten, der mir nicht erlaubt, bei Monsieur Manet Modell zu sitzen«, entgegnet Edma, und es klingt zornig.

»Aber woher sollte Monsieur Manet das wissen?«

Schniefend zieht Edma ein Taschentuch aus der Rocktasche

und betupft sich die Augen. »Meinst du, Monsieur Manet malt demnächst auch mich, und du bist nur zufällig die Erste von uns beiden, die er fragt?«

In ihren Augen liest Berthe leise Hoffnung. Nur schwer kann sie es ertragen, wenn die ältere Schwester traurig ist. Nicht einen Tag waren sie jemals getrennt voneinander gewesen, sie lachen und weinen zusammen. Nicht nur in ihrem Äußeren sind sie sich ähnlich, sie haben dieselbe Begabung und dasselbe Ziel: Sie wollen Malerinnen werden. Auf diesem Weg kritisieren, korrigieren und loben sie einander, jede kann sich auf das Urteil der anderen verlassen.

»Ich vermute, dass die Wahl nur deshalb auf mich fiel, weil der erste Buchstabe meines Vornamens im Alphabet weiter vorn liegt als deiner«, versucht Berthe sich mit einer unverfänglichen Erklärung. »Vielleicht malt er uns eines Tages sogar zusammen. Wäre das nicht großartig?«

»Ja, das wäre wunderbar«, seufzt Edma und drückt ihrer Schwester erleichtert einen Kuss auf die Wange.

Drei Tage später schickt Madame Morisot eine Nachricht an Monsieur Manet. Ihre Tochter sei gewillt, sich von ihm porträtieren zu lassen.

Kapitel 3

In Begleitung ihrer Mutter betritt Berthe das Atelier von Monsieur Manet zum ersten Mal. Es befindet sich in der Rue de Saint-Pétersbourg, einer gutbürgerlichen Gegend mit mehrstöckigen sandsteinfarbenen Stadthäusern in der Nähe der Gare Saint-Lazare. Rauchschwaden und das Zischen und Pfeifen der an- und abfahrenden Lokomotiven dringen herüber.

Der Raum mit den hohen Decken ist groß und hell. Zur Einrichtung gehören samtbezogene Sessel und Tischchen aus der Zeit des Empire. Ein Paravent, bemalt mit Vögeln vor dem Hintergrund einer exotischen Landschaft, zeugt von der außerordentlichen Qualität japanischer Kunst, die sich besonders in den gehobenen Kreisen großer Beliebtheit erfreut. An den Wänden hängen unzählige Gemälde, gerahmt und ungerahmt, andere liegen auf dem Boden oder sind gegen die Wand gelehnt. Überall befinden sich Blumen in Vasen, Krügen oder Schälchen. Ihr süßlicher Duft vermischt sich mit dem von Terpentin und Leinöl. Im hinteren Teil des Ateliers, der Rue de Saint-Pétersbourg abgewandt, sind ein goldgerahmter Standspiegel und ein hohes Regal mit Farben, Tiegeln, Pinseln und Paletten zu sehen.

Der Hausherr trägt einen dunkelblauen Malerkittel mit eingestickten Initialen am Kragen. Nirgends auf dem seidig glänzenden Stoff ist auch nur der kleinste Farbsprenkel zu erkennen.

»Herzlich willkommen, Madame und Mademoiselle Morisot. Darf ich Ihnen die Mäntel abnehmen? Dort drüben auf dem Tischchen finden Sie Tee und Butterkekse, damit Ihnen die Zeit nicht lang wird. Zuerst aber möchte ich Ihnen mein Atelier zeigen.«

Wortreich geleitet Monsieur Manet seine Besucherinnen von Bild zu Bild, weiß zu jedem eine Geschichte zu erzählen und erweist sich als amüsanter Plauderer. »Wollen Sie dort hinten im Ohrensessel Platz nehmen, Madame Morisot? Währenddessen stelle ich Ihrer Tochter meine Bildkomposition vor.«

Er führt Berthe zu einer Staffelei mit einer großformatigen Leinwand, aufgezogen auf einen Keilrahmen. Darauf sind die Umrisse von drei Personen in Lebensgröße zu sehen. Zwei Frauen, die eine stehend, die andere sitzend, dahinter ein Mann. Im Vordergrund ist mit wenigen Kreidestrichen ein Balkongitter angedeutet.

»Meine Vorbilder sind die großen spanischen Meister Velázquez und Goya«, erläutert Manet. Berthe kommt es vor, als betone er jede Silbe wie ein Schauspieler, der auf der Bühne einen Text deklamiert. Womöglich fühlt er sich in diesem Moment auch wie jemand, der seinem Publikum ein spannendes Geschehen nahebringt.

»Bei dieser Szene habe ich mich von Goyas Gemälde *Majas auf einem Balkon* inspirieren lassen.« Mit einer dynamischen Handbewegung deutet Manet auf die Umrisszeichnung. »Ich möchte die Figuren allerdings nicht miteinander kommunizieren lassen, jede soll für sich allein stehen. Für den Hintergrund plane ich eine zweite Männerfigur, einen Diener, der den Tee bringt. Sein Erscheinen verweist darauf, dass die Figuren im nächsten Moment gemeinsam handeln werden.«

Das erwähnte Gemälde von Goya ist Berthe vertraut. Sie kennt es von einem Folianten mit Kupferstichen aus der Privatbibliothek ihres früheren Lehrers Joseph Guichard. »Welche der beiden Frauenfiguren soll ich darstellen, Monsieur Manet?« Angespannt horcht sie in sich hinein, ob sie selbst eine Vorliebe verspürt.

»Für die sitzende Figur hat sich eine Freundin des Hauses, Fanny Claus, als Modell angeboten. Allerdings bin ich der Ansicht, dass Sie, Mademoiselle Morisot, diese Position einnehmen sollen. Ich stelle mir vor, dass Sie einen zusammengeklappten Fächer in der rechten Hand halten und Ihren Unterarm auf das Balkongitter stützen.«

»Und wer stellt den Mann hinter der stehenden Frauenfigur dar?«

»Antoine Guillemet, ein Landschaftsmaler und Freund. Für den noch fehlenden Diener ganz im Hintergrund wird mein Patensohn Léon Modell stehen. Würden Sie hier vorn Platz nehmen und Ihren Arm auf dem Pult ablegen? Dann können wir beginnen.«

Manet führt Berthe zu einem Sessel mit grün gestreiftem Samtbezug und wartet, bis sie sich hingesetzt und ihr Kleid glatt gestrichen hat. Dann legt er behutsam ihren rechten Unterarm auf einem Mahagoni-Pult ab. »Drehen Sie den Kopf leicht nach rechts, aber nur so weit, dass Sie die Rückseite der Leinwand noch im Blick behalten. Jetzt das Kinn ein wenig nach oben … das genügt. Können Sie diese Stellung halten?«

»Aber ja«, antwortet Berthe, ohne ihre Körperhaltung auch nur einen Millimeter zu verändern. Marie Morisot unterbricht ihre Häkelarbeit und beobachtet das Geschehen aufmerksam. Manet tritt vor die Staffelei, so dass für Berthe nur noch seine Unterschenkel und die Füße zu sehen sind. An seinen Bewegungen und an dem leicht kratzenden Geräusch der Kreide erkennt sie, dass er die Umrisszeichnung bearbeitet. Zwischendrin taucht der Kopf des Malers neben der Staffelei auf, dann verschwindet er wieder.

Fragen über Fragen gehen Berthe durch den Kopf. Worauf nur hat sie sich eingelassen? Will sie tatsächlich von diesem Maler auf ein Stück Tuch gebannt werden? Wer wird dieses Bild, wenn es fertig ist, einmal betrachten? Wie viele Jahre wird es überdauern und von ihrer gemeinsamen Arbeit zeugen? Zehn Jahre, zwanzig oder vielleicht sogar hundert? Wie aber wäre es … dieser Gedanke kommt ihr ganz unvermittelt … wie wäre es, wenn sie die Positionen tauschten? Manet auf dem Sessel und sie an der Staffelei. Er das Modell und sie die Malerin.

Bevor sie diesen Gedanken zu Ende bringen kann, erscheint ein junger Mann im Atelier. Er ist schmal, blass und jung. Vielleicht gerade einmal sechzehn Jahre alt, fünf Jahre jünger als ihr Bruder Tiburce. Er tritt hinter die Staffelei, und Berthe hört ihn und Manet miteinander flüstern. Dann taucht der Maler wieder neben der Leinwand auf.

»Mesdames, wir machen jetzt eine kleine Pause. Ich möchte Ihnen meinen Patensohn vorstellen. Léon, das sind Madame und Mademoiselle Morisot.«

Der junge Mann nickt schüchtern. »Guten Tag.« Er verschränkt die Hände hinter dem Rücken und blinzelt verlegen. »Au revoir.« Dann hastet er aus dem Atelier, als würde er vor etwas flüchten. Berthe ist der weiche, warme Klang aufgefallen, der sich in Manets Stimme geschlichen hat. Etwas Fürsorgliches, Zartes hat sie rausgehört, etwas, das ihr Inneres berührt. Manet schenkt ihnen Tee ein und nimmt sich selbst zwei Butterkekse.

Um ihre verspannten Gliedmaßen zu lockern, geht Berthe durch das Atelier und schreitet von einem Bild zum nächsten. Jetzt, da sie allein vor den Gemälden steht und die dargestellten Szenen in Ruhe auf sich wirken lassen kann, ist sie angesichts des energischen Pinselstrichs und der kühnen Farbzusammenstellung irritiert und fasziniert zugleich. Diese Bilder berühren und provozieren. Bei zwei der männlichen Figuren fällt ihr eine Ähnlichkeit mit Monsieur Manet auf. Ob es sich um Brüder des Malers handelt, die ihm Modell gestanden haben? Eine Vielzahl an Radierungen belegt, dass der Maler auch die Technik der Druckgraphik beherrscht. Währenddessen unterhält Manet sich offenbar prächtig mit ihrer Mutter, die sich, wie Berthe an der höheren Stimmlage erkennt, geschmeichelt fühlt, von einem wesentlich jüngeren Mann auf so unverfängliche und charmante Art hofiert zu werden.

Die Sitzung wird schließlich fortgesetzt, und als Berthe schon befürchtet, ihr Nacken sei völlig steif geworden, kommt die erlösende Meldung von der anderen Seite der Leinwand.

»Danke für Ihre Geduld, wir machen für heute Schluss.«

Beim Abschied hält Manet Berthes Hand einen Moment länger als unbedingt erforderlich. »Wäre es Ihnen möglich, zur nächsten Sitzung ein weißes Kleid zu tragen, Mademoiselle Morisot? Ich sehe Sie ausschließlich in dieser Farbe auf dem Bild. In den Vordergrund will ich ein türkisfarbenes Balkongitter setzen.«

»Und was hat er noch gesagt?«, will Edma aufgeregt wissen, als die Schwestern am Abend zu Bett gehen. »Warum will er dich in Weiß malen? Deine Lieblingsfarbe ist doch Schwarz, hast du ihm das nicht gesagt?«

»Nein, und ich bin auch niemandem Rechenschaft schuldig, welche Kleiderfarbe ich bevorzuge. Auch nicht, wenn ich bei Monsieur Manet Modell sitze. Beim nächsten Mal werde ich wieder ein schwarzes Kleid anziehen – und ein weißes mitnehmen. Das kann er sich von mir aus über den Paravent hängen und abmalen. Sofern er weiterhin der Ansicht ist, dass das Weiß für seine Komposition entscheidend ist.«

»Das ist alles so aufregend. Wie schade, dass nicht ich deine Aufpasserin sein kann anstelle von Maman.«

Unwillkürlich muss Berthe lachen. »Ich sehe dich gerade mit einem Spitzentaschentuch und einer Häkelnadel vor mir ... Nein, diese Aufgabe überlassen wir lieber unserer Mutter. Dafür erzähle ich dir auch das, was Maman nicht in allen Details mitbekommen hat.«

»Und was ist das?«, will Edma mit großen Augen wissen.

Dann berichtet Berthe von der Begegnung mit Léon, dem Patensohn, und wie warmherzig Manet mit ihm gesprochen hat.

»Ach, Berthe, ich beneide dich. Wie gern würde ich mit dir tauschen.«

Kapitel 4

Nach zwei weiteren Sitzungen unter den aufmerksamen Blicken von Madame Morisot hält diese es für angebracht, den Porträtisten ihrer jüngsten Tochter zu ihren Dienstags-Soiréen einzuladen. »Ich würde mich freuen, Sie demnächst in der Rue Franklin Nummer sechzehn willkommen zu heißen, Monsieur Manet. Sie werden zahlreiche alte Bekannte antreffen.«

»Glaubst du, er kommt heute, Berthe? Wie steht mir das gelbe Kleid? Meinst du, es macht mich zu blass? Soll ich lieber das blaue anziehen, das ich mir zu meinem letzten Geburtstag habe nähen lassen?« Aufgeregt läuft Edma zwischen Kleiderschrank und Ankleidespiegel hin und her, legt sich erst ein Schultertuch um, dann wechselt sie den Spitzenkragen.

»Beide Kleider stehen dir gut. Doch vielleicht ist das gelbe eher eine Sommerfarbe«, meint Berthe, die bereits fertig angekleidet ist. Sie trägt ein hochgeschlossenes, schmal fallendes Kleid mit drapiertem Überrock, der an der Rückseite und unterhalb der Hüften mit Schleifen verziert ist. Selbstverständlich in ihrer Lieblingsfarbe Schwarz.

»Dann also das blaue«, seufzt Edma ergeben und öffnet den

Kleiderschrank. »O nein, da ist ja ein Flecken am Ärmel. Das kann ich auf keinen Fall anziehen. Was mache ich jetzt nur? Ausgerechnet heute, wo ich doch besonders hübsch aussehen will.«

»Du siehst in jedem Kleid hübsch aus, Edma. Wenn du möchtest, such dir etwas von mir aus. Ich gehe jetzt hinunter und sage Maman, dass du in wenigen Minuten fertig bist.«

Seit jeher hält Marie Morisot dienstags zwischen drei und sechs Uhr nachmittags ihre Soiréen ab. Die Gäste nehmen auf samtbezogenen Sesseln im Salon Platz und pflegen heitere, manchmal auch ernste Konversation. Die Wände des großen achteckigen Raums sind mit pastellfarbenen Streifentapeten verkleidet. Gemälde in kunstvoll geschnitzten Holzrahmen, meist Porträts einer langen Ahnenreihe, hängen dicht an dicht. Zu den besonderen Vergnügungen des Hausherrn gehört es, mehrmals im Jahr Möbel zu verrücken und Bilder umzuhängen. Gern wäre er Architekt geworden, doch das Schicksal hat aus ihm einen Finanzbeamten gemacht.

Auf nahezu jeder waagerechten Fläche stehen mehrarmige Kerzenleuchter. Mannshohe Palmen in üppig bemalten Blumentöpfen schaffen eine mediterrane Atmosphäre. Blickfang auf dem Kaminsims ist eine Tischuhr aus der Zeit Kaiser Napoléon Bonapartes, darüber prangt ein ovaler, goldgerahmter Spiegel. Auf mehreren Beistelltischen stehen Silbertabletts mit kleinen Brotscheiben, belegt mit Käse, Pastete oder Räucherfisch, außerdem Biskuits und Petits Fours, zubereitet von Margot, dem langjährigen normannischen Hausmädchen.

Die Besucher verweilen kaum länger als eine halbe Stunde, viele von ihnen gehen zu mehreren Gesellschaften am Tag. Meist kommen die Damen allein, da ihre Ehemänner sich noch bei der Arbeit im Ministerium oder in Kanzleien befinden. Auch einzelne männliche Personen sind gelegentlich anzutreffen, vorzugsweise Schriftsteller, Maler, Musiker oder Komponisten, die nicht an feste Arbeitszeiten gebunden sind. Mit solchen Gästen umgibt sich Madame Morisot am liebsten. Da Edmé Morisot ein nüchtern-sachlicher Mensch und kein Theatergänger ist, bleibt für sie, die einmal davon träumte, Pianistin zu werden, ein Besuch in der Oper oder im Konzerthaus ein Wunschtraum. Eine verheiratete Frau ihres Standes geht nicht ohne die Begleitung des Ehemannes in ein Theater. Das würde einen von ihr so gefürchteten Skandal hervorrufen. Folglich ist die Begegnung mit Künstlern für Marie Morisot ein Ersatz für das, was ihr an eigenem Erleben versagt bleibt.

Von den Schriftstellern schätzt Berthe den burschikosen, spöttisch dreinblickenden Catulle Mendès am meisten, der ihrer Meinung nach die schönsten Gedichte schreibt und die amüsantesten Geschichten zu erzählen weiß. Der besondere Liebling ihrer Mutter ist Giacomo Rossini, ein fünfundsiebzigjähriger, in Italien geborener Komponist. Seine Leibesfülle entspricht seinem Humor, beide sind immens. Mit besonderem Vergnügen liefert er sich Wortgefechte mit dem deutlich jüngeren Mendès, der sein Enkel sein könnte.

Sobald einer der malenden Gäste wie Claude Monet, Auguste Renoir oder Edgar Degas den Salon betritt, sind Berthe und

Edma zur Stelle. Schnell verlieren sie sich in Fachsimpelei. Dann muss die Mutter sie mit einem mahnenden Blick daran erinnern, was ihre eigentliche Aufgabe ist. Nämlich den Gästen Tee und Kaffee anzubieten.

Gern würden Berthe und Edma diese Gespräche in ihrem Atelier fortsetzen. Sie sehnen sich nach dem Austausch unter Gleichberechtigten, mit Künstlern, die alle schon im *Salon* ausgestellt haben. Doch davor hat die Mutter sie eindringlich gewarnt.

»Ihr seid die Töchter des Hauses, und es schickt sich nicht, solche bedeutenden Männer zu behelligen. Jeder der Herren soll sich als Gast fühlen und nicht als Berater zweier malender Mädchen.«

Manchmal erheitern die Schwestern die Besucher mit ihrem Klavierspiel, das sie seit ihrem achten Lebensjahr pflegen. Wie es sich für junge Mädchen aus gutem Hause gehört. Ungern erinnert sich Berthe an ihr früheres Zuhause am Stadtrand von Paris, als sie und Edma noch kein eigenes Atelier hatten. Dort mussten sie, bevor die Gäste zum Jour fixe kamen, ihre Malutensilien in einem Schrank und die Staffeleien hinter einem Paravent verschwinden lassen.

Als Berthe jetzt in den Salon tritt, sieht sie ihrer Mutter die Ungeduld an der Nasenspitze an. »Wo bleibt ihr denn nur? Soll ich meinen Gästen heute etwa selbst die Getränke servieren?«, flüstert sie verärgert.

»Edma hat vorhin einen Flecken auf ihrem Kleid entdeckt. Sie will sich nur rasch umziehen und kommt dann sofort«, beschwichtigt Berthe. Sie eilt in die Küche, wo die füllige und stets gut gelaunte Haushälterin Margot ein Tablett mit hauchdünnem chinesischem Porzellan und eine silberne Zuckerdose bereitgestellt hat. Berthe füllt den Tee in die fragilen Tassen und geht zurück in den Salon. Die Gesellschaft ist in gelöster Stimmung, es wird gescherzt und gelacht. Dort, wo mehrere Männer aufeinandertreffen, sind manchmal erbitterte Diskussionen vernehmbar. Meist geht es um Politik, um Theaterkritiken oder um Ruderwettbewerbe auf der Seine.

»Oh, was für ein köstlicher Tee … Sie werden jeden Tag hübscher, Mademoiselle Berthe. Bestimmt stehen Ihre Verehrer Schlange, und jetzt haben Sie die Qual der Wahl, wer Sie zum Traualtar führen soll.«

Berthe hasst derartige Anspielungen, und sie hasst Madame Fournier. Die taktlose Dame ist eine alte Schulfreundin ihrer Mutter, eine unansehnliche Person mit langer spitzer Nase, einem zentimetergroßen Muttermal auf dem Kinn und eng stehenden Augen. Die Frau scheint ihre Befriedigung darin zu finden, andere zu brüskieren, sofern sie sich nicht gänzlich herablassend über sie äußert.

»Die aschfarbene Bluse steht Ihnen hervorragend, Madame Fournier. Sie harmoniert perfekt mit Ihrem Teint«, erklärt Berthe und setzt ihr verbindlichstes Lächeln auf.

In diesem Moment betritt ihre Schwester den Salon, und Berthe weiß sofort, was ihr fragender Blick heißen soll: Ist Monsieur Manet gekommen? Leise schüttelt sie den Kopf und wendet sich den anderen Besucherinnen zu. »Eine Tasse Tee, Madame? Darf ich Ihnen ein Petit Four bringen?«

Den ganzen Nachmittag über scheint Edma unkonzentriert. Fortwährend blickt sie zur Tür, doch der, den sie erwartet, erscheint nicht. Auch Berthe ist enttäuscht. Sie hatte sich fest vorgenommen, Monsieur Manet unter einem Vorwand und ohne das mütterliche Einverständnis durch ihr Atelier zu führen, nachdem sie das seine bereits kennengelernt hat.

Drei Wochen vergehen, bis Monsieur Manet endlich in der Rue Franklin erscheint. Wie immer ist er umgeben von dieser besonderen Aura, die so anziehend wirkt. Eine Mischung aus Selbstsicherheit und Zurückhaltung, Ernsthaftigkeit und leiser Ironie, gepaart mit unaufdringlicher und umso augenfälliger Eleganz. Sofort ist er von den anwesenden Damen jenseits der Dreißig umringt. Jede hofft auf ein Kompliment, ein Lächeln oder Augenzwinkern. Eine knisternde Stimmung macht sich breit, die ein unbefangener Beobachter auf das Rascheln der aufwändig gearbeiteten seidenen Taftkleider zurückführen könnte.

Vor Aufregung rutscht Edma beinahe ein Tablett mit Tassen aus der Hand. Berthe hat Mitgefühl mit ihrer Schwester, die sich so offensichtlich um Monsieur Manet bemüht. Sie schenkt ihm Tee ein, bringt ihm einen Teller mit Mandelgebäck und Petits Fours und versucht, ihn in ein Gespräch über den anstehenden *Salon* im Mai zu verwickeln.

Irgendetwas gefällt Berthe nicht an dieser Szene, die sie vom Kamin aus beobachtet. Sie könnte nicht sagen, was, doch eine innere Stimme sagt ihr, dass Edma ihre Schwärmerei auf den falschen Mann richtet.

»Wenn Sie wünschen, Maman, werde ich unseren Gästen etwas auf dem Klavier vorspielen«, flüstert Edma der Mutter zu, die gerade ihre Schulfreundin Madame Fournier verabschiedet. Ein kurzer, lobender Blick, dann wendet sich Marie Morisot mit bedeutungsvoller Stimme an ihre Gäste. »Liebe Freunde, meine Tochter Edma möchte Sie heute mit einigen Klavierstücken unterhalten. Ich wünsche Ihnen viel Vergnügen.«

Unter dem Beifall des Publikums lässt Edma sich auf der Klavierbank nieder. Feinfühlig und mit scheinbarer Leichtigkeit intoniert sie zuerst ein Allegro assai von Franz Schubert, dann ein Präludium von Johann Sebastian Bach. Beim Rondo von Wolfgang Amadeus Mozart fliegen ihre Hände nahezu über die Tasten. Berthe beobachtet Manet, der mit geschlossenen Augen den Klängen lauscht. Auch sie ist ergriffen, noch nie hat ihre Schwester makelloser gespielt als heute. Als Edma geendet hat und begeisterter Beifall den Salon erfüllt, ahnt Berthe, was die Schwester zu ihrem furiosen Vortrag angespornt haben mag: die Hoffnung, dass Monsieur Manet, wenn er sie schon nicht als Modell gewählt hat, dann zumindest aufgrund ihres Klavierspiels wahrnimmt. Bei seiner Verabschiedung stehen die Hausherrin und ihre Töchter nebeneinander.

»Ich möchte mich bei Ihnen bedanken, Mademoiselle Morisot. Sehr geschickt, wie Sie auf Bachs *Präludium in C-Dur* etwas so Dynamisches wie Mozarts *Rondo alla turca* folgen ließen. Ihr Spiel beweist Könnerschaft ebenso wie Leidenschaft. Ich maße mir ein solches Urteil an, weil meine Frau Pianistin ist. Sie hat vor Jahren Eugène und Gustave, meine beiden jüngeren Brüder, im Klavierspiel unterrichtet.« Mit einer halben Körperumdrehung wendet Manet sich der Gastgeberin zu und zieht einen Brief aus der Innentasche seines Jacketts. »Darf ich Ihnen diese Einladung überreichen, Madame Morisot? Meine Mutter und meine Frau würden sich freuen, wenn Sie zu ihrem Jour fixe am Donnerstag kämen. Meine Privatwohnung und mein Atelier liegen nur wenige Schritte voneinander entfernt.«

Ein kräftiger Händedruck und eine höfliche Verbeugung, dann entschwindet Monsieur Manet. Aus Edmas Gesicht ist jede Farbe gewichen. Ganz fest presst sie die Fingerspitzen gegen die Schläfen.

»Bitte entschuldigen Sie, Maman, ich habe entsetzliche Kopfschmerzen. Das Vorspiel hat mich zu sehr angestrengt.« Mit unsicheren Schritten wankt Edma aus dem Salon, und Berthe sieht sich in ihrer Vorahnung bestätigt. Am liebsten würde sie der Schwester hinterherlaufen, sie in den Arm nehmen und tröstende Worte für sie finden. Doch es würde unangenehm auffallen, wenn beide Töchter sich plötzlich zurückziehen. Also unterstützt sie mit betont gelassener Miene die Mutter in ihrer Gastgeberinnenrolle. Zu ihrem Verdruss hatte sie keine Gelegenheit, Monsieur Manet in ihr Atelier zu führen. Das will sie unbedingt bei seinem nächsten Besuch nachholen. Ihre Schwester wird ihr dabei helfen müssen, indem sie die Mutter ablenkt.

Später, beim gemeinsamen Abendessen, fehlt Edma. Bevor der Vater unangenehme Fragen stellen kann, berichtet ihm seine Frau wortreich von dem wunderbaren Klavierspiel der älteren Tochter und dass sie damit die gesamte Nachmittagsgesellschaft in Verzückung versetzt habe. Völlig verausgabt müsse sie sich für den Rest des Tages schonen.

Missbilligend schüttelt der Hausherr den Kopf. »Immer diese Empfindlichkeiten bei den jungen Mädchen … Gottlob hat das Schicksal mir nicht nur Töchter, sondern auch einen Sohn geschenkt.«

Tiburce reckt das Kinn vor und lächelt herablassend. »Grämen Sie sich nicht, Papa. Wir Männer sind nun einmal aus einem anderen Holz geschnitzt.«

Berthe weist ihren Bruder mit tadelndem Blick zurecht. Seine Antwort ist ein müdes Achselzucken.

Als sie später in das gemeinsame Zimmer kommt, hockt die Schwester schluchzend und in sich zusammengesunken auf dem gobelinbestickten Sofa, einem Erbstück ihrer verstorbenen Großeltern. Berthe setzt sich neben sie und legt ihr den Arm um die Schultern. »Es tut mir so leid für dich, Edma. Aber hast du allen Ernstes geglaubt, dass dieser Mann noch zu haben ist?« Sie zieht ein Taschentuch aus der Rocktasche und reicht es der Schwester, der die Tränen über das Gesicht rinnen.

»Ich hatte es gehofft, weil … ich war mir sicher, dass auch er etwas für mich empfindet, ganz deutlich habe ich das gespürt.«

»Ach, Edma, du hast es weniger gespürt als gewünscht.«

»Ich musste fortwährend an ihn denken, in jeder Minute. Nachts habe ich von ihm geträumt und mir vorgestellt, wie wir Arm in Arm durch den Louvre gehen und er mir jedes Bild erklärt. Ich werde mich nie wieder verlieben, und ich will mich auch nie wieder verlieben. So etwas passiert mir nicht noch einmal«, beschließt sie trotzig.

Behutsam streicht Berthe der Älteren über das Haar. »Ich glaube nicht, dass du dich ernsthaft verliebt hast. Was dich überkommen hat, ist eine Schwärmerei. Ich frage Margot, ob sie dir eine heiße Schokolade macht. Bestimmt sieht morgen die Welt schon wieder anders aus.«

Auch wenn Berthe über die plötzlich aufgetretene Schwermut ihrer Schwester Stillschweigen wahrt, ahnt Marie Morisot doch, dass dies etwas mit dem Besuch von Monsieur Manet zu tun haben muss.

»Sag deiner Schwester, dass sie jederzeit zu mir kommen kann, falls sie etwas bedrückt.«

»Edma fehlt nichts, Maman. Sie ist nur ein wenig erschöpft, weil sie sich den Kopf darüber zerbricht, welche Bilder sie zum diesjährigen *Salon* einreichen soll.«

Diese Notlüge dient Berthe auch dazu, sich selbst zu schützen. Schon vor Jahren hat sie beschlossen, heikle Themen wie Liebe, Verlobung oder eine künftige Heirat niemals von sich aus anzusprechen. Allzu leicht würde ihre Mutter sie ermahnen, sich endlich für einen der Ehekandidaten, die sie ihr seit Jahren vorstellt, zu entscheiden.

»Für eine Frau bedeutet es das größte Glück, ihrem Ehemann zu dienen und eine Familie zu gründen«, lautet die Devise von Madame Morisot. Doch Berthes größtes Glück ist die Malerei, nur ihr fühlt sie sich verpflichtet. Schließlich weiß sie, dass eine

Malerin, sobald sie einen Ehering trägt, für immer den Pinsel aus der Hand legen muss und sich fortan nur noch um Heim und Herd zu kümmern hat. Alles andere wäre eine Ehrverletzung dem Ehemann gegenüber und in den Augen der Gesellschaft verwerflich.

Ab dem Tag ihrer Vermählung trägt die Frau ein eng geschnürtes Korsett, das nicht aus Spitze und Fischbein, sondern aus Zwängen und starren Regeln besteht. Dies zu wissen, macht Berthe wütend. Niemand würde auf die Idee kommen, einen Mann vor die Wahl zu stellen, entweder zu heiraten oder, beispielsweise, zu malen. Hat Gott bei der Erschaffung von Mann und Frau so etwas beabsichtigt?, fragt sie sich. Dass das künstlerische Bestreben einer Frau nichts gilt, aber das eines Mannes alles?

Doch derartige Konventionen interessieren sie nicht. Was auch immer geschehen mag, ihre Malerei wird sie niemals aufgeben!

Kapitel 5

Zum dritten Mal befindet Berthe sich im Atelier Manets und vernimmt die Anweisungen des Künstlers.

»Das Kinn ein wenig höher, Mademoiselle Morisot, und die linke Hand auf der rechten aufliegend. So ist es gut. Halten Sie es noch eine Weile aus?«

»Ja, Monsieur Manet«, antwortet sie, kaum dass sie dabei die Lippen bewegt. Die drei anderen Personen auf dem Gemälde sind nahezu fertig, einzig sie, die bildbeherrschende Person, besteht erst aus wenigen Schraffuren und einzelnen Farbflächen auf Kleid und Händen.

Wen sieht Manet, während der Pinsel über die Leinwand gleitet? Sieht er die Malerin, sein weibliches Gegenstück, oder eine beliebige Frau, die ebenso gut durch ein anderes Modell ersetzt werden könnte? Doch nein, hätte er sonst sie gefragt, wenn er auch eine andere hätte malen können?

Was also denkt er, fühlt er, jetzt, genau in diesem Moment, da sein Kopf neben der Staffelei sichtbar wird? Hat er den richtigen Farbton gefunden oder sucht er ihn noch? Es ist nicht immer leicht, die richtige Farbe anzumischen. Manchmal muss man auch eine völlig andere Farbe verwenden als die, die die Wirklichkeit vorgibt. Weil es stimmiger ist, das zu malen, was man fühlt. Und nicht das, was man sieht.

»Die rechte Hand ganz locker. Der Fächer soll eher schweben, als dass er festgehalten wird«, kommt die Anweisung Manets.

Bald ist Berthe so in ihre Gedanken vertieft, dass sie die Person im Atelier erst bemerkt, als sie sich ihrer Mutter nähert. Überrascht lässt diese den Stickrahmen in den Schoß sinken.

»Guten Tag, Sie müssen Madame Morisot sein, nicht wahr? Mein Mann berichtete mir von Ihrem Jour fixe in der letzten Woche und wie sehr ihn das Klavierspiel Ihrer Tochter begeistert hat. Ich bin auf dem Weg zu meiner Handschuhmacherin und wollte nur rasch im Atelier nach dem Rechten sehen.«

Monsieur Manets Gattin spricht mit niederländischem Akzent und erinnert Berthe an die wohlgerundeten Frauengestalten, wie sie die Meister des 17. Jahrhunderts dargestellt haben. Als Marktweiber, Marketenderinnen oder Kupplerinnen. Und somit weit entfernt von dem, was eine elegante Pariserin ausmacht. Nach einem kurzen Austausch über die besten Adressen für qualitätvolle und langlebige Handschuhe kommt die Frau auf Berthe zu. Ihr Gesichtsausdruck zeigt Neugierde, in Berthes Nase steigt ein zarter Duft von Rosenparfum.

»Und Sie, sind Sie Mademoiselle Morisot, die Klavierspielerin?«

Gerade noch rechtzeitig kann Berthe sich zurückhalten, den Kopf zu schütteln, denn das hätte ihre Körperhaltung verändert. »Sehr erfreut, Madame Manet, aber ich bin …« Das Modell, will sie gerade sagen, doch dann besinnt sie sich und findet die einzig richtige Antwort. »Ich bin Malerin.«

»Suzanne, höre ich da deine Stimme? Wie schön, dass du mir einen Besuch abstattest.« Für einen kurzen Augenblick taucht Manets Kopf neben der Leinwand auf, er kneift die Augen zusammen, dann ist er wieder verschwunden. Aus dem Augenwinkel heraus beobachtet Berthe, wie Madame Manet sich wieder ihrer Mutter zuwendet.

»Ihr Gatte erwähnte, dass Sie Pianistin sind«, hört sie die Mutter sagen. »Ach, wie gerne hätte ich das Klavierspiel zu meinem Beruf gemacht. Aber dann habe ich geheiratet, und später kamen die Kinder ...«

Mit einem knarzenden Geräusch zieht Suzanne Manet einen Stuhl heran, und die beiden Frauen beginnen eine angeregte Plauderei. Berthe hört nur mit halbem Ohr zu. Lieber konzentriert sie sich auf ihren Porträtisten und versucht, seine Bewegungen zu interpretieren. Was bedeutet es, wenn er einen Schritt zurückgeht und dort eine Weile verharrt, wenn er zur Seite tritt, mit dem Fuß aufstampft oder sich auf die Zehenspitzen stellt? Zu gern würde sie durch die Leinwand hindurchsehen können. Sie wird sich bis zum Ende der Sitzung gedulden müssen.

Beim Zubettgehen wird sie der älteren Schwester von diesem Tag erzählen. Sie will den Besuch der Ehefrau ein wenig ausschmücken, vielleicht sogar von einem liebevollen Miteinander des Paares sprechen. Nicht, damit Edma noch trauriger wird, sondern damit sie erkennt, dass es sich nicht lohnt, einem verheirateten Mann hinterherzutrauern.

Kapitel 6

Der Frühling scheint es in diesem Jahr 1868 eilig zu haben. Bereits Mitte März zeigen sich die ersten Krokusse in den öffentlichen Parks und in den privaten Gärten der Stadthausbewohner. Die Dienstboten zünden den Kamin ihrer Herrschaft erst am Nachmittag an, bei den Soiréen werden die Kleiderstoffe leichter und die Unterhaltungen beschwingter. Als würden die milden Temperaturen die Herzen der Menschen weiten und ihre Zungen lockern.

Wie immer ist Édouard Manet mit Betreten des Salons in der Rue Franklin von Bewunderinnen umgeben, doch diesmal erscheint er in Begleitung eines Schulfreundes, der ebenfalls das Interesse der anwesenden Damen erregt. Adolphe Pontillon ist Marineoffizier, ein hochgewachsener, dunkelhaariger Mann mit kräftigem Backen- und Kinnbart. Er ist bei Weitem nicht so beeindruckend und charismatisch wie sein malender Freund, aber ungemein ansehnlich in seiner perfekt sitzenden Uniform.

»Darf ich Ihnen etwas Gebäck und Tee bringen, Monsieur Pontillon?«, fragt Edma den neuen Gast und wendet sich, ohne seine Antwort abzuwarten, dem Anrichtetischchen zu. Édouard Manet schenkt sie nicht einmal einen Anflug von Aufmerksamkeit. Wenig später sieht Berthe ihre Schwester und den Offizier am Kamin stehen. Sie plaudern angeregt und lächeln einander zu. Immer wieder schaut Edma sich um, als wolle sie sich vergewissern, dass Manet bemerkt, wie sehr sie sich mit seinem Schulfreund amüsiert.

In der Woche darauf erscheint Monsieur Pontillon erneut. Auch diesmal ist die Konversation zwischen den beiden lebhaft, beinahe vertraulich. Bei der Verabschiedung beugt Monsieur Pontillon sich zum Handkuss über Edmas ausgestreckte Rechte. Berthe beobachtet die Szene mit widerstrebenden Gefühlen. Offenbar ist die Schwester dabei, sich erneut zu verlieben oder sich dies einzureden.

Was aber, wenn auch dieser Mann gebunden ist? Und falls nicht, was würde das für sie selbst bedeuten, wenn Edma eines Tages heiratet und womöglich nicht mehr in Paris lebt? Bisher hatten sich doch alles gemeinsam erlebt: die Klavierstunden in Kindertagen, später dann den Mal- und Zeichenunterricht bei ihren Lehrern Guichard und Corot, das Kopieren alter Meister im Louvre. Alles hatten sie geteilt: Atelier, Kleidung, Geheimnisse, Freude und Leid. Das wäre für immer vorbei, und allein diese Vorstellung ist für Berthe schwer erträglich.

Hoffentlich ist Monsieur Pontillon verheiratet, kommt ihr blitzartig in den Sinn.

»Stell dir vor, Berthe, Monsieur Pontillon ist Junggeselle.« Edma sitzt im Nachthemd auf der Bettkante und lässt die nackten Beine baumeln, schwingt sie abwechselnd vor und zurück. Ihr

Gesicht mit der hübschen kleinen Nase und den warmen dunklen Augen ist ein einziges Leuchten.

Beinahe wäre Berthe die Haarbürste aus der Hand gefallen. »Woher willst du das wissen? Auch wenn er keinen Ehering trägt, bedeutet das noch lange nicht, dass er unverheiratet ist.«

»Aber er ist es. Ich habe ihn gefragt«, triumphiert Edma.

»Du hast ... was?« Berthe mag sich lieber nicht ausmalen, mit welchem Eifer die Gäste sich demnächst die Köpfe heißreden, sollten sie etwas von dieser Unterredung mitbekommen haben.

»Na ja, ich habe ihn nicht direkt gefragt. Ich habe ganz harmlos vorgeschlagen, dass er demnächst seine Frau mitbringen und sie uns vorstellen soll. Und dann hat er gesagt, dass er unverheiratet ist. Das war ziemlich geschickt von mir, meinst du nicht?« Edmas schwärmerischer Blick ist in eine unbestimmte Ferne gerichtet. »Ich spüre immer noch seinen warmen Blick und den festen Händedruck. Monsieur Pontillon ist ein außergewöhnlicher Mensch, etwas ganz Besonderes. Und so zuvorkommend.«

»Hast du nicht vor wenigen Wochen etwas Ähnliches über Monsieur Manet gesagt?«

»Ich? Niemals. Manet mag ein anerkannter Maler sein, aber als Mann ist er sterbenslangweilig.«

Kapitel 7

Nur wenige Wochen noch, bis sich die Türen des Palais de l'Industrie öffnen und der *Salon*, das gesellschaftliche Ereignis des Jahres, beginnt. Dann wird in diesem prächtigen, zwischen Seine und Champs-Élysées gelegenen Bauwerk alles dargeboten, was dem offiziellen Kunstgeschmack Frankreichs entspricht. Maler stellen ihre Bilder aus, Bildhauer ihre Skulpturen, Sammler, Händler und Schaulustige aus dem In- und Ausland reisen zu Hunderttausenden an.

Seit König Louis XIV. diese Kunstausstellung im Jahr 1667 angeregt hat, entscheidet eine Jury aus Mitgliedern der Académie des Beaux-Arts darüber, wer teilnehmen darf und wer nicht. Bei den Juroren handelt es sich ausnahmslos um etablierte Maler, allesamt alte Männer. Ihr künstlerisches Vorbild ist die Antike, eine Auseinandersetzung mit der Gegenwart, die insbesondere die jüngeren Maler immer vehementer fordern, lehnen sie ab. Auch das allerkleinste Detail wollen sie auf der Leinwand naturgetreu abgebildet sehen. Diese Altvorderen vermitteln ihren Schülern rückwärtsgewandte Theorien, sie wollen die Tradition gewahrt sehen und Maler ausbilden, die Aufträge vom Staat erhalten.

Die Zahl der Bilder, die abgelehnt werden, weil sie diesen Maßstäben nicht entsprechen, wird seit Jahren immer größer. Deshalb zeigte sich Kaiser Napoléon III. nachsichtig und gründete im Jahr 1863 den *Salon des Refusés*. Seither können Maler in einem Nebengebäude des Palais ihre abgelehnten Bilder zeigen. Diese Ausstellungshalle wird durch eine Drehtür von der großen, offiziellen Galerie abgetrennt. Hierher kommt das Publikum in noch größerer Anzahl. Um zu gaffen, zu protestieren und sich zu amüsieren.

Wie schon in den zurückliegenden Jahren besuchen Berthe und Edma zusammen mit ihrer Mutter den *Salon*. Nie gehen sie am Eröffnungstag, wenn die Massen sich in die großen Säle drängen. Ebenso wenig lockt sie der Sonntag, weil an diesem eintrittsfreien Tag die Menschen ebenfalls zu Tausenden herbeiströmen. Meist gehen sie in der Woche nach der Eröffnung, wenn sich die erhitzten Gemüter der Besucher abgekühlt und die Kritiker ihre Giftpfeile abgeschossen haben.

Der siebte Mai ist ein herrlich sonniger Tag. In einem Wirrwarr aus Zylindern, Spazierstöcken, weit ausladenden Reifröcken und glitzernden Juwelen bewegen sich die Menschen durch das Palais de l'Industrie. Immer wieder verlangsamen die drei Frauen ihre Schritte, denn Madame Morisot muss ihre vielzähligen Bekannten begrüßen. Mit einem Kopfnicken, einem Händeschütteln oder in Form einer Plauderei.

Die beiden jungen Malerinnen stellen sich mal auf die Zehenspitzen, mal legen sie den Kopf in den Nacken, um die Bilder näher in Augenschein zu nehmen, die ihre Aufmerksamkeit erregen. Meist sind es diejenigen, die hoch oben in der dritten oder vierten Reihe hängen, weil die Jury sie als zweite Wahl eingeschätzt hat.

In ihrem Urteil sind sich die beiden Schwestern stets einig: Ein Bild erscheint ihnen entweder interessant oder langweilig. Manchmal regt sich ihr Unverständnis, nämlich wenn sie darüber rätseln, warum ein Gemälde von erkennbar geringer Qualität für den *Salon* ausgewählt wurde. Dann wirft Berthe ihrer Schwester nur einen kurzen Blick zu, und Edmas Kopfnicken beweist, dass beide dasselbe denken: Das können wir besser.

Einmal bleibt Berthe unvermittelt stehen und deutet nach oben. »Seht nur, die beiden Gemälde von Monsieur Manet. Ein Porträt seines Dichterfreundes Émile Zola und die *Dame mit dem Papagei*.« Die Bilder hat sie schon im Atelier des Meisters gesehen, allerdings noch unvollendet. Edma rümpft die Nase, wendet sich mit gelangweiltem Gesichtsausdruck ab und betrachtet ausgiebig die Gemälde an der Wand gegenüber.

Nachdem die drei nahezu die Hälfte der ausgestellten Werke in Augenschein genommen haben, eilt Marie Morisot mit energischen Schritten jetzt ihren Töchtern voraus, bis sie gefunden hat, wonach sie sucht. »Und dort vorne sind eure Bilder. Ich wusste gar nicht, dass ihr Landschaftsansichten aus unserem letzten Sommerurlaub in der Normandie eingereicht habt. Ja, es sind wirklich hübsche und gefällige Bilder. Und sie hängen im selben Saal wie die von Monsieur Manet. Was der Anfangsbuchstabe eines Nachnamens doch alles bewirken kann«, stellt sie fest und muss über ihre eigene Erkenntnis schmunzeln.

Berthe und Edma würden am liebsten jedes der ausgestellten Gemälde betrachten und ausgiebig darüber diskutieren, aber nach zwei Stunden Besichtigung fühlt sich Marie Morisot erschöpft. »So viele Tausend Bilder und Hunderte Skulpturen … die Jury sollte die Zahl begrenzen. Man weiß hinterher gar nicht mehr, was man alles gesehen hat. Hätte ich nicht zwei malende Töchter, würde ich eine solche Anstrengung sicher nicht auf mich nehmen.«

Beim Abendessen herrscht zwischen den Schwestern Einigkeit, dass etwas in der Luft liegt. Mit kaum wahrnehmbaren Gesten, Blicken und Berührungen verständigen sie sich, wie seit Kindertagen erprobt. Berthe beobachtet das seltsame Verhalten der Eltern. Mitten im Satz brechen sie ab, räuspern sich und widmen sich dem Coq au Vin, dem Lieblingsgericht des Vaters, wobei sie einander tiefgründige Blicke zuzuwerfen. Was ist vorgefallen? Sicher bedeutet es nicht, dass eines der Bilder, die die Schwestern im *Salon* ausgestellt haben, einen Preis gewonnen oder einen großzügigen Käufer gefunden hat. Nein, es muss sich um etwas anderes von großem Gewicht handeln.

Berthe spürt, wie ihr schlagartig der Appetit vergeht, wie immer, wenn sie etwas verunsichert, beunruhigt oder ärgert – was häufig der Fall ist. Wie zugeschnürt fühlt sich ihr Hals an, und sie kann keinen Bissen mehr hinunterbekommen. Auch Edma hört auf zu essen und legt das Besteck auf den fast unberührten Teller.

Tiburce scheint von alldem nichts mitzubekommen. Er isst mit großem Appetit, füllt mehrmals seinen Teller nach und hält sich auch beim Wein nicht zurück. Seit seinem einundzwanzigsten Geburtstag, der erst wenige Monate zurückliegt, darf er mit Erlaubnis der Eltern zum Essen Alkohol trinken. Es scheint, als wolle er für seine Schwestern mittrinken. Die begnügen sich grundsätzlich mit Wasser und würden niemals ein Weinglas anrühren.

Als das Hausmädchen das Geschirr abräumt, setzt Madame Morisot ihr Monokel auf und wirkt mit einem Mal sehr ernst.

»Tiburce und Berthe, ihr könnt jetzt auf eure Zimmer gehen. Euer Vater und ich haben etwas Wichtiges mit Edma zu besprechen.«

Im ersten Augenblick ist Berthe erleichtert, dass nicht sie es ist, der die Eltern ins Gewissen reden wollen. Doch macht es einen Unterschied, mit welcher der beiden Töchter sie etwas erörtern wollen? Das Ergebnis wird immer beide Schwestern betreffen.

Berthe hat es sich mit einem dicken Kissen im Rücken in ihrem Bett bequem gemacht und blättert durch ein Modejournal. Sie und Edma wollen in den Sommerferien ihre ältere Schwester Yves in der Bretagne besuchen und sich für die Reise neue Sommerkleider nähen lassen. Doch sie kann sich nicht konzentrieren, immer wieder schweifen ihre Gedanken ab. Am liebsten würde sie die Treppe hinunterschleichen, um das Gespräch zu belauschen. Doch die Sorge, sich durch die knarzende Holztreppe zu verraten und als Schnüfflerin enttarnt zu werden, ist größer als ihre Ungeduld.

Endlich, nach mehr als einer Stunde, öffnet sich die Zimmertür und Edma schwebt geradezu herein. Mit funkelnden Augen und hochroten Wangen. Stürmisch umarmt sie die jüngere Schwester, ihre Stimme vibriert vor Aufregung. »Stell dir vor, Monsieur Adolphe Pontillon hat um meine Hand angehalten.«

»Er hat, was?« Berthe glaubt, sich verhört zu haben. Hofft, sich verhört zu haben. Seit Kindertagen sind sie und Edma nie mehr als nur wenige Stunden voneinander getrennt gewesen. Da kann doch nicht irgendein Mann daherkommen und ihr die Schwester wegnehmen! Mit wem soll sie dann in den Louvre gehen, mit wem über neue Bildideen, Farben, Perspektiven diskutieren, mit wem vierhändig Klavier vor den Gästen spielen?

Edma wirbelt mehrmals um die eigene Achse und lässt sich juchzend aufs Bett fallen. »Du hast richtig gehört. Oh, ich habe gespürt, dass auch er etwas für mich empfindet. Von dem Augenblick an, als wir uns das erste Mal gegenüberstanden. Er ist so gut aussehend und so galant und so feinfühlig und so gebildet. Maman und Papa sind der Meinung, dass unsere Verlobung in diesem Sommer stattfinden soll. Ist das nicht wunderbar?«

»Nein, das ist töricht.« Berthe erschrickt – über die Heftigkeit, mit der sie diese Worte ausgesprochen hat und über Edmas bestürztes Gesicht.

»Das ... das meinst du nicht ernst. Wie kannst du so etwas sagen?«, stottert Edma und schüttelt ungläubig den Kopf.

»Doch, ich meine es ernst. Weil ich vermute, dass du den Antrag von Monsieur Pontillon nicht aus tiefer innerer Überzeugung annimmst. Sondern aus Enttäuschung darüber, dass Monsieur

Manet bereits vergeben ist. Das ist der wahre Grund für diese plötzliche Eile.«

»Du bist so gemein«, bricht es aus Edma hervor. »Du bist ja bloß neidisch, weil dir keiner den Hof macht und du keinen Zukünftigen hast.«

Berthe richtet sich auf und stopft sich ein zweites Kissen in den Rücken. »Du weißt, ich könnte die Malerei niemals aufgeben. Deswegen habe ich bisher jeden abgewiesen, der von Heirat sprach. Ich werde alles daransetzen, als Malerin anerkannt zu werden. Dazu will ich hart an mir arbeiten und mit jedem Bild besser werden.«

»Dann tu, was du für richtig hältst. Aber lass auch mich tun, was ich für richtig halte, und behaupte nicht, ich wäre töricht.«

»Ach, Edma, ich habe es nicht so gemeint«, lenkt Berthe ein, weil sie nicht mitansehen mag, dass die Schwester traurig ist. Ihretwegen traurig ist. »Ich bin einfach daran gewöhnt, dass wir alles zusammen unternehmen, und ich kann mir kein anderes Leben vorstellen. Ich habe immer angenommen, dass wir diesen Weg gemeinsam gehen.«

Doch Edma lässt sich nicht so schnell besänftigen. »Im nächsten Jahr werde ich dreißig. Soll ich deinetwegen auf mein Lebensglück verzichten?«

Mit einer versöhnlichen Geste winkt Berthe die Schwester zu sich auf die Bettkante und rückt dicht an Edma heran. »Lass uns nicht länger streiten. Natürlich will ich, dass du glücklich bist. Aber du wirst nicht in Paris bleiben, sondern fortziehen. Irgendwohin, wo dein Zukünftiger stationiert sein wird. Ich werde dich vermissen, wenn ich demnächst allein in unserem Atelier die Staffelei aufbaue.«

Edma stößt einen tiefen Seufzer aus. »Mir geht es genauso. Du wirst mir auch fehlen.« Eine Weile bleiben die Schwestern eng nebeneinander sitzen. Schließlich räuspert sich Berthe und schüttelt den Kopf, wie um jeden kummervollen Gedanken zu vertreiben.

»Aber in den Sommerferien fahren wir wie geplant zu Yves ans Meer, nicht wahr? Den Spaß lassen wir uns nicht nehmen. Jeden Tag gehen wir zum Malen in den Garten oder an den Strand und beobachten Wolken und Wellen, und nichts und niemand kann uns aufhalten, versprochen?«

»Versprochen.«

Kapitel 8

Seit den frühen Morgenstunden sitzen Berthe und Edma in einem mit dunklem Holz ausgekleideten Zugabteil, das nur für Frauen reserviert ist. Auf ihrer Fahrt in die Bretagne kommen sie an Feldern vorbei, wo das Korn bereits hoch steht, an weiten Apfelplantagen und an Wiesen, auf denen Kühe und Schafe weiden. Der Zug hält in kleinen Städten, die Ruhe und Beschaulichkeit ausstrahlen, ganz anders als das lebhafte, weltstädtische Paris.

Den Schwestern gegenüber sitzt eine junge Mutter mit ihrer etwa zwölf Jahre alten Tochter, die fortwährend etwas zu essen fordert. Ein Stück Kuchen, einen gebratenen Hühnerschenkel, einen Apfel, ein Brot mit Schinken, dann wieder ein Stück Kuchen … Immer wieder greift die Mutter in einen Proviantkorb und holt neue Leckereien hervor. Berthe fragt sich, wie ein Kind während der Zugfahrt so viel essen kann. Sie selbst würde es nicht einmal in drei Tagen schaffen, eine derartige Menge zu sich zu nehmen.

Neugierig betrachtet Berthe die Landschaft, die vor dem Fenster an ihr vorüberzieht. Edma schaut die meiste Zeit auf ihre Hand. Ein oval geschliffener Saphir, eingerahmt von vielen kleinen Diamanten, ziert den goldenen Ring an ihrem Finger. Die

Verlobung von Edma Morisot und Adolphe Pontillon fand am vierzehnten Juli, dem Nationalfeiertag, statt und liegt zwei Wochen zurück. Mit äußerst gemischten Gefühlen erinnert sich Berthe an dieses Fest im Kreis der Familie. Die ganz Zeit über meinte sie, aus der Miene ihrer Mutter und ihres Vaters die unausgesprochene Frage lesen zu können: *Wann findest auch du endlich einen Mann?*

»Glaubst du, Adolphe vermisst mich?«, vernimmt Berthe ein zögerliches Wispern neben ihrem Ohr. Sie bejaht die Frage mit einem kräftigen Kopfnicken, auch wenn sie sie nicht wahrheitsgemäß beantworten kann. Sie kennt den Verlobten ihrer Schwester kaum und weiß nicht, wie tief dessen Gefühle für seine künftige Ehefrau sind. Doch jede andere Reaktion hätte Edma verunsichert.

Als sie nach Stunden endlich in dem kleinen bretonischen Küstenort ankommen, wartet auf dem Bahnsteig ihre ältere Schwester Yves. Die Familienähnlichkeit ist erst auf den zweiten Blick erkennbar. Yves ist deutlich kleiner und fülliger als ihre beiden Schwestern, doch die schmale Nase und die großen dunklen Augen haben alle drei gemeinsam. Ein Erbe der Mutter. Im Gegensatz zu ihren jüngeren Schwestern hat Yves sich nie für Malerei interessiert. Auch den Klavierunterricht, das Pflichtprogramm für jedes junge Mädchen aus gutem Hause, hat sie nur unwillig und mit mäßigem Erfolg über sich ergehen lassen. Viel lieber hat sie im Sommer auf der Veranda und im Winter neben dem Kamin gesessen und gelesen, vorzugsweise Gedichte oder romantische Liebesgeschichten.

Yves wird von ihrem Ehemann Théodore Gobillard begleitet, einem mittelgroßen Mann mit lichtem Blondhaar und buschigem Backenbart. Er arbeitet als Steuerinspektor im Arrondissement Morlaix und ist gezeichnet von einem körperlichen Mangel, den er durch Lebhaftigkeit und Freundlichkeit schnell vergessen macht: In seiner Zeit als Soldat während des Mexikanischen Bürgerkriegs verlor er bei der Intervention französischer Truppen den linken Arm.

Mehr als zwei Jahre sind es her, dass die drei Schwestern einander zuletzt gesehen haben. Die Begrüßung ist herzlich und ausgelassen, aufgeregte Fragen fliegen hin und her.

»… Wie war eure Fahrt? …«

»… Edma, ist das etwa dein Verlobungsring? Ein wahrer Traum …«

»… Hast du Paule erzählt, dass ihre Tanten zu Besuch kommen? …«

»… Wie geht es Maman und Papa, ist Tiburce immer noch so vorlaut? …«

»… Wie weit ist es bis zum Strand? Wir wollen ganz viele Bilder vom Meer malen …«

»… Was erzählt man sich alles auf den Straßen von Paris? …«

»Yves, meine Liebe, du kannst das doch alles beim Abendessen mit deinen Schwestern besprechen. Oder wollt ihr hier auf dem Bahnsteig übernachten?«, ermahnt Theódore sie in nachsichtigem Ton und blickt um sich. Schließlich entdeckt er einen Mann mit breitkrempigem Hut und weitem Mantel, der offensichtlich auf Kundschaft wartet. Auf ein Handzeichen hin eilt dieser sofort herbei und lädt Koffer und Hutschachteln auf einen Handkarren. Geschickt balanciert er das schwere Gefährt an den übrigen Reisenden vorbei zu einer Kutsche, vor die zwei schwarze Pferde gespannt sind.

Scheinbar mühelos hievt der Mann die Last in das rückwärtige Gepäckfach. Mit einer angedeuteten Verbeugung öffnet er den Verschlag und lässt die vier Passagiere einsteigen, wobei Theodore ihm eine Münze zusteckt und die Adresse nennt. Dann klettert der Fuhrmann auf den Kutschbock, greift die Zügel und schnalzt mit der Zunge. Gemächlich ruckelt die Kutsche durch schmale, gewundene Gassen und über einen staubigen Feldweg, der von Kornblumen und Klatschmohn gesäumt ist. In der Ferne erklingt das Glockengeläut einer Kirche.

Nach einer halben Stunde Fahrt hält die Kutsche vor einem kleinen Haus aus grauem Kalkstein, und die kleine Gesellschaft steigt aus. Berthe und Edma kreisen mit Schultern und Hüften und atmen tief die klare, salzige Luft ein.

»Dort hinten liegt das Meer.« Yves, ganz die stolze Besitzerin, weist mit ausgestrecktem Arm auf eine Rosenhecke, hinter der ein silbrig blauer Streifen zu erkennen ist.

Beim Abendessen fallen Berthe und Edma fast die Augen zu. Nachdem sie zum ersten Mal ihre einjährige Nichte Paule auf dem Arm gehalten haben, ziehen sie sich in eine Kammer unter dem Dach zurück, in der Yves ihnen das Nachtlager vorbereitet hat. Binnen Sekunden sind sie eingeschlafen.

Am nächsten Morgen sitzen die drei Schwestern lange beim Frühstück zusammen. Sie tauschen Neuigkeiten über alles aus, was in ihren Briefen viel zu kurz gekommen ist. Zum Entzücken von Berthe und Edma krabbelt Paule auf allen vieren unter den Tisch und versucht sich an sechs Frauenbeinen aufzurichten. Sie stößt glucksende Laute aus und bringt damit die Erwachsenen zum Lachen, bis das Kindermädchen erscheint, um mit der Kleinen im Garten zu spielen.

Es ist schon fast Mittag, als die drei Frauen sich zu einem Spaziergang am Strand aufmachen. Ihre breitkrempigen Sonnenhüte befestigen sie mit Bändern unter dem Kinn, damit der kräftige Wind sie ihnen nicht vom Kopf reißt. Eine heiße Augustsonne taucht die felsige Küste und das brandende Meer in goldgelbes Licht. In der Ferne erkennt man die Masten von Fischerbooten, die tagsüber im Hafen liegen.

»Was für eine wilde und herrlich Landschaft«, schwärmt Edma. »Schade, dass Adolphe nicht hier ist. Er liebt das Meer. Bestimmt würde er jeden Tag mit den Fischern in der Dämmerung zum Fang hinausfahren wollen.«

»Lass uns heute Nachmittag Yves und Paule im Garten malen und am Abend den Sonnenuntergang am Meer«, schlägt Berthe der Schwester vor und erhält als Antwort ein lebhaftes Kopfnicken.

Berthe kann es kaum erwarten, ihre Staffelei im Freien aufzustellen. Natürlich liebt sie das gemeinsame Atelier in der Rue Franklin, den Lichteinfall, der sich in jeder Jahreszeit und zu jeder Tageszeit ändert, und den Rosenduft im Sommer, wenn sie die bodentiefen Fenster weit öffnen. Und ganz besonders liebt sie bei alldem Edmas Gegenwart. Jetzt aber, fern von Paris, will sie etwas schaffen, das anders ist als die akademische Kunst nach akademischen Regeln, anders als die Werke in den Museen. Sie träumt von Landschaft und Freiheit. Nicht in einem begrenzten Atelierraum, den man mit einigen Dutzend Schritten durchmessen kann, nein, unter einem weiten Himmel will sie malen, den Wind im Gesicht spüren und die Geräusche der Umgebung wahrnehmen. So wie die jungen Maler, denen sie im Louvre begegnet und die an den Wochenenden ihre Malutensilien einpacken und mit der Eisenbahn ins Pariser Umland fahren.

Die Tage am Meer vergehen in gleichförmigem Rhythmus. Nach dem Frühstück ziehen Berthe und Edma mit ihren Malkoffern an den Hafen, wo sie Verwunderung bei den Einheimischen hervorrufen. Zwei malende junge Frauen hat man hier noch nie gesehen. Oder sie setzen sich auf eine Bank oberhalb der steilen Felsenküste und bannen das Zusammenspiel von Wolken, Sonne und Meer auf Papier.

An sonnigen Nachmittagen sitzen sie mit Yves im Garten unter schattigen Bäumen und halten ihre Teestunde ab. Die Gespräche drehen sich meist um den aktuellen Fortsetzungsroman in der *Gazette des Femmes Charmantes*, die neue Herbst- und Wintermode, bei der Taille und Hüften wieder stärker betont werden, und um die Frage, mit welchen Mitteln eine Frau ihren Ehemann aufheitern sollte, wenn dieser nach einem langen Arbeitstag erschöpft nach Hause kommt. Wenn ihre kleine Tochter sich zu langweilen beginnt, rollt Yves einen Ball über den Rasen, dem Paule jauchzend hinterherkrabbelt. Immer wieder greifen Berthe und Edma zum Skizzenblock und halten Szenen mit Mutter und Tochter in heiterer, inniger Zweisamkeit fest.

Am Abend unterhält Théodore die drei Frauen, wenn er von Streichen aus seiner Jugendzeit erzählt, die er mit fünf Brüdern in einem der benachbarten Küstenstädtchen verbracht hat. An dem nachsichtigen Lächeln der Schwester und den innigen Blicken, die sie und Théodore tauschen, erkennt Berthe, dass Yves eine liebevolle, glückliche Ehefrau ist.

»Adolphe fehlt mir so«, gesteht Edma eines Morgens ihren Schwestern und seufzt leise auf. »Seit drei Wochen schreibe ich ihm jeden Tag, aber ich habe erst einen einzigen Brief von ihm bekommen.«

»Bestimmt muss er viel arbeiten und findet nicht die Zeit, dir zu schreiben«, versucht Yves eine tröstende Erklärung.

»Vielleicht kann er sich auch besser im Gespräch als in einem Brief ausdrücken«, mutmaßt Berthe und muss unvermittelt an den Brief der Mutter denken, der am Morgen angekommen ist. Marie Morisot schreibt, dass Monsieur Manet seine Ferien ebenfalls in der Bretagne verbringt, wo er von einem alten Fischer eine möblierte Wohnung gemietet hat.

Soll sie ihm nach ihrer Rückkehr ihre neuesten Werke zeigen?, überlegt Berthe. Wie würde er, der ausschließlich im Atelier, niemals aber im Freien malt, diese Bilder beurteilen? Warum wünscht sie sich plötzlich, dass ihre Zeit am Meer möglichst schnell vergeht? Es ist doch so großartig, mit den beiden Schwestern über

Stunden unbeschwert zu plaudern und zu beobachten, wie die kleine Nichte sich ihre Welt erobert.

In den sechs Wochen ihrer Anwesenheit hat sich Paule so sehr an die Tanten gewöhnt, dass sie bitterlich weint, als Berthe und Edma mit ihren Koffern und Kisten an der Gartenpforte stehen. Kein Kinderlied, kein neckisches Zupfen am Ohrläppchen können die Kleine ablenken oder trösten. Auch den Schwestern fällt es nicht leicht, voneinander Abschied zu nehmen.

»Schreibt mir sofort, wenn ihr in Paris angekommen seid. Und schick mir eine Fotografie von dir und deinem Verlobten, Edma. Vergesst nicht, Maman und Papa zu grüßen … und auch Tiburce«, ruft Yves ihnen winkend zu, während die Kutsche sich in Bewegung setzt und über das holprige Straßenpflaster Richtung Bahnhof rollt.

»Glaubst du, dass ich mit Adolphe einmal genau so glücklich werde wie Yves mit Théodore?«, vernimmt Berthe die bange Frage ihrer Schwester.

»Aber sicher«, beeilt sie sich zu sagen, weil sie Edma Mut machen möchte und auch, weil sie ihr ein solches Glück aus tiefstem Herzen wünscht. »Im nächsten Jahr komme ich euch besuchen und überzeuge mich davon.«

Kapitel 9

Bei der ersten Soirée nach den Sommerferien herrscht eine ausgelassene Stimmung unter den Gästen in der Rue Franklin. Jeder weiß eine Anekdote von seiner Reise ins Ausland oder dem Aufenthalt in einem Ferienhaus auf dem Lande zu erzählen. Es wird gescherzt und gelacht. Bei Erzählungen zweideutigen Inhalts, die ausschließlich von Männern zum Besten gegeben werden, halten sich manche der Damen den Fächer vor das Gesicht. Entweder, um ihre Verlegenheit in Anbetracht der frivolen Schilderungen zu verbergen – oder ihr Schmunzeln.

Als Édouard Manet den Salon betritt und, wie gewöhnlich, sofort im Mittelpunkt des allgemeinen weiblichen Interesses steht, macht Berthes Herz einen Freudensprung. Jetzt ist der Zeitpunkt gekommen, ihm die Werke zu zeigen, die sie in den zurückliegenden Wochen am Meer geschaffen hat. Edma schenkt ihm ein siegessicheres Lächeln und legt ihre Hand so auf Adolphes Unterarm, dass ihr Verlobungsring nicht zu übersehen ist.

»Ich gratuliere Ihnen zu Ihrem Verlobten, Mademoiselle Morisot. Als sein langjähriger Freund darf ich Ihnen versichern, dass Sie keine bessere Wahl hätten treffen können«. Manet wirft Adolphe ein Augenzwinkern zu und wendet sich gleich darauf an Berthe. »Ich habe eine erfreuliche Neuigkeit für Sie, Mademoiselle Morisot. Die Balkonszene ist fertig. Ich halte das Bild für äußerst gelungen, was aber auch an dem bezaubernden Modell im Vordergrund links liegt.«

»Was höre ich da, Monsieur Manet? Der *Balkon* ist fertig?«, schaltet sich Madame Morisot, die hinzugetreten ist, in die Unterhaltung ein. Ihr Wangen glühen, sie sonnt sich augenscheinlich in dem Bewusstsein, dass ihr heutiger Jour fixe ein Erfolg ist. Die Zahl der Gäste und die Lautstärke, in der die Debatten geführt werden, sprechen für sich. »Hoffentlich werden die Herren Zeitungsschreiber sich diesmal mehr zurückzuhalten. Und das sage ich nicht, weil Sie meine Tochter porträtiert haben. Aber diese Kritiker scheinen sich ihr Gift am liebsten für Ihre Werke aufzuheben.«

Manet macht eine wegwerfende Handbewegung und greift zu einer Tasse Kaffee, die das Dienstmädchen Margot, ausgestattet mit frisch gebügelter weißer Schürze und Häubchen, ihm auf einem Tablett reicht. »Mich interessiert nicht das Urteil anderer, ich male das, was ich sehe, und nicht, was ein anderer zu sehen beliebt. Sollen diese Lästerer nur schreiben, was und wie sie wollen. Dafür werden sie schließlich bezahlt.«

»Das nenne ich eine großmütige Haltung«, entgegnet Madame Morisot. »Wenn Sie mich nun bitte entschuldigen, ich habe unseren gemeinsamen Bekannten Monsieur Degas noch nicht begrüßt.«

Dieser Maler kümmert sich nicht das Urteil anderer, er ist sich selbst genug, denkt Berthe bei sich, und diese Unbeirrbarkeit gefällt ihr. Nun aber ist es Zeit für ihr Anliegen.

»Während Sie den *Balkon* zu Ende gemalt haben, Monsieur Manet, habe ich die bretonische Küste gemalt. Ich bin gespannt auf Ihr Urteil.«

Ist da ein Zucken um seine Mundwinkel zu sehen?

»Sagen Sie, Mademoiselle Morisot, können Sie sich vorstellen, mir ein weiteres Mal Modell zu sitzen? Doch sicher möchten Sie sich vorab von dem Ergebnis unserer ersten Zusammenarbeit überzeugen, bevor Sie mir Ihre Zusage geben.«

»So ist es. Überzeugen Sie mich, und danach reden wir über Ihr nächstes Projekt.«

Diese Worte bringt Berthe schroffer hervor, als es die Höflichkeit gebietet. Das geschieht mit Absicht, denn sie will nicht höflich sein. Sie hat soeben ihre Landschaftsbilder aus der Bretagne erwähnt, doch Manet ist mit keiner Silbe darauf eingegangen. Sie hat ihn nach seinem Urteil gefragt, aber er zeigt sich nicht einmal bereit, die Bilder anzusehen. Stattdessen spricht er von sich und dass er sie erneut malen will. Ist sie für ihn Wirklichkeit nicht mehr als ein beliebiges Modell?

»Dann sehen wir uns also in meinem Atelier. Au revoir und auf bald.«

Als Manet ihr die Hand reicht, meint sie, ein Zittern bei ihm zu spüren.

An diesem Abend liegt Berthe noch lange wach, hört die tiefen und gleichmäßigen Atemzüge ihrer Schwester aus dem Bett an der Wand gegenüber. In wenigen Monaten wird sie allein in diesem Zimmer sein, und Edma, ihre engste Vertraute, wird in einem anderen Bett in einem anderen Haus in einer anderen Stadt liegen. Von da an, das weiß Berthe, wird ihr Leben nie mehr so sein, wie es einmal war.

Kapitel 10

Monatelang dreht sich in der Rue Franklin nahezu alles um die bevorstehende Heirat der neunundzwanzigjährigen Marie Caroline Edma Morisot mit dem sieben Jahre älteren Marineoffizier Adolphe Samuel Hippolyte Pontillon. Als Hochzeitstag ist der achte März 1869 vorgesehen. Die Liste der Dinge, die bedacht werden müssen, ist nahezu endlos. Wer erhält eine schriftliche Einladung, wie soll diese gestaltet sein, ist das Haus Morisot groß genug für die Anzahl der Gäste, wie viele Gänge sollen als Hochzeitsmenü serviert und welche Weine kredenzt werden, welcher Blumenschmuck soll als Tischdekoration bestellt werden …?

Was von Anfang an feststeht, ist die Farbe des Brautkleides. Edma will in Weiß heiraten, wie es in den höchsten gesellschaftlichen Kreisen und beim Adel üblich ist. Auch wenn sie nie Gelegenheit haben wird, das Kleid ein zweites Mal zu tragen. Doch diesen Traum lässt sie sich von niemandem ausreden. Schließlich lenken die zögerlichen Eltern ein. Sie übernehmen die Kosten für die Hochzeitsfeier – und das Kleid.

An manchen Tagen ist Berthe beinahe froh, wenn sie im Atelier von Édouard Manet sitzt und es einmal nicht um bestickte Strümpfe, Glacéhandschuhe oder die Länge eines Spitzenschleiers geht. Hier dreht sich alles nur um sie, um die Neigung ihres Kopfes, den Sitz ihrer Halskette, ihr Lächeln. Sie trägt einen Hut mit schmaler Krempe und Feder, das Haar fällt offen über die Schultern, ihr Blick richtet sich nach rechts, so dass die Betrachterinnen und Betrachter sie im Profil von links sehen.

Manet ist zu Scherzen aufgelegt, in keiner einzigen Sitzung versäumt er zu erwähnen, dass Berthe und er Trauzeugen bei der Hochzeit im März sein werden. Zwischendurch legt er eine Pause ein, dann stehen sie nebeneinander vor der Staffelei und begutachten die Änderungen und Fortschritte.

»Sehen Sie hier den Schatten unterhalb der Wange, Mademoiselle Morisot? Ich habe ihn gesetzt, weil sonst die Kinnpartie zu breit geraten wäre. Was meinen Sie, soll ich unter das Schwarz des Kragens noch etwas Aquamarin mischen?«

Berthe tritt einige Schritte zurück, um besser sehen zu können – aber nicht allein deswegen. Mit dieser Bewegung weicht sie unauffällig Manets Schulter aus, die die ihre berührt hat. Offenbar eine Ungeschicklichkeit seinerseits. Sie kneift die Augen zusammen. »Ja, eine bläuliche Nuance würde einen kühlen und zugleich frischen Effekt erzeugen.«

Manet nimmt einen schmalen Pinsel und mischt Schwarz und Aquamarin auf der Palette. Er streckt den Arm vor, und kurz bevor die Pinselhaare auf die Leinwand treffen, hält er inne. Dann gleitet sein Blick über die Palette in seiner linken Hand, er mischt das Schwarz erneut, fügt aber eine Spur Indischgelb hinzu. Mit einem Mal klingt seine Stimme rau und schroff. »Ich halte einen warmen Reflex für besser. Sie werden mir später recht geben.«

Er tupft die Farbe auf den Spitzenkragen, und Berthe geht zurück zu dem breiten Gobelinsessel, nimmt ihre Haltung wieder ein – und beginnt zu grübeln. Warum fragt Manet sie nach ihrer Meinung, um diese sogleich zu ignorieren? Das ist unhöflich und beleidigend. Will er beweisen, dass er niemandes Urteil braucht und immer nur das tut, was er für richtig hält? Oder dass er ihre Meinung geringschätzt, weil sie eine Frau ist? Und deshalb in seinen Augen keine Berechtigung hat zu malen? Oder weil sie seiner Meinung nach gar nicht dazu fähig ist?

Berthe stellt sich vor, wie ihr wohl demnächst zumute sein wird, wenn ihr Herz übervoll ist, sie aber zu Hause niemandem mehr von den Gesprächen in Manets Atelier erzählen kann. Sie wird Edma in Briefen davon berichten, auch wenn dieses Mittel nur ein schwacher Trost sein würde.

Ein letztes Mal will Berthe ein Bildnis der Schwester malen, bevor sie zu Madame Pontillon wird. Ein Doppelporträt zusammen mit der Mutter, während diese Edma aus einem Buch vorliest. So wie Marie Morisot es oft gehalten hat, als die Töchter klein waren. Innerhalb von drei Wochen gestaltet Berthe eine Szene voller Harmonie und Vertrautheit. Die Mutter scheint mitten im Satz innezuhalten, als müsse sie über das soeben Gesagte nachdenken. Auch Edma wirkt gedankenverloren, wie von einer leisen Melancholie ergriffen. Dieses Gemälde will Berthe einmal im *Salon* ausstellen. Sofern die Jury es annimmt.

Als Berthe einen ersten Blick auf das noch unvollendete Werk erlaubt, starrt Edma ergriffen auf die Leinwand und muss ein Schluchzen unterdrücken. »So gut kennst du mich? Du hast etwas erfasst, was ich selbst noch nicht wusste. Vielleicht wollte ich es mir auch nicht eingestehen.« Mit zitterigen Fingern streicht sie sich eine Haarsträhne aus der Stirn. »Sosehr ich mich auf die Hochzeit mit Adolphe freue, sosehr fürchte ich mich vor dem, was auf mich zukommt. Wenn ich nicht mehr in Paris bin, wo mir alles vertraut ist. Sondern in einem langweiligen Marinehafen, wo ich niemanden kenne und ganz allein bin. Meine Ängste und meine innere Zerrissenheit, das alles sehe ich in deinem Bild.«

»Aber, Edma«, mahnt die Mutter, »was sind das für seltsame Gedanken? Du wirst bald das größte Glück erfahren, das einer Frau zuteilwerden kann. Du wirst heiraten und eine eigene Familie gründen. Ich kann nur hoffen, dass Berthe sich an dir ein Beispiel nimmt und die Ehe als das begreift, was sie ist: eine Gnade.«

Bei der feierlichen Zeremonie in der Kirche fließt so manche Träne. Bei Edma, der wunderschönen Braut, bei ihrer älteren Schwester Yves, bei ihrer Mutter Marie, bei Madame Pontillon, der Mutter des Bräutigams, und auch bei Berthe. Wenn sie ehrlich ist, vergießt sie jedoch keine Tränen der Rührung oder der Freude, sondern bemitleidet sich selbst. Weil sie künftig allein sein wird.

Das anschließende Bankett im Elternhaus in der Rue Franklin verläuft in heiterer und gelöster Stimmung. Der Brautvater Edmé

Morisot hält eine salbungsvolle Rede und verzichtet zu Berthes Erleichterung auf jegliche Anspielung, dass jetzt nur noch seine jüngste Tochter unter die Haube zu bringen sei. Den Gästen mundet das exquisite Menü, der Pfarrer, der schon alle vier Morisot-Kinder getauft hat, spricht nachdrücklich dem Rotwein zu, Tiburce sichert sich unauffällig den Nachtisch seiner Schwestern und Madame Pontillon verschüttet vor Ergriffenheit Bratensauce auf ihrer resedafarbenen Seidenbluse. Edma und Berthe rühren die Gaumenfreuden kaum an, werfen sich nur hin und wieder verstohlene Blicke zu.

Am nächsten Morgen tritt das frisch vermählte Paar die Reise in die bretonische Hafenstadt Lorient an, der Wirkungsstätte des Marineoffiziers Adolphe Pontillon. Ein kleines, fast hundert Jahre altes Haus, das er für sich und seine Ehefrau Edma erworben hat, wartet darauf, eingerichtet zu werden. Unzählige Kisten und Koffer mit Kleidern, Taschen, Schuhen und Hüten werden auf einen Pferdekarren geladen, auf ein zweites Gefährt kommen Hausrat, die Hochzeitsgeschenke und Malutensilien.

Adolphe Pontillon tritt ungeduldig von einem Fuß auf den anderen und rollt mit den Augen. Edmas Abschied von Tiburce ist kurz und unsentimental. Die Eltern wirken weniger überwältigt als vielmehr erleichtert, Verantwortung abgeben und ihre Tochter in die Obhut eines respektablen Mannes entlassen zu können.

»Ich wünsche dir alles Glück dieser Welt, liebste Schwester. Ich freue mich, dass jetzt dein neues Leben beginnt«, beteuert Berthe mit fester Stimme und schämt sich gleichzeitig für ihre unaufrichtigen Worte.

Edmas Umarmung ist fest und innig. »Wir schreiben uns. Ganz oft. Und du musst mir versprechen, uns zu besuchen, Berthe. So bald wie möglich.«

»Ihr braucht erst einmal Zeit, bis ihr euch aneinander gewöhnt und in eurem Haus eingerichtet habt. Aber in den Sommerferien komme ich nach Lorient. Nach dem Frühstück ziehen wir beide mit unserer Staffelei los und suchen uns die schönsten Motive am Meer oder auf den Feldern. Wir werden viel zu erzählen und zu lachen haben. Stell dir vor, in nur vier Monaten sehen wir uns wieder.«

»Versprochen?«, schluchzt Edma an Berthes Halsbeuge.

»Versprochen!«

Kapitel 11

Édouard Manet tritt neben die Staffelei und deutet mit dem Pinsel auf Berthe. »Können Sie das Kinn einen Fingerbreit höher halten? Ja, so ist es besser. Die Hände sollen vollständig im Muff verschwinden, so, als wäre Ihnen schrecklich kalt.«

Berthe tut, wie ihr geheißen, und blickt hinüber zu ihrer Mutter, die mit dem Häkelrand an einem Taschentuch beschäftigt ist. Wenn sie bei Manet Modell sitzt, hat sie keine andere Aufgabe als – stillzuhalten. Sie lässt die Gedanken zu ihrer Schwester schweifen. Bisher hat Edma nur einmal geschrieben und geschildert, dass sie sich einsam fühlt, dass das Haus kalt und das Wetter rau ist und dass sie von morgens bis abends mit dem Einräumen der Zimmer beschäftigt ist. Sie würde gern ein Dienstmädchen einstellen, doch Adolphe meint, dass sie sich das Geld sparen könnten. Schließlich habe er eine junge und gesunde Frau geheiratet.

»Erwähnte ich schon, dass sich ein Interessent für die Balkonszene gemeldet hat?« Manets Worte reißen Berthe aus ihren Gedanken. »Offenbar will das Schicksal Wiedergutmachung leisten, nachdem der *Salon* meine Darstellung von der Ermordung Kaiser Maximilians abgelehnt hat. Nicht einmal die Streitschrift meines

Freundes Zola konnte die Juroren umstimmen ... Aber deren Ablehnung bin ich mittlerweile gewohnt, vielleicht sollte ich sie sogar als Auszeichnung werten. Allerdings bin ich mir nicht sicher, ob ich den *Balkon* tatsächlich verkaufen möchte. Ich glaube, mir würde etwas fehlen.«

Im Wechsel taucht Manets Kopf neben der Staffelei auf, dann verschwindet er wieder. »Werden Sie dieses Jahr im *Salon* ausstellen, Mademoiselle Berthe?«

Seit der Hochzeit ihrer Schwester, auf der sie beide als Trauzeugen fungierten, ist Manet vom förmlichen »Mademoiselle Morisot« zum persönlicheren »Mademoiselle Berthe« übergegangen. Sie hört, wie ein Pinselstil über die Leinwand schabt. Nein, sie wird nicht ausstellen, weil sie seit den Sommerferien bei ihrer Schwester Yves im vergangenen Jahr kein einziges Bild gemalt hat, das ihren eigenen Ansprüchen genügt. Seit Monaten versucht sie sich an einem Pfingstrosenstrauß, verändert mal die Vase, mal einzelne Blüten, dann wieder korrigiert sie die Veränderungen. Ihr fehlt die Inspiration, der Wille, einen Gedanken oder ein Gefühl auf der Leinwand zu verewigen. Und ihr fehlt die Schwester, ihre aufrichtigste Kritikerin und Mutmacherin in Phasen des Zögerns und des Zweifelns.

Sie hat die Hochzeitsvorbereitungen für Edma miterlebt und ihre eigene Zukunft infrage gestellt. Eines weiß sie jetzt ganz genau: Sie wird niemals heiraten, denn niemals könnte sie ihre Malerei aufgeben. Sie will auch nicht ein Leben aus zweiter Hand führen. Wie ihre Mutter, die jedes Gespräch über einen Theater- oder Konzertbesuch geradezu in sich aufsaugt und am liebsten selbst solche Erlebnisse hätte. Deren Ehemann jedoch kein Interesse hat, seine Frau zu kulturellen Veranstaltungen zu begleiten, weswegen sie klaglos in ihrem häuslichen Umfeld verbleibt. Das jedoch ist der Preis, den eine Frau zahlen muss, weil die Gesellschaft einen solchen Verzicht fordert. Dieser Anspruch ist wie ein Gesetz im Code civil, das es einzuhalten gilt.

Frauen hingegen respektieren völlig selbstverständlich, dass ihr Ehemann sich der Außenwelt zuwendet. Sie unterstützen ihn nach Kräften und verschaffen ihm Zeit und Ruhe für seine Arbeit. Sofern er Maler ist, waschen sie womöglich die Pinsel aus, fegen das Atelier, loben ihn fortwährend, verhandeln mit Käufern oder Galeristen und bereiten Ausstellungen vor. Diese Männer, so ist ihr von klein auf durch die Diskussionen der Künstlergäste ihrer Mutter bewusst, dürfen Familienväter und Maler sein. Frauen dagegen können entweder nur Mutter oder nur Malerin sein, und das empfindet Berthe als ungerecht. Ob ein Mann wie Manet sich je mit derartigen Fragen befasst hat? Sie kann es sich nicht vorstellen.

»Ich habe mich noch nicht entschieden«, antwortet sie ausweichend auf seine Frage. Es ist allein ihre Entscheidung, ob sie beim *Salon* ausstellen will oder nicht, und darüber ist sie niemandem Rechenschaft schuldig ist. Auch nicht einem Édouard Manet.

Kapitel 12

Ungeduldig schaut Berthe auf die mit winzigen Rubinen verzierte Medaillonuhr, die sie an einer Kette um den Hals trägt. Lange, viel zu lange, dauert die Zugfahrt von Paris nach Lorient an die bretonische Atlantikküste, länger als bis zum Zuhause ihrer Schwester Yves. Seit dem frühen Morgen ist sie unterwegs. Wird sie die ihr vertraute Schwester antreffen, oder hat Edma sich durch die Heirat verändert?

Dann stehen sich die beiden Schwestern gegenüber. Nach mehr als viereinhalb Monaten der Trennung. Jubelnd fallen sie sich in die Arme, fassen sich an den Händen und drehen sich lachend im Kreis.

»Endlich bist du gekommen, Berthe. Auf diesen Augenblick habe ich mich seit Wochen gefreut.«

»Gut siehst du aus, Edma. Hast du zugenommen? Die Pfunde stehen dir.«

Edma lächelt ein wenig verlegen. »Ja, und ich werde demnächst noch mehr zunehmen.«

Zuerst stutzt Berthe, bis sie begreift. »Du bist schwanger? Wie großartig!«

»Ich bin so glücklich, und Adolphe ist es natürlich auch.

Komm, lass uns ins Haus gehen, dann zeige ich dir, wo du schläfst. Adolphe kommt um sechs von der Arbeit, um halb sieben essen wir immer zu Abend. Bist du hungrig von der Zugfahrt? Es ist noch Apfelkuchen vom Wochenende übrig. Ich könnte neuerdings den ganzen Tag essen.«

Als Berthe sich in ihrer Schlafstube eingerichtet hat, hilft sie der Schwester beim Kochen und Tischdecken. Die Standuhr im Esszimmer, ein Hochzeitsgeschenk der Eltern, schlägt sechs Uhr, und der Hausherr kommt zur Tür herein. Edma läuft auf ihn zu und stellt sich auf die Zehenspitzen, um ihn auf die Wange zu küssen.

»Sicher hattest du einen anstrengenden Tag, Liebster. Wir haben Fischeintopf gekocht, den magst du doch so gerne. Berthe hat mir dabei geholfen. Und als Nachtisch gibt es Crêpes.«

Adolphe streckt Berthe die Hand entgegen. »Herzlich willkommen, liebe Schwägerin. Hatten Sie eine angenehme Reise?«

Doch bevor Berthe antworten kann, ist er schon auf dem Weg ins Schlafzimmer, um seine Uniform abzulegen und sich umzuziehen. Beim Abendessen berichtet er ausführlich vom Besuch eines wichtigen Beamten des Pariser Ministeriums und dass er ab dem Herbst für die Ausbildung von Rekruten zuständig ist. Eine verantwortungsvolle Aufgabe, die ihm aufgrund seiner besonderen Fähigkeiten übertragen wird. Edma hört aufmerksam und mit großen Augen zu, unterbricht den minutenlangen Monolog ihres Mannes kein einziges Mal, während Berthe vor Müdigkeit fast die Augen zufallen. Als sie kurz darauf im Bett liegt, ist sie binnen Sekunden eingeschlafen.

»Erzähl mir von Paris. Ich möchte alle Neuigkeiten wissen«, bittet Edma die Schwester am nächsten Morgen, nachdem Adolphe zur Arbeit gegangen ist.

Und so berichtet Berthe, dass der Bau der Oper unter der Leitung des Architekten Charles Garnier nach neun Jahren Bauzeit immer noch nicht fertig ist. Sie erzählt von der neuen Damenhutabteilung in den Galeries Lafayettes, wo ein junger, äußerst charmanter Verkäufer die Kundinnen berät und für sensationelle Umsätze sorgt. Vom *Salon* und einem jungen verzweifelten Maler, der sich tragischerweise umgebracht hat, weil sein Gemälde von der Jury abgelehnt wurde. Von den Soiréen der Mutter, bei denen sie zugegen sein muss, obwohl sie es für Zeitverschwendung hält und viel lieber im Atelier arbeiten würde. Und dass der Galerist Paul Durand-Ruel in den letzten Monaten fünf ihrer Bilder verkauft hat. »Manet hat mich gefragt, ob ich ihm nach den Ferien wieder Modell sitze.«

»Und, machst du es?« Auch wenn Edma sich um einen gleichgültigen Ton müht, so spürt Berthe doch ihre Neugierde.

»Ja, mir gefällt, wenn er mich malt. Er hat eine gänzlich andere Auffassung von der Malerei als ich, nichts bei ihm ist sanft oder fließend. Alle Bildelemente sind deutlich voneinander abgegrenzt. So klar, wie er seine Meinung äußert, so unmissverständlich handhabt er auch den Pinsel. Nie geht er Kompromisse ein. Allerdings wünschte ich mir manchmal, dass ihm bewusst ist, mit wem er es zu tun hat.« Sie greift zu ihrer Tasse mit dem Tee aus frischer Minze, die Edma in ihrem Gärtchen angepflanzt hat, und nimmt einen tiefen Schluck. Dann versucht sie, ihre Gedanken in Worte zu fassen. »Würde sich nicht hin und wieder eine Diskussion über die abgelehnten Werke des letzten *Salons* anbieten? Oder über die Frage, welcher Galerist der geschäftstüchtigste ist? Welchen Weg die Malerei in den nächsten fünf Jahren nehmen könnte? Auch wenn ich ihm Modell sitze, bin ich doch zuallererst Malerin.«

Am Nachmittag gehen die Schwestern hinunter zum Hafen und lassen sich auf einer Bank nieder. Beide holen ihre Skizzenbücher hervor und zeichnen die am Quai liegenden Schiffe der französischen Marine. Ihre Zahl ist unüberschaubar, es herrscht ein Wirrwarr an Masten und Wanten. Ein etwas kleinerer, farbenprächtig lackierter Dreimaster mit Kanonenluken vom Bug bis zum Heck erinnert an die Zeit, als im 17. und 18. Jahrhundert von hier aus die französischen Ostindienfahrer aufbrachen, um Handel mit China und Indien zu treiben. Zu den begehrtesten Gütern zählten seinerzeit Gewürze, Seidenstoffe, Edelsteine, Gold, Waffen und Porzellan. Berthe legt den Kopf in den Nacken und sieht über sich den weiten Wolkenhimmel, von dem in der Stadt immer nur ein kleiner Ausschnitt zu sehen ist. In das Rauschen von Wind und Meer mischt sich das Kreischen der Möwen. Wenn sie sich mit der Zunge über die Lippen fährt, schmeckt sie Salz.

»War es schwer für dich, von einer großen Stadt mit Parks, Museen, Theatern und eleganten Einkaufstempeln an einen Marinestützpunkt zu ziehen, wo man nicht viel erleben kann? Bist du gern hier?«, will Berthe wissen.

Edma zögert mit ihrer Antwort. »Offen gestanden ist das Leben hier ziemlich eintönig. Manchmal sehne ich mich nach den alten Zeiten zurück, aber am meisten vermisse ich unser Atelier, unsere Arbeit, unsere Gespräche.« Edma setzt ein schiefes Lächeln auf, und Berthe drückt ihren Arm.

»Zeig mir, was du in den letzten Monaten geschaffen hast. Dann diskutieren wir darüber, wie früher.«

Betrübt schüttelt Edma den Kopf. »Ich habe kaum gemalt oder gezeichnet, wie du dir vielleicht denken kannst. Ich musste ein ganzes Haus einrichten … es gab so viel zu tun, dass ich abends todmüde ins Bett gefallen bin. Vielleicht ist es sogar gut, dass man hier nicht so viel unternehmen kann, ohne Konzerte, Theaterstücke und Museen. Dann bleibt mir mehr Zeit für Adolphe und den Haushalt.«

Berthe schluckt ihren Kommentar gerade noch rechtzeitig hinunter. Das also sind die neuen Werte ihrer Schwester, die so gern im Winter im Bois de Bologne Schlittschuh lief und im Sommer die Ruderwettbewerbe auf der Seine beobachtete oder durch den Jardin des Tuileries flanierte. Die jeden Artikel aus dem Feuilleton des *Figaro* las und über alles, was auf dem Gebiet von Kunst, Literatur und Kultur in Paris geschah, bestens Bescheid wusste.

Beim Abendessen gibt Adolphe sich leutselig. »Wie gefällt Ihnen unsere Stadt, liebe Schwägerin? Sind die vielen Schiffe, die in der Marina liegen, nicht beeindruckend?«

»Beeindruckend, ja. Edma und ich haben heute den Hafen gezeichnet. Morgen wollen wir unsere Staffeleien mitnehmen und in den Dünen malen.« Zuerst wundert sich Berthe über das Stirnrunzeln des Schwagers, dann folgt die Erklärung, und die stimmt sie nachdenklich. Sehr nachdenklich sogar.

»Natürlich sollen Sie unsere Flotte skizzieren, Berthe, sie ist es allemal wert, in großartigen Bildern festgehalten zu werden. Schließlich müssen Sie mit irgendetwas Ihre Zeit füllen, Sie haben ja keinerlei sonstige Pflichten. Dass Sie mir Edma aber nicht auf dumme Gedanken bringen. Meine Frau muss sich um den Haushalt kümmern und sich außerdem auf ihre künftige Rolle als Mutter vorbereiten. Malen und Zeichnen wären nur Zeitverschwendung, nicht wahr, *ma chère*?« Er streicht Edma über die Wange, und ihre Mundwinkel zucken.

»Du hast recht, Adolphe. Wenn man Kinder großzieht, bleibt für die Malerei kein Platz mehr.«

Ist das noch Edma? Ihre Edma? Berthe beschließt, den Schwager, über den sie sich bisher noch keine Meinung bilden konnte, für unsympathisch zu halten.

Am nächsten Tag geht Berthe mit ihrer Staffelei an den Strand, während Edma die Hemden ihres Mannes ausbessert.

»Geh du nur allein, Adolphe muss in seiner Position immer tadellos gekleidet sein. Mir macht es Freude, wenn ich ihn auf meine Weise unterstützen kann.«

Berthe empfindet gegenüber ihrer Schwester, die allein zu Hause sitzt, ein schlechtes Gewissen. Deshalb hält sie ihre Ausflüge so kurz wie möglich. Meist kehrt sie nach zwei oder drei Stunden zurück, um Edma Gesellschaft zu leisten oder diese bei der Handarbeit zu zeichnen. Wie sie einen Knopf annäht, eine eingerissene Hemdennaht repariert oder einen aus Holz gefertigten Pilz zur Hand nimmt, um die Socken ihres Mannes zu stopfen. Bewusst lässt Berthe der Schwester Zeit, ihre Skizzen zu kommentieren und zu korrigieren. Damit Edma zumindest auf diese Weise an der Malerei teilnimmt.

»Bist du sicher, dass du all das aufgeben möchtest, wofür du über Jahre gelernt und gearbeitet hast?« Berthe blickt skeptisch zu ihrer Schwester hinüber, die hingebungsvoll einen Flecken aus einer Uniformjacke ihres Mannes bürstet. »Du hast im *Salon* ausgestellt, was keinesfalls jedem Bewerber gelingt, du hast Bilder verkauft, hattest öffentliche Anerkennung …«

»Ich bin mir ganz sicher, Berthe. Ich habe neue Aufgaben, in denen ich mich auf eine andere Weise entfalten kann«, erklärt Edma mit fester Stimme, doch Berthe mag diesen Beteuerungen keinen Glauben schenken. »Meine Malerei gehört zu einer anderen Zeit, zu einem anderen Leben. Ich bin nicht mehr Mademoiselle Edma Morisot, sondern Madame Adolphe Pontillon. Wenn mein Mann stolz auf mich ist, bin ich es auch.«

Du meinst also, dass allein ein neuer Name einen neuen Menschen machen kann? Sollte man nicht vielmehr seine Ideale verteidigen und zu seinen Werten stehen?, möchte Berthe ihr zurufen. Doch sie schweigt. Sie will Edma weder in einen Gewissenskonflikt bringen noch sie traurig machen. Was aber, wenn Edma die Dinge tatsächlich so sieht, wie sie sagt, und nur sie, Berthe, unfähig ist, diese Veränderung im Leben einer Ehefrau und werdenden Mutter nachzuvollziehen?

Also beschließt sie, beiden Seiten gerecht zu werden. Sich selbst, indem sie die Umgebung von Lorient erkundet und die schönsten Malmotive sucht. Und ihrer Schwester, der sie nach den Ausflügen volle Aufmerksamkeit schenkt und mit der sie in Erinnerungen an die gemeinsame Kinder- und Jugendzeit schwelgt.

Als sich der Sommer dem Ende neigt und Berthe zurück nach Paris reist, befällt sie Wehmut. Ihr Herz sagt, das Edma nicht glücklich werden kann. Ihren Verstand jedoch ermahnt sie, fest an Edmas Glück zu glauben. Weil sie es der Schwester von Herzen wünscht.

»Danke für die Zeit, die wir in den letzten sechs Wochen gemeinsam verbracht haben. Und schreib mir, wenn dich etwas bedrückt«, flüstert sie Edma beim Abschied zu und wendet sich rasch ab, damit diese ihre Tränen nicht sieht.

Kapitel 13

»Nun, da du am Beispiel deiner Schwester gesehen hast, wie beglückend die Ehe für eine Frau ist, dürfen wir keine weitere Zeit verschwenden. Du bist achtundzwanzig, deine Chancen auf dem Heiratsmarkt sinken mit jedem Jahr. Bis du irgendwann als alte Jungfer endest.«

Madame Morisot hat sich ihr Monokel vor das linke Auge geklemmt und blickt Berthe entschlossen an. Der, wenn auch geschönte, Bericht ihrer jüngsten Tochter von den Ferien im Haus Pontillon hat sie in der Ansicht bestärkt, dass für Berthe endlich ein Ehemann gefunden werden muss. »Monsieur Lafitte, der schon einige Male zum Jour fixe erschienen ist, hat mir seine sehr ehrenhaften Absichten anvertraut. Er möchte dich näher kennenlernen. Da ich aus Erfahrung weiß, wie unzugänglich du dich oftmals gibst, habe ich ihm einen Besuch im Louvre vorgeschlagen. In einem Museum fällt es dir hoffentlich nicht schwer, mit einem derart liebenswürdigen Bewerber ins Gespräch zu kommen. Eine Begegnung unter den Augen der Öffentlichkeit ist überdies gefahrlos und auch anstandsgemäß.«

Berthe hofft, sich verhört zu haben. »Sie meinen hoffentlich nicht Monsieur Jacques Lafitte, diesen blasierten, langweiligen Apotheker aus Chaillot? Der ist doch weit über fünfzig Jahre alt. Wenn nicht sogar so alt wie Papa.«

»Mäßige dich, Berthe. Monsieur Lafitte ist ein sehr honoriger Mann. Ein Witwer und zu seinem großen Bedauern kinderlos. Er besitzt ein Landhaus in der Nähe von Bordeaux und eines an der Côte d'Azur. Reichtum ist nicht die schlechteste Voraussetzung für eine Ehe. Außerdem scheint er kulturell sehr interessiert zu sein.«

»Dann sollte er mir mittwochs beim Kopieren zuschauen und sein kulturelles Wissen erweitern«, schlägt Berthe vor und erntet einen bitterbösen Blick ihrer Mutter.

»Monsieur Lafitte wird dich am kommenden Freitag um zwei Uhr mit seiner Kutsche abholen. Bedauerlicherweise kann ich nicht mitkommen, die Comtesse de Valmont hat zu ihrer Geburtstagsfeier eingeladen. Tiburce wird dich begleiten.«

Vor Empörung bleibt Berthe fast die Luft weg. Erstens mag sie diesen eitlen und eingebildeten Mann nicht, zweitens will sie mit ihm weder in den Louvre noch irgendwo anders hingehen, und drittens findet sie es unerhört, dass ihr sieben Jahre jüngerer Bruder für sie den Aufpasser spielen soll.

Allerdings weiß sie, dass sie die Mutter in dieser Frage nicht umstimmen kann. Auch in ihrem Vater hat sie keinen Fürsprecher. Er hält sie für eine launische Tochter, der die Flausen ausgetrieben werden müssen. Lieber kümmert er sich um seine Architekturbücher und die Münzsammlung, als dass er ernsthaft mit seiner jüngsten Tochter diskutiert und sie nach ihren

Wünschen und Träumen fragt. Wäre sie anstelle ihres Bruders, könnte sie über ihr künftiges Leben frei entscheiden und wäre niemandem Rechenschaft schuldig. Dann würde sie auch nicht zu einer Heirat gedrängt werden. Ein unverheirateter Mann kann beachtenswert sein, eine unverheiratete Frau ist in den Augen der Öffentlichkeit immer bedauernswert. Sie aber will sich nicht mit einem alternden Pillendreher verkuppeln lassen, sie will sich wehren.

Auf ihre Art.

»Hör zu, Tiburce, du hältst dich aus allem heraus, worüber ich mit Monsieur Lafitte spreche. Du unterbrichst mich nicht, du bekundest nicht deine persönliche Meinung, und du lässt dich auch nicht von ihm in ein Gespräch verwickeln. Du bist anwesend, aber weder sichtbar noch hörbar.«

Die beiden Geschwister sitzen im Salon und warten darauf, dass das Hausmädchen ihnen die Ankunft von Monsieur Lafitte meldet. Tiburce lümmelt sich breitbeinig auf dem Sofa und macht ein mürrisches Gesicht.

»Glaub nicht, dass ich Lust habe, dich und deinen Greis ausgerechnet an den langweiligsten Ort der Stadt zu begleiten. Verrätst du mir wenigstens den Grund, weswegen ich mich zurücknehmen soll? Vielleicht kann ich ja darüber lachen.«

»Ich habe einen Plan, und der geht nur mich etwas an. Du machst es wie die drei Affen des Konfuzius: nichts sehen, nichts hören, nichts sprechen.«

»Und warum sollte ich das tun?« Tiburce setzt ein freches Grinsen auf, schlägt die Beine übereinander und wippt mit der Fußspitze.

»Aus einem einfachen Grund. Weil ich sonst Maman und Papa verrate, in welchen Etablissements du regelmäßig verkehrst. Wo im Hinterzimmer Glücksspiele stattfinden und Frauen von höchst zweifelhaftem Ruf die Gäste bedienen. Vermutlich servieren sie nicht nur die Gerichte, die auf der Speisekarte stehen.«

Abrupt richtet Tiburce sich kerzengerade auf. »Das ist Erpressung. Woher willst du eigentlich wissen, wie ich meine Zeit verbringe?«

Ungerührt zuckt Berthe mit den Schultern. »Ich weiß es eben. Also, die Vereinbarung gilt: Du mischst dich nicht ein, und ich schweige wie ein Grab.«

Als der Kutscher vor dem Eingangsportal des Musée du Louvre anhält, öffnet Monsieur Lafitte die Wagentür und will Berthe beim Aussteigen helfen. Sie schüttelt den Kopf und übersieht geflissentlich den ihr angebotenen Arm. Auch wenn ihr Begleiter ein höflicher und weltläufiger Mensch ist, der vorhin dem Hausmädchen Margot zwei Schachteln edelster Nougattrüffel für sie und ihre Mutter übergeben hat, so will sie von vornherein zeigen, dass sie keinen männlichen Beistand benötigt. Tiburce steigt als Letzter aus. Seine schlaksige Gestalt und sein kindliches Gesicht, das noch keinerlei Anzeichen von Bartwuchs zeigt, lassen bei seinem Anblick eher an einen Schüler oder Lehrling denken als an einen bereits volljährigen jungen Mann, der seine ältere Schwester beaufsichtigen soll.

Monsieur Jacques Lafitte ist ein Mann von Mitte fünfzig mit vollem, sorgfältig frisiertem Grauhaar und kantigen Gesichtszügen. Ein unbefangener Beobachter würde wohl vermuten, dass hier ein Vater mit seinen Kindern den Kunsttempel besichtigen möchte. Seine Kleidung ist uneingeschränkt als geschmackvoll zu bezeichnen. Anzug und Mantel sitzen tadellos, die Schuhe sind blank poliert, und den Zylinder trägt er eine Spur schief auf dem Kopf. Wie es allerdings nur unter jungen Männern im Studentenalter üblich ist. Er gibt dem Kutscher ein Zeichen, dann schreitet er entschlossen voraus und macht eine weit ausladende Handbewegung.

»Was sagen Sie zu dieser Kulisse, Mademoiselle und Monsieur Morisot? Ist das nicht ein überwältigender Anblick? Ein Symbol für die Macht und Stärke unserer französischen Nation. Kaiser Napoléon Bonaparte gab nach Beendigung der glorreichen Ägyptenexpedition den Auftrag, diesen Bau zu vollenden.« Er hält inne, um sich zu vergewissern, dass seine beiden Begleiter ihm auch aufmerksam zuhören. Offensichtlich gefällt er sich in der Rolle des Dozierenden und fährt, von seinen eigenen Ausführungen begeistert, mit den Erläuterungen fort. »Im Jahr seiner Krönung erließ der Kaiser ein Dekret, dass dieses einstige Schloss fortan die Kunstschätze der Könige und des Adels beherbergen sollte.«

Berthe fühlt sich in ihrem Vorurteil bestätigt und bemüht sich um einen Tonfall, der sachlich und zugleich verbindlich klingen soll. »Monsieur Lafitte, den Auftrag zur Vollendung dieses Bauwerks gab König Ludwig der Fünfzehnte im Jahr siebzehnhundertvierundfünfzig. Und es war die französische Nationalversammlung, die zwei Jahre nach der großen Revolution im Jahr einundneunzig aus dem einstigen Königsschloss eine Kunstsammlung machte. Verständlich, dass Sie sich nicht mehr genau erinnern, die Ereignisse liegen recht lange zurück.«

Für einen Moment stutzt Monsieur Lafitte, dann setzt er rasch ein gönnerhaftes Lächeln auf. »Das war natürlich ein kleiner Test von mir. Sie haben gut im Schulunterricht aufgepasst, Mademoiselle Morisot, sehr löblich. Aber nun wollen wir die erhabene Kunst genießen und hineingehen. Sicher ist das alles sehr aufregend für Sie.«

Monsieur Lafitte marschiert forsch in die Eingangshalle. »Was wollen wir uns denn heute anschauen?«

»Ich schlage die flämischen und niederländischen alten Meister vor«, antwortet Berthe und sieht belustigt, wie der Apotheker sich einmal um die eigene Achse dreht. Entschlossen deutet er mit dem Gehstock nach rechts.

»Hier entlang.«

»Dort befindet sich die Abteilung für ägyptische Altertümer. Wir müssen in die entgegengesetzte Richtung gehen.«

Die Überraschung steht Monsieur Lafitte ins Gesicht geschrieben. »Dann waren Sie schon einmal im Louvre?«

Berthe ist die Harmlosigkeit in Person. »Sie haben richtig geraten.«

»Oh, Sie sind also kunstinteressiert?«

»Man kann es so nennen. Darf ich Ihnen den Weg zeigen?« Mit weiten Schritten eilt sie voraus, vernimmt hinter sich ein leises Schnaufen. Nachdem sie über endlos lange Korridore und durch mehrere Ausstellungssäle gegangen sind, macht sie im Saal der flämischen Meister vor dem Rubens-Gemälde *Der Austausch der Prinzessinnen* halt. Monsieur Lafitte legt eine Hand auf die Brust und atmet schwer. Sie lässt ihm Zeit, Luft zu holen und seinen Blick über die Gemälde ringsum schweifen zu lassen.

»So große Bilder … und so bunt«, staunt er.

Berthe lächelt ihm huldvoll zu. »Ich habe von Anfang an gewusst, dass ich es bei Ihnen mit einem Kunstsachverständigen zu tun habe.«

Tiburce, der sich bisher gemäß der Forderung seiner Schwester im Hintergrund gehalten hat, kann sich ein Grinsen nicht verkneifen. Mahnend hebt Berthe das Kinn. Rasch zieht er ein Taschentuch aus dem Jackett und tupft sich umständlich über das Gesicht. Aber an seinem Achselzucken und dem mitleidigen Blick erkennt Berthe, dass ihr Bruder den Grund für ihren Sarkasmus sehr wohl verstanden hat.

»Jetzt wollen wir sehen, ob es nicht auch gefälligere Bilder zu entdecken gibt.« Monsieur Lafitte will schon weitergehen, doch Berthe rührt sich nicht von der Stelle. Sie tut, als hätte sie die Bemerkung des Apothekers auf eine andere Weise verstanden.

»Ich war mir sicher, dass Ihnen diese Darstellung von Pieter Paul Rubens besonders gefällt. Sie zeigt die Doppelhochzeit der Habsburger Infantin Anna von Spanien mit Ludwig dem Dreizehnten von Frankreich und dessen Schwester Isabella Bourbon mit Philip dem Vierten, dem zukünftigen König von Spanien.«

»Dann haben Sie das auch im Schulunterricht gelernt? Sie müssen eine äußerst strebsame Schülerin gewesen sein und der Liebling der Lehrer«, witzelt Monsieur Lafitte.

»Nicht im Schul-, sondern im Malunterricht. Sehen Sie, diesen Bildausschnitt …«, sie deutet mit dem Zeigfinger nach oben, »… habe ich kopiert und diesen hier … meine Schwester.«

»Sie kopieren? Gibt es in Ihrem Elternhaus etwa keine Taschentücher oder Servietten, die Sie besticken können, wie es sich für eine Frau aus Ihren Kreisen gehört?«

Berthe erkennt nun zweifelsfrei, dass dieser Mann tatsächlich der ist, für den sie ihn von Anfang an gehalten hat. Ein eitler, phantasieloser, hohlköpfiger Mensch. Ihr ist nach Provokation zumute. »Ich bin Malerin, und die Grundlagen meines Berufs habe ich durch das Studium alter Meister erlernt.«

Es dauert eine Weile, bis Monsieur Lafitte die Bedeutung ihrer Worte verstanden hat. Er kräuselt die Lippen und lächelt nachsichtig. »Malerin, Beruf … ach ja, die jungen Mädchen heutzutage. In der einen Sekunde ungestüm, in der anderen verträumt. Solche Wirrköpfe brauchen eine feste Führung und jemanden an ihrer Seite, der ihnen beibringt, die Dinge im Leben besonnen und klar zu sehen.«

Die kleine Gruppe geht weiter zu den Meisterwerken der italienischen Renaissance und von da zu den französischen Malern des Rokokos und des Klassizismus. Monsieur Lafitte glänzt durch Unwissenheit und vor Gemälden von Malerinnen wie Elisabeth Vigée Le Brun und Marguerite Gérard durch triviale Bemerkungen. Berthe verpackt ihre Geringschätzung in Worte, deren Ironie ihrem Gesprächspartner aber entgeht.

Tiburce tapst gelangweilt hinter ihnen her, versucht eifrig, mit den Schülerinnen einer Abschlussklasse, deren Lehrerin ihre Schützlinge an jedem Akt- oder Halbaktbild mit hektischen Armbewegungen vorbeischeucht, Blickkontakt aufzunehmen.

Am frühen Nachmittag hält ihre Kutsche vor dem Haus in der Rue Franklin. Berthe ist überzeugt, dass dieser selbstgerechte Bewerber erkannt hat, dass sie als Ehefrau gänzlich ungeeignet ist und er seine Zeit nicht länger mit ihr vergeuden sollte. Monsieur Lafitte greift ihre Hand und blickt ihr eindringlich in die Augen.

»Ich danke Ihnen für den heutigen Ausflug, Mademoiselle Morisot. Wir haben uns so angeregt unterhalten. Ich spüre es deutlich, wir sind Seelenverwandte. Wann darf ich Sie wiedersehen?«

Kapitel 14

Tagelang sinnt Berthe darüber nach, ob sie Monsieur Manet bei der nächsten Sitzung eines ihrer Landschaftsbilder aus Lorient schenken soll. Nicht so sehr aus freundschaftlicher Verbundenheit, sie möchte einen Kommentar zu ihrer Malerei provozieren. Immer wieder nimmt sie jede Zeichnung, jedes Aquarell zur Hand, bis sie schließlich das gefunden hat, von dem sie sicher ist, dass es einem kritischen Urteil standhalten wird. Eine Szene am Strand, an dem ein Paar mit seinen zwei kleinen Töchtern nach Muschelschalen sucht. Dieses Bild ist in ihren Augen so ausgewogen, dass sie es beim *Salon* einreichen würde.

»Sehr hübsch, wie Sie die Wolkenformation herausgearbeitet haben. Und auch das Dünengras, das sich im Wind seitlich neigt, ist Ihnen recht gut gelungen. Vielen Dank für dieses bezaubernde Geschenk, Mademoiselle Berthe. Es soll bei mir in der Wohnung einen Ehrenplatz erhalten. Ich bin sicher, auch meiner Frau wird dieses Bild gefallen. Es könnte sich ebenso um eine Szene aus ihrer holländischen Heimat handeln.«

Manet legt das kleine Landschaftsgemälde auf einem Tisch mit Malutensilien ab und wendet sich der Staffelei zu. Berthe nimmt ihre Körperhaltung auf dem Sofa ein, breitet die Arme aus und schaut in eine unbestimmte Ferne. Etwas an seiner Äußerung stört sie, sie muss darüber nachdenken ...

Dem Ateliersofa mit dem grün-weißen Streifenbezug hat Manet auf der Leinwand einen pflaumenfarben Farbton verliehen. Sie trägt ein schwarzes Seidenkleid mit breiten Stickereien an Ärmel und Rocksaum. Neben ihr auf dem Sofa liegt ausgebreitet ein luftiges weißes Musselinkleid mit champagnerfarbenen Tupfen. Grundsätzlich erscheint sie zu den Sitzungen in Schwarz. Dass sie das Kleid, das Manet auf dem Bild zu verewigen gedenkt, nicht in der von ihm gewünschten Farbe anzieht, sondern lediglich mitbringt, hat er nie kommentiert. Nicht jedoch ihre Mutter, die diese Einstellung als eigensinnig und überzogen rügt. Was Berthe aber nicht bekümmert und sie sogar in ihrer Haltung bestärkt.

Noch immer ist sie irritiert ... Was genau hatte Manet vorhin gemeint, als er das Dünengras als »recht gelungen« bezeichnete? Ist das nur eine höfliche Floskel, weil sie ihm Modell sitzt? Aber braucht er sie denn als Modell, wo es in Paris doch eine Vielzahl bildschöner Frauen gibt? Er will das Bild zu sich nach Hause nehmen ... soll sie allein das als Anerkennung werten? Hätte er nicht mit ihr über den Bildausschnitt, die Perspektive und den Farbauftrag diskutieren oder ehrlich sagen können, was seiner Ansicht nach gelungen und was weniger gelungen ist? Berthe ist enttäuscht und nimmt sich vor, Manet nie wieder eines ihrer Bilder zu überlassen.

Madame Morisot steht in der Tür, die vom Salon in das Atelier ihrer Tochter führt. Sie macht einen äußerst zufriedenen Eindruck. »Ich habe eine gute Nachricht für dich, Berthe. Monsieur Lafitte lädt dich zu einem Spaziergang in den Jardin des Tuileries ein. Er schlägt den kommenden Sonntag vor. Selbstverständlich habe ich zugesagt. Wie ich mich für dich freue ... Offenbar hast du bei ihm einen guten Eindruck hinterlassen.«

Enttäuscht lässt Berthe Pinsel und Palette sinken. Sie geht hinüber zu dem bodentiefen Fenster, von wo aus sie einen Blick in den Garten mit den Rosenhecken und den alten Äpfel- und Kirschbäumen hat, und überlegt, mit welcher Strategie sie den Apotheker zur Einsicht bringen könnte. Schließlich löst sie sich von dem Anblick und holt die Tageszeitung aus dem geflochtenen Korb im Speisezimmer. Ihr Vater hat seit Jahren den *Figaro* abonniert. Sie schlägt das Feuilleton auf und findet, wonach sie gesucht hat.

»Nehmen Sie dies als ein Zeichen meiner Verehrung.« Mit einer galanten Verbeugung überreicht Monsieur Lafitte zuerst Madame Morisot ein roséfarbenes Blumenbouquet und dann Berthe ein gelbes.

»Woher kennen Sie meine Lieblingsfarbe?«, gurrt Marie Morisot. Erstaunt sieht Berthe zu ihrer Mutter hinüber, denn diese Vorliebe war ihr bisher unbekannt.

Der Apotheker entfernt ein unsichtbares Staubkorn von seinem Ärmel und lächelt geschmeichelt. »Bei Ihnen muss ich immer an die strahlende Sonne denken, Mademoiselle Morisot. Habe ich womöglich auch Ihre Lieblingsfarbe erraten?«

Berthe betrachtet den Blumenstrauß in ihrer Hand, denkt an Eidotter – und nickt.

»Ach, wie gern würde ich Sie und Berthe begleiten, mein lieber Monsieur Lafitte, aber ich bin seit einiger Zeit nicht mehr gut zu Fuß. Mein Sohn wird an meiner statt mitkommen, er liebt Gärten über alles.«

Tiburce verzieht den Mund, als hätte er in eine Zitrone gebissen. Seine Schwester hat ihm versprochen, sich Mühe zu geben, damit er sich heute das letzte Mal für sie aufopfert.

Der Kutscher hält an der Place de la Concorde, gegenüber dem Obelisken, der an das Blutvergießen während der Französischen Revolution erinnert. An dieser Stelle stand einst die Guillotine, unter der Marie Antoinette und ihr Gemahl Louis Seize exekutiert wurden. So wie viele namhafte Adelige und andere Namenlose.

Das Trio schreitet durch das hohe schmiedeeiserne Tor mit den prächtigen Goldornamenten. Vor ihnen liegt das imposante achteckige Wasserbecken, in dem eine Fontäne meterhoch in den blauen Septemberhimmel schießt. Möwen und Tauben lassen sich von Passanten mit Brotstückchen füttern, flattern gelegentlich aufgeregt davon, wenn ein Hund sie aufscheucht.

Monsieur Lafitte bleibt stehen und wendet sich an Berthe. Erst jetzt, im gleißenden Sonnenlicht, fällt ihr auf, dass er eine roséfarbene und eine gelbe Rose an sein Mantelrevers geheftet hat. Dies verleiht ihm eine modische Attitüde, erscheint ihr aber unpassend für einen Mann seines Alters. »Da wir schon so vertraut miteinander sind, Mademoiselle Morisot, gestatten Sie mir eine sehr persönliche Frage. Was halten Sie von der Ehe?«

Die Frage gefällt Berthe. Mit eiligen Schritten geht sie voran, und ihr Begleiter folgt ihr notgedrungen. »Wissen Sie, Monsieur Lafitte, ich halte es mit unserem großen Dichter Gustave Flaubert. In seinen Werken überwindet er die Epoche der Romantik mit ihrer gefühlsbetonten, schwärmerischen und unrealistischen Vorstellungskraft. Flaubert ist ein Meister der objektiven Schilderung von Realität. Er verachtet die Ehe und ist überzeugt, dass es sich um eine Verbindung handelt, die nur ein Ziel hat: das Leid.« Tiburce spitzt die Lippen zu einem lautlosen Pfiff und wirft seiner Schwester einen anerkennenden Blick zu.

Erneut bleibt Monsieur Lafitte stehen, schüttelt den Kopf und setzt ein nachsichtiges Lächeln auf. »Reizend, die Unbefangenheit der Jugend. Immer zu einem kleinen Scherz aufgelegt. Aber sagen Sie, Mademoiselle Berthe, ich darf Sie doch so nennen?, sind Sie nicht auch der Meinung, dass eine Frau nach der höchsten und eigentlichen Bestimmung in ihrem Leben streben sollte? Zusammen mit einem Mann, der gut situiert ist, mitten im Leben steht und auch sonst …« Er blickt an sich hinunter und streicht über den grauen Tuchmantel, »… der auch sonst eine passable Figur macht?«

»Ich bin der Meinung, wir sollten dem Musikpavillon zustreben. Das Studentenorchester der Sorbonne gibt heute dort ein Konzert«, erklärt Berthe mit harmlosem Augenaufschlag und sehr wohl wissend, dass sie eine Antwort schuldig geblieben ist.

»Sie lieben doch auch die Musik, nicht wahr? Wir müssen allerdings den Park durchqueren und fast bis zum Osteingang gehen. Schaffen Sie eine solche Entfernung, oder wird Ihnen das Gehen zu anstrengend?«

»Wo denken Sie hin? Ich laufe noch jedem Studenten davon.« Entschlossen schwingt der Apotheker seinen Gehstock und setzt sich in Bewegung. Sie gehen vorbei an mit Buchsbaum eingefassten Rabatten, in denen Astern, Anemonen und Hortensien verschwenderisch blühen. Tägliche gärtnerische Pflege ist nötig, um den Besuchern eine solche Pracht bieten zu können. Familien mit ihrem Nachwuchs kommen ihnen entgegen, die Kinder Hand in Hand vorneweg, die Eltern dahinter, alle im Sonntagsstaat gekleidet.

Berthe vernimmt ein Schnaufen neben sich, das Gesicht des Apothekers ist gerötet, er tupft sich den Schweiß von der Stirn. »Sie dürfen sich nicht überanstrengen, Monsieur Lafitte. Soll ich langsamer gehen?« Ihre vorgeblich besorgte Frage erzielt die von ihr erhoffte Wirkung. Wortlos wehrt ihr Begleiter mit beiden Händen ab und strengt sich noch mehr an, Schritt zu halten.

Schon von Weitem sind die schwungvollen Melodien des Orchesters zu hören. Als sie den Pavillon erreichen, ist Monsieur Lafitte außer Atem und lässt sich in der hintersten Zuschauerreihe keuchend auf den erstbesten freien Stuhl sinken. Berthe und Tiburce nehmen an seiner Seite Platz und lauschen der musikalischen Darbietung. Berthe aufmerksam, Tiburce gelangweilt.

Die jungen Männer präsentieren Salonmusik von Franz Schubert und Franz Liszt sowie, sehr zur Freude des älteren Publikums, Walzer des österreichischen Komponisten Johann Strauß. Als das Orchester den Rhythmus ändert und vom Walzer in einen Cancan wechselt, jubeln die Jüngeren im Publikum. Das Konzert endet nach drei Zugaben.

Auf dem Weg zurück zum Eingang an der Place de la Concorde erkundigt sich Berthe nach den musikalischen Vorlieben ihren Begleiters.

»Ich mag nur die Meister der Klassik wie Haydn, Mozart und Beethoven, vielleicht noch Schubert. Alles andere kann man nicht als Musik bezeichnen«, erklärt Monsieur Lafitte entschieden.

»Ein Musikkenner sind Sie also auch«, befindet Berthe scheinheilig. »Und was halten Sie von Chopin? Er zählt sicher ebenfalls zu Ihren Favoriten.«

»Im Gegenteil, Chopin wird maßlos überschätzt. Was dieser sogenannte Tonkünstler ersinnt, ist nichts als Effekthascherei. Seine Musik ist weder natürlich noch poetisch, weder nobel noch sentimental. Mit einem Wort, sie ist überflüssig.«

»Gilt Chopin aber nicht als einer der bedeutendsten Musiker unseres Jahrhunderts? Als ein Neuerer, sowohl was seine Kompositionen angeht als auch sein Klavierspiel?« Gespannt beobachtet Berthe die Reaktion ihres Begleiters. Monsieur Lafitte tippt sich mit dem Griff des Gehstocks an die Krempe seines Zylinders und kräuselt spöttisch die Lippen.

»Das ist die Meinung von Dilettanten. Verlassen Sie sich auf mein Urteil, Mademoiselle Berthe. Chopin ist kein Komponist, dessen Musik sich zu hören lohnt.«

Berthe ist zufrieden. Dieser Spaziergang erweist sich als höchst aufschlussreich.

Kapitel 15

Wie meist beim Jour fixe diskutierten die Männer die aktuelle politische Lage und die Frauen die Kleider und Hüte der Kaiserin Eugénie, der modebewussten Gattin Kaiser Napoléons III.

»Wenn Sie mich fragen, dann haben wir demnächst mit Unruhen zu rechnen. Der Putsch gegen Königin Isabella von Spanien wird weitreichende Folgen haben …«

»… unsere Kaiserin ist für alle Französinnen ein Vorbild an Schönheit und Eleganz …«

»… jetzt brauchen die Spanier dringend einen neuen, einen geeigneten König …«

»… ich habe gehört, dass die Kaiserin kürzlich im Atelier von Frederick Worth gesehen wurde, natürlich inkognito …«

»… wir Franzosen müssen vor den Preußen auf der Hut sein und unseren Einfluss in Europa stärken …«

»… haben Sie im *Figaro* das Kleid gesehen, das Eugénie bei der Opernpremiere letzte Woche getragen hat? Es heißt, fünf Stickerinnen hätten einen ganzen Monat dafür gebraucht …«

Nur Gesprächsfetzen dringen zu Berthes Ohr vor, sie konzentriert sich auf die Tür zum Salon. Durch die tritt soeben Monsieur Jacques Lafitte. Nachdem er die Dame des Hauses begrüßt und einige Worte mit ihr gewechselt hat, eilt er mit federnden Schritten auf Berthe zu.

»Ich konnte unser Wiedersehen kaum erwarten. Darf ich Ihnen etwas überreichen?« Er senkt die Stimme und verfällt in einen verschwörerischen Tonfall. »Sie dürfen es allerdings erst am Abend, wenn Sie zu Bett gehen, öffnen, das müssen Sie mir versprechen. Bitte nehmen Sie mein Geschenk so unauffällig wie möglich an sich, die Gäste sollten nichts von unserem kleinen Geheimnis mitbekommen.«

Der Apotheker reicht ihr die Hand, und Berthe lässt ein samtbezogenes Schächtelchen, kaum größer als ein Hühnerei, in ihrer Rocktasche verschwinden.

»Ihre Frau Mutter verriet mir soeben, dass Sie den Gästen etwas auf dem Klavier vorspielen wollen. Würden Sie wohl etwas nur für mich spielen, Mademoiselle Berthe? Etwas, worin ich ein Zeichen Ihrer Zuneigung erkenne und durch diesen zarten Wink weiß, dass ich mir Hoffnungen machen darf. Das wäre dann unser zweites kleines Geheimnis.« Vertraulich beugt er sich zu ihr hinunter und streift wie zufällig ihre Handinnenfläche.

Instinktiv zieht Berthe die Hand zurück und lächelt geheimnisvoll. »Heute spiele ich nur für Sie, Monsieur Lafitte.« Sie nimmt ein Tablett von einem der Serviertischchen, bietet den Besuchern Mandelbiskuits und Zitronentörtchen an und lässt sich viel Zeit, um mit allen ein paar Worte zu wechseln. Aus dem Augenwinkel beobachtet sie, wie Monsieur Lafitte ungeduldig von ihr hinüber zum Flügel späht. Mit bedächtigen Bewegungen legt sie das

Tablett an seinen Platz zurück und stellt sich in die Mitte des Salons. Sofort wird jede Konversation unterbrochen, alle Augen sind auf sie gerichtet.

»Liebe Gäste, ich möchte heute an einen Komponisten erinnern, der uns eine Vielzahl großartiger Werke geschenkt hat. Sonaten, Polonaisen, Walzer, Etüden, Scherzi, Balladen ...« Berthe geht hinüber zum Flügel, dessen Deckel bereits offen steht, und nimmt auf dem Klavierschemel Platz. »Ich beginne mit einer *Nocturne in Es-Dur*, es folgt ein *Walzer in a-Moll*, und danach spiele ich die *Mazurka Opus sieben, Nummer eins*. Den Namen des Komponisten brauche ich nicht zu erwähnen, Sie kennen ihn alle, und Sie schätzen ihn alle.«

Über die Köpfe der sitzenden Gäste hinweg sucht sie den Blick von Monsieur Lafitte, der am Kamin lehnt und ihr siegesgewiss zuzwinkert. Seinem Blick hält sie für zwei Atemzüge stand, dann senkt sie die Finger auf die Tasten und beginnt ihr Spiel. Schon nach den ersten Takten geht ein Raunen durch das Publikum.

»Chopin«, hört man von allen Seiten flüstern.

»Das ist von Chopin.«

Berthe spielt so ausdrucksvoll wie ein Jahr zuvor Edma, als diese mit ihren Melodien ausschließlich einen Mann beeindrucken wollte: Monsieur Manet. Sie hingegen will heute ausschließlich einem Mann die Stirn bieten und ihm zeigen, dass sie niemals für ihn zu haben sein wird: Monsieur Lafitte.

Als Berthe sich unter dem Applaus der Gäste verneigt, sieht sie durch die offen stehende Tür, wie der Apotheker sich von dem Hausmädchen Mantel und Zylinder reichen lässt und mit weiten Schritten der Haustür zustrebt.

Nach Beendigung des Soupers faltet Marie Morisot die Serviette zusammen und legt sie neben ihren Teller. »Was war denn mit Monsieur Lafitte? Er hat sich unmittelbar nach deinem Vorspiel mit bleicher Miene verabschiedet. Dabei hat er zuvor einen recht munteren Eindruck auf mich gemacht.«

Berthe zuckt mit den Achseln und blickt mahnend hinüber zu ihrem Bruder, der vielsagend die Brauen hebt. »Ich weiß es nicht, Maman. Monsieur Lafitte ist nicht mehr der Jüngste. Ein Schwächeanfall ist in seinem Alter wohl nichts Ungewöhnliches.«

Diese Erklärung scheint Marie Morisot nicht zu befriedigen. »Als Apotheker wird er doch wissen, wie man mit Molesten umgeht. Oder warst du ihm gegenüber etwa störrisch?«

»Niemals, Maman. Ich war voller Rücksicht und Anteilnahme. Nicht wahr, Tiburce?«

Gerade will Tiburce Luft holen, als ihn unter dem Tisch ein kräftiger Tritt gegen das Schienbein trifft. »Ich kann nur bestätigen, was meine Schwester sagt.«

Während sie sich vor dem Zubettgehen auskleidet, fällt Berthe etwas aus der Rocktasche. Neugierig hebt sie die kleine Schachtel vom Boden auf, die Monsieur Lafitte ihr mit geheimnisvoller Miene während der Soirée überreicht hatte, und öffnet sie. Sie blickt auf ein goldziseliertes Medaillon, klappt den Deckel auf und sieht im Inneren … eine Haarsträhne. Eine graue Haarsträhne. Vorsichtig öffnet sie einen Fensterflügel und pustet die Strähne in die tiefschwarze Nacht.

Eine Woche später steht Madame Morisot mit hochrotem Kopf und außer Atem in Berthes Atelier, sie wedelt mit einem Brief in der zitternden Rechten.

»Was hast du uns angetan, Berthe? Diese Schande, die du über unsere Familie bringst! Das haben wir, als deine Eltern, nicht verdient.«

»Wovon sprechen Sie, Maman?«

»Hier, lies selbst. Kannst du mir eine Erklärung geben?« Marie Morisot ringt um Luft und lässt sich schwer auf das blaue Sofa fallen.

Berthe faltet den Briefbogen auseinander und liest die krakelige, nach links geneigte Schrift.

Paris, den 17. September 1869
Madame Morisot!
Bisher hatte ich eine exzellente Meinung von Ihnen und Ihrer Familie. Gleichwohl muss ich Ihnen offenbaren, dass Ihre Tochter Berthe mich auf eine Weise brüskiert hat, die ich von einer jungen Frau aus Ihren Kreisen nicht erwartet habe. Ganz offensichtlich ist sie nicht standesgemäß erzogen, weswegen ich es vorziehe, künftig nicht mehr zu Ihrem Jour fixe zu erscheinen.
In tiefer Enttäuschung
Jacques Lafitte

Berthe zeigt sich nach außen hin betroffen – und jubelt innerlich. Sie nimmt neben der Mutter auf dem Sofa Platz und legt ihr beruhigend die Hand auf den Arm. »Ich kann alles erklären, Maman.«

»Das erwarte ich auch von dir. Wenn jemand von deinem Verhalten erfährt … ich möchte mir den Skandal lieber nicht vorstellen.« Sie nimmt Berthe den Brief aus der Hand und fächelt sich damit frische Luft zu.

Mit ruhiger Stimme erklärt Berthe ihr angeblich unerzogenes Verhalten. »Als Monsieur Lafitte mich zu einem Spaziergang in den Jardin des Tuileries einlud, diskutierten wir über Komponisten. Ich fragte ihn nach seiner Meinung zu Chopin, und er antwortete, dieser Komponist werde maßlos überschätzt. Seine Musik sei nichts als Effekthascherei, weder poetisch noch nobel und somit überflüssig.«

In Marie Morisots Gesicht zeigt sich erst ein ungläubiges Staunen, dann Fassungslosigkeit. »So kann man doch nicht von einem der bedeutendsten Musiker unseres Jahrhunderts sprechen! Chopin gilt als ein Neuerer, sowohl was seine Kompositionen angeht als auch sein Klavierspiel.«

»Sehen Sie, Maman, genau das habe ich Monsieur Lafitte auch gesagt. Erinnern Sie sich, was ich bei der letzten Soirée auf dem Klavier vorgetragen habe?«

»Natürlich, es war Chopin. Einige seiner Scherzi und Walzer habe ich auf meinem ersten öffentlichen Konzert gespielt. Die Kritiker damals waren begeistert … Deine Interpretation war übrigens fehlerfrei und sehr gefühlvoll.«

Berthe nickt beruhigt, der Jubel in ihrem Innern wird lauter. »An diesem Nachmittag habe ich ausschließlich Chopin gespielt – zur Ehrenrettung dieses großen Komponisten.«

»Hm, nun ja … und derart schreckliche Dinge hat Monsieur Lafitte tatsächlich gesagt?«

»Fragen Sie Tiburce, er wird mich bestätigen.«

Kopfschüttelnd erhebt sich Marie Morisot vom Sofa und streicht ihr Kleid glatt. »Ein Mann, der sich respektlos über Chopin äußert, hätte ohnehin nicht in unsere Familie gepasst. Nur gut, dass er sich nicht mehr bei den Soiréen blicken lässt, er war keine Bereicherung.«

Kapitel 16

Als Berthe vor dem Haus in der Rue de Saint-Pétersbourg nach ihrer Mutter aus der Kutsche steigt, sieht sie einen Mann in der offenen Haustür stehen, der sich einen Wollschal umbindet. Er blickt ihr in die Augen, sein Lächeln ist sanft und warm. Der Mann zieht seinen Zylinder, grüßt mit einem leichten Kopfnicken und geht weiter in Richtung Gare Saint-Lazare. Etwas an ihm scheint ihr vertraut, obwohl sie sicher ist, dass sie einander noch nie begegnet sind. Sie erinnert sich an ihre erste Sitzung, als ihr im Atelier auf einigen Gemälden zwei Männerfiguren aufgefallen waren, die Ähnlichkeit mit Monsieur Manet aufwiesen. Womöglich war der freundlich grüßende Fremde einer seiner beiden Brüder, die der Künstler mehrmals erwähnt und offenbar auch porträtiert hat.

Bereits im Treppenhaus spürt Berthe, dass etwas anders ist als sonst. Von oben ertönt ein zweistimmiges Lachen, dann nimmt sie einen Duft wahr. Den Duft eines schweren, süßlichen Parfums. Eines Damenparfums. Hat Manet soeben die Sitzung mit einem seiner zahlreichen Modelle beendet, bevor sie als Nächste an der Reihe ist?

Wie gewohnt kommt ihnen der Hausherr zur Begrüßung entgegen. Hinter ihm erkennt Berthe eine Frau, die vor dem japanischen Paravent sitzt. Eine sehr junge Frau, vielleicht gerade einmal zwanzig Jahre alt, mit schwarzem Haar, das oben am Kopf zu Locken aufgesteckt ist. Zwei über die Wangen herabhängende Schillerlocken rahmen das runde Gesicht ein. Sie hat schmale Lippen und dunkle hervorquellende Augen, aus denen sie Berthe misstrauisch mustert. Warum trägt diese Frau einen Malerkittel? Erst jetzt nimmt Berthe neben dem Farbenregal eine weitere Staffelei wahr.

Manet wendet sich nach links, dann nach rechts und macht eine schwungvolle Handbewegung. »Darf ich die Damen miteinander bekannt machen? Mademoiselle Gonzalès, meine Schülerin, und das sind Madame und Mademoiselle Morisot.«

Er hat eine Schülerin?, fragt sich Berthe irritiert. Diese Frau ist also kein Modell, sondern eine Malerin? Oder eine künftige Malerin?

»Die Anwesenheit einer weiteren Dame stört Sie hoffentlich nicht. Mademoiselle Gonzalès kann bei unserer Sitzung gewiss eine Menge lernen.«

Die drei Frauen schenken einander ein flüchtiges Kopfnicken und nehmen ihre Plätze ein. Marie Morisot im Ohrensessel, den Stickrahmen auf dem Schoß, Berthe auf dem Sofa und die Schülerin an der zweiten Staffelei. Manet irrt! Diese Schülerin ist ein Fremdkörper im Atelier, und sie stört. Stört Berthe dabei, ihr Äußeres mit der gewohnten Ungezwungenheit vorzuführen. Da fällt ihr Blick auf eine Leinwand, die gegen die Wand gelehnt auf einer Truhe steht. Das Bild wurde offenbar gerade erst begonnen, doch die Umrisslinien genügen, um zu erkennen, was dargestellt werden soll. Eine Frau, die mit Pinsel und Palette vor einer Staffelei sitzt und aus dem Bild herausschaut. Und diese Frau ist: Mademoiselle Gonzalès.

Berthe zwingt sich, nach außen hin ruhig zu erscheinen, während in ihrem Innern ein Kampf widerstrebender Gefühle tobt. Warum malt Manet ausgerechnet eine Schülerin bei der Tätigkeit, die doch *ihr Beruf* ist? Sie selbst hat er bis jetzt noch nie vor einer Leinwand, das heißt als Ebenbürtige, porträtiert.

Wie durch einen Schleier nimmt Berthe das Geschehen im Atelier wahr. Manchmal stellt sich Mademoiselle Gonzalès neben Manet und sieht ihm über die Schulter. Dann wiederum geht er zu ihr hinüber, und sie führen eine ausgiebige Diskussion über Grundierung, Unterzeichnung und Farbpigmente. Sie reden sehr vertraut miteinander, als würden sie sich schon lange und gut kennen.

»Wir sind fertig für heute. Für die Fortsetzung schlage ich die nächste Woche zur gleichen Uhrzeit vor.« Berthe vernimmt Manets Worte wie aus weiter Ferne.

Unten auf der Straße atmet sie tief die klare Herbstluft ein. Sie fröstelt.

Eine Woche später steht Marie Morisot in der Tür zu Berthes Atelier. In der Hand hält sie eine aufgeklappte Taschenuhr. »Wir haben zwei Uhr. Hast du etwa den Termin bei Monsieur Manet vergessen?«

»Ich habe Monsieur Manet vor einer Stunde eine Depesche

zukommen lassen, dass ich verhindert bin«, erklärt Berthe seelenruhig und tupft einen Hauch Azurblau in die Himmelszone eines Landschaftsaquarells.

»Wieso verhindert?«, fragt Madame Morisot verständnislos, »du stehst doch gerade putzmunter an der Staffelei.«

»Aus genau diesem Grund, Maman. Ich habe zu arbeiten.«

»Hast du wieder einmal deine Trotzphase, Berthe? Bist du dazu nicht schon zu alt?«

Mit einem dünnen, in weiße Farbe getauchten Pinsel wischt Berthe über eine Federwolke. »Entschuldigen Sie, Maman, ich habe zu arbeiten.«

Diese Szene wiederholt sich auch in der nächsten und der übernächsten Woche. In der darauffolgenden Woche erscheint Manet zum Jour fixe. Er hatte sich in letzter Zeit rar gemacht und eilt sogleich auf Berthe zu. Sein Händedruck ist zögerlich, die Mundwinkel zucken.

»Mademoiselle Berthe, ich vermisse Sie. Unser Porträt ist auch noch gar nicht fertig. Warum kommen Sie nicht mehr zu unseren Sitzungen?«

Auf diese Frage ist Berthe vorbereitet. Immer wieder in den letzten Tagen hat sie sich die Szene vorgestellt und sich genau überlegt, was sie antworten soll. Ihre Maske ist reservierte Freundlichkeit. »Sie haben mich vermisst, Monsieur Manet? Wie Sie sich vielleicht erinnern, bin ich Malerin, und ich habe Aufträge.«

»Nun ja, ich verstehe durchaus … Sie sind aber auch Modell, und als solches für mich unverzichtbar.«

Berthe beugt sich zu ihm hinüber und spricht mit sanfter Stimme. »Ich verstehe durchaus. Aber wenn Sie die Symbiose von Malerin und Modell suchen, so begegnen Sie ihr, wie ich meine, täglich in Ihrem Atelier.«

»Sie spielen auf Mademoiselle Gonzalès an? Das ist etwas völlig anderes. Ihr Vater bat mich, ein Porträt seiner Tochter an der Staffelei anzufertigen. Es handelt sich bei diesen Zusammenkünften um eine rein geschäftliche Angelegenheit. Doch bei Ihnen geht es um weitaus mehr … es geht um Erleuchtung, Offenbarung, Inspiration …«

»Monsieur Manet, wie schön, Sie wieder einmal in der Rue Franklin zu sehen. Sind Ihre Mutter und Gattin wohlauf?« Marie Morisot steht plötzlich neben ihnen, und wie immer mischt sie sich gern spontan in die Unterhaltung ein.

»Danke der Nachfrage, Madame Morisot, beide erfreuen sich bester Gesundheit. Ich versuche soeben, Ihrer Tochter zu erklären, wie erfreulich … nein, wie geradezu notwendig es wäre, wenn sie wieder Zeit für unsere Sitzungen fände.« Manet räuspert sich und blickt unsicher zwischen Berthe und ihrer Mutter hin und her. »Mademoiselle Berthe besitzt eigene Kreativität und vermag es auf wundersame Weise, auch die eines anderen anzuspornen. Ich hoffe sehr, dass wir unsere ergiebige Zusammenarbeit baldmöglichst fortsetzen.«

Gelassen ignoriert Berthe die vorwurfsvoll erhobene, mütterliche Augenbraue.

»Wenn Sie mich bitte entschuldigen wollen. Soeben kommt eine liebe Freundin, die ich längere Zeit nicht gesehen habe.« Mit diesen Worten entschwindet Madame Morisot, und Berthe beschließt, ihre Meinung zu überdenken und sich dabei Zeit zu lassen. Viel Zeit.

»Sehen wir uns nächste Woche in meinem Atelier?« Der Blick und die Worte des Künstlers sind weniger eine Frage als ein Flehen.

»Ich habe einen wichtigen Auftrag fertigzustellen, Monsieur Manet. Sobald ich ihn beendet habe, lasse ich von mir hören.«

Paris, den 19. Oktober 1869
Liebste Edma!
Beim letzten Mal hatte ich Dir geschrieben, dass ich nicht mehr für Manets Sitzungen zur Verfügungen stehen wollte. Er porträtiert nämlich seine Schülerin Eva Gonzalès so, wie er mich nie porträtiert hat: an der Staffelei. Er sieht in mir nicht die Malerin, sondern immer nur das Modell. Bis jetzt hat er jedes Mal, wenn ich ihn auf meine Malerei angesprochen habe, das Thema gewechselt. Das hat mich gekränkt, und deswegen habe ich drei Sitzungen hintereinander abgesagt. Dann aber kam Manet zu Mamans Jour fixe und bat mich eindringlich, wieder in die Rue de Saint-Pétersbourg zu kommen. Ich sei für ihn unverzichtbar, würde ihn inspirieren, und das Gonzalès-Porträt sei lediglich ein Auftrag ihres Vaters ...
Ich habe mir zwei Wochen Zeit mit der Antwort gelassen. Er soll wissen, dass er nicht beliebig über mich verfügen kann. Seit Mittwoch setzen wir die Sitzungen fort. Was ich hoffentlich nicht irgendwann bereuen werde. Ich umarme Dich und soll Dich auch von Maman, Papa und Tiburce grüßen.
Deine Berthe

Paris, den 25. November 1869
Liebste Edma!
Bei meinen Sitzungen konnte ich beobachten, welche Fortschritte das Porträt von Mademoiselle Gonzalès macht – nämlich überhaupt keine. Es verändert sich kaum. Manet hat Schwierigkeiten mit ihrem Gesicht. Er kann sie nicht fassen, muss immer wieder nachbessern. Seit Wochen sitzt sie ihm Tag für Tag Modell, und am Abend wischt er ihren Kopf mit schwarzer Seife wieder weg. Ich gebe zu, ich verspüre Genugtuung. Ach, wie sehr wünschte ich, wir könnten wie früher Seite an Seite in unserem Atelier arbeiten. Mir fehlt Deine Stimme, Dein Lachen. Nur noch wenige Wochen, und Du wirst Mutter sein. Übernimm Dich nicht, und gönn Dir tagsüber viele Ruhepausen. Ob Junge oder Mädchen, Du wirst ein wunderschönes Kind bekommen, das Dir ähnlich sieht. Sei herzlich umarmt und grüß auch Adolphe von mir.
Deine Berthe

Paris, den 15. Dezember 1869
Meine liebe Edma!
Täglich rechnen wir mit einer Depesche aus Lorient, dass ihr nunmehr zu dritt seid. Du bist hoffentlich weiterhin voller Zuversicht und Vorfreude, so wie ich es bin und natürlich auch unsere Eltern und Tiburce. Wenn Du, wie Du schreibst, oft müde bist und Dich tagsüber hinlegen musst, dann ist das ein Zeichen, dass Dein Körper Kraft sammelt für die Geburt und die Zeit danach. So ist es auch unserer älteren Schwester ergangen, erinnerst Du Dich?
Stell Dir vor, beim letzten Jour fixe, bei dem auch Manet zugegen war, fragte er mich, ob ich ihm mein, gemeint ist natürlich: unser Atelier zeigen

würde. Ich war überrascht, denn bisher hatte er sich nie dafür interessiert. Wir verließen den Salon, und er betrachtete die Bilder, die ich während unserer Sommerferien bei Yves gemalt habe. Außerdem ein noch unfertiges Bild von Margot, wie sie im Garten die Wäsche aufhängt. Zunächst fand Manet anerkennende Worte für den Bildaufbau und die Ausführung des Wolkenhimmels. Dann aber kam er unvermittelt auf Mademoiselle Gonzalès zu sprechen. Er lobte ihre dunkle Farbpalette und den starken Hell-Dunkel-Kontrast, der ihre Arbeit auszeichne. Eine Gewohnheit, die sie offensichtlich von ihm übernommen hat. Ganz unverblümt stellte er sie mir als leuchtendes Vorbild dar.

In diesem Moment fühlte ich mich zutiefst herabgesetzt. Schließlich befasse ich mich schon einige Jahre länger als Mademoiselle Gonzalès mit der Malerei. Im Gegensatz zu ihr habe ich auch mehrmals im Salon ausgestellt. Warum er meine Art zu malen mit der seiner Schülerin vergliche, wollte ich ihn fragen, und welche Erkenntnis aus dieser Überlegung zu gewinnen sei. Ausgerechnet in diesem Augenblick stürmte Maman in heller Aufregung zur Tür herein. Sie hatte uns schon überall gesucht. Damit war unser Dialog ohne Zuhörer beendet, und ich fühlte mich hilflos und wütend zugleich. Wäre Tiburce an meiner Stelle gewesen, so wäre niemand auf den Gedanken gekommen, ihm hinterherzulaufen. Können denn immer nur zwei Frauen oder zwei Männer in einem Raum miteinander allein sein, ohne Misstrauen zu erregen? Niemals aber eine Frau und ein Mann, die nicht miteinander verheiratet sind? Bitte entschuldige meine Gereiztheit. Denn weitaus mehr als Maman hat Manet mich wütend gemacht. Ich fühle mich zwiespältig und frage mich, warum ich einem weiteren Porträt zugestimmt habe. Schade ich damit womöglich meiner Reputation als Malerin, wenn man mich mehr und mehr als das

Modell eines berühmten Malers wahrnimmt? Laufe ich immer noch Manets Anerkennung hinterher, die er mir offensichtlich nicht zuteilwerden lassen will?
Ich umarme Dich und bin in Gedanken bei Dir und Deinem Kind.
Deine Berthe

Gespräch unter Brüdern

»Lass mich raten, warum du mich heute einbestellt hast, lieber Bruder. Möchtest du deine Schülerin in der Darstellung eines männlichen Modells unterweisen? Wo ist die angehende Malerin eigentlich, hat sie dich etwa versetzt?«

»Weder noch, Eugène. Mademoiselle Eva Gonzalès ist zu einer Familienfeier nach Argenteuil gefahren, und ich benötige für mein neues Gemälde noch eine Männerfigur.«

»Wie komme ausgerechnet ich zu der Ehre, erneut von dir porträtiert zu werden?«

»Zuerst hatte ich Gustave für die Szene vorgesehen. Aber der hat Paris wieder einmal den Rücken gekehrt und reist zurzeit durch Oberitalien.«

»Es ist mir eine Freude, als Ersatz für meinen jüngeren Bruder herzuhalten. Verrätst du mir, als was du mich darzustellen gedenkst?«

»Komm mit, ich erkläre es dir an der Staffelei … Siehst du den Umriss der stehenden Figur hinten rechts? Das bist du.«

»Aha, eine Szene in einem Billardzimmer. Vier Männer, und wenn ich deine Konturen richtig deute, sind meine Mitspieler Degas, Monet und Renoir. Welche Ehre, dieser illustren Runde beiwohnen zu dürfen.«

»Leg Mantel und Hut ab und stell dich dort drüben neben das Tischchen, Eugène. Den Körper leicht nach rechts zum Paravent gewendet, das Gewicht auf dem linken Fuß. Und jetzt eine Schuhlänge zurück ... das ist genug.«

»Die Stellung lässt sich leicht einhalten, zumal ich einen bezaubernden Ausblick habe.«

»Wieso? Der Paravent steht seit Jahren unverändert an dieser Stelle.«

»Ich meine die Balkonszene, die danebenhängt. Das Bild ist sehr gut, sofern dich meine Meinung interessiert. Es erhält seine besondere Ausstrahlung durch die geheimnisvolle junge Frau mit dem Fächer. Eine schöne Frau.«

»Sie ist recht ansehnlich.«

»Nein, Édouard, sie ist sogar wunderschön. Warum spricht dein Mund nicht aus, was dein Pinsel längst verraten hat? Ich glaube, ich bin ihr kürzlich auf der Straße begegnet, als sie zu einer Sitzung kam. Wer ist sie?«

»Sie ist die Tochter von Monsieur Morisot, dem Leiter des Rechnungshofes.«

»Ah, ihr Name ist Mademoiselle Morisot. So intim kennt ihr euch bereits.«

»Was willst du hören, Eugène? Ihr Vorname ist Berthe ... das Kinn einen Fingerbreit senken.«

»Interessant, sie ist also doch nicht nur die Tochter von jemandem, sondern hat sogar einen Namen. Wieso kommt mir *Berthe Morisot* bekannt vor? Irgendwo habe ich den Namen schon gehört oder gelesen.«

»Sie hat einige Male im *Salon* ausgestellt. Zusammen mit ihrer Schwester.«

»Daher ist sie mir bekannt ... Und dass sie Malerin ist, ist natürlich weitaus weniger von Interesse als der Beruf ihres Vaters. Zumindest für jemanden, der Édouard Manet heißt.«

»Deine Schultern hängen. Du hast keine Körperspannung.«

»Besser so? ... Wie ist ihre Meinung zu diesem Bild? Gefällt ihr, wie du sie dargestellt hast?«

»Sie redet nicht viel, sie ist ziemlich verschlossen.«

»Wie angenehm für dich, dann kannst du umso mehr erzählen. Eine Malerin, die sich von einem Maler porträtieren lässt ... das muss dir doch ungemein schmeicheln.«

»Es gibt unzählige Frauen, die von mir gemalt werden wollen, unzählige.«

»Wollte Berthe Morisot von dir gemalt werden, oder hast du sie gefragt?«

»Was spielt das für eine Rolle?«

»Dachte ich es mir, du hast sie gefragt. Wie wäre es eigentlich umgekehrt gewesen, wenn sie dich gebeten hätte, ihr Modell zu stehen?«

»Dieser Gedanke ist absurd.«

»Du hättest also die Anfrage einer Malerin abgelehnt, die mehrfach im *Salon* ausgestellt hat?«

»Ich sagte doch, dieser Gedanke ist absurd. Wie sieht es eigentlich mit deiner Malerei aus, Eugène? Degas schlug letztens vor, du solltest einige deiner Bilder für den *Salon* einreichen.«

»Ich male ausschließlich für mich privat, nichts davon gehört in die Öffentlichkeit.«

»Das hast du zwar wiederholt gesagt, aber du hast nie den Grund genannt.«

»Du kannst dir den Grund tatsächlich nicht denken? Der Grund ist mein Name. Ein Manet in der Familie ist genug.«

Kapitel 17

In der Nacht vom zehnten auf den elften Januar hat es kräftig geschneit. Paris liegt wie unter einer dicken Puderschicht. Berthe kehrt, eingehüllt in einen dicken Mantel, Pelzhut und Muff, von einem Besuch bei ihrer Modistin in die Rue Franklin zurück. Sie braucht einen Hut, den sie für ein neues Porträt bei den Sitzungen von Manet tragen will. Einen kleinen Hut, der nur ihren Oberkopf bedeckt und unter dem ihr wildes, lockiges Haar ungezähmt herabfallen kann. Gern lässt sie sich bei solchen Ausflügen viel Zeit. Unendlich kostbar sind die wenigen Momente, in denen sie ohne Begleitung mit der Kutsche in der Stadt unterwegs sein darf. In einem Hutsalon sind keine Männer anzutreffen.

Aufgeregt und mit hochroten Wangen kommt ihr die Mutter schon im Flur entgegen. »Es ist ein Mädchen. Edma hat ein Mädchen bekommen. Komm, Berthe, darauf müssen wir anstoßen.«

Die Familie findet sich im Bibliothekszimmer ein und spricht über das neue Familienmitglied. Es wird spekuliert, welche Talente die Kleine von welchem Elternteil geerbt haben mag, wie viele weitere Geschwister sie bekommen und wann und wen sie einmal heiraten wird. Der Hausherr hat den besten und teuersten Rotwein hervorgeholt, seine Ehefrau schenkt sich mit glücklichem Lächeln mehrere Gläser Chartreuse hintereinander ein. Berthe trinkt Zitronenlimonade, die Margot frisch zubereitet hat, und ihr gehen unzählige Fragen durch den Kopf.

Hat Edma die Geburt gut überstanden? Wie fühlt sie sich jetzt? Ist Adolphe stolz auf seine Frau und seine Tochter? Ähnelt das Neugeborene eher der Mutter oder dem Vater? Leise Wehmut befällt Berthe, weil sie nicht selbst dieses winzige Wesen auf dem Arm halten kann. Und weil sie warten muss, bis Edma eine Zeichnung von ihrer Tochter sendet oder bis die junge Familie einen Fotografen aufgesucht hat. In Gedanken schickt sie Edma aus der Ferne eine Umarmung und wünscht sich, in diesem Moment neben ihrer Schwester an der Wiege zu sitzen.

Mit einem Mal verspürt Berthe das Bedürfnis, ein Gemälde zu vollenden, das sie ein Jahr zuvor begonnen hatte. Das letzte Porträt ihrer Schwester vor deren Heirat, auf dem die Mutter ihr aus einem Buch vorliest. Das noch unfertige Bild hatte Edma damals tief bewegt, denn Berthe hatte in ihren melancholischen Blick all das gelegt, was die künftige Braut zu jener Zeit empfand. Unsicherheit und Angst vor dem Leben, das sie als Ehefrau eines Marineoffiziers in einer kleinen Stadt am Meer künftig führen würde. Fern von Paris, fern von ihrer Familie und von allem, was ihr lieb und vertraut war.

Sie würde das Bild zum diesjährigen *Salon* einreichen, beschließt Berthe und steht seitdem von morgens bis abends vor der Staffelei. Nicht einmal zum Mittagessen verlässt sie das Atelier. Sie ist getrieben von dem Wunsch, ein Bild zu Ehren ihrer zur Mutter gewordenen Schwester zu malen, die später einmal selbst ihrer Tochter vorlesen wird.

Immer näher rückt der Tag, bis zu dem die Werke bei der Jury der Académie eingereicht werden müssen, und Berthe kommen immer mehr Bedenken. Sie ist unzufrieden mit dem Faltenwurf von Edmas weißem Sommerkleid, mit den Händen der Mutter, die das Buch halten, mit dem weißen Spitzenbesatz an Ausschnitt und Ärmeln, der dem schwarzem Kleid Marie Morisots etwas von seiner Schwere und Strenge nimmt. Was soll sie hinzufügen oder weglassen, was abschwächen oder deutlicher herausstellen? Sie weiß es nicht, und das lässt sie zweifeln. An ihrem Willen, ihre Gedanken und Gefühle mittels Farben auf die Leinwand zu bringen. An ihren Fähigkeiten als Malerin. Dieses Bild ist ihr nicht gelungen, und vermutlich sollte sie nie wieder eines ihrer Gemälde öffentlich ausstellen.

In den nächsten Wochen zeigt Madame Morisot während ihrer Soiréen aufgefordert und unaufgefordert die Pastellzeichnung, die Edma zwei Tage nach der Geburt der kleinen Jeanne angefertigt hat. Unter den Gästen ist diesmal auch ein langjähriger Freund der Familie, der nach einer anderthalbjährigen Italienreise zum ersten Mal wieder in der Rue Franklin erscheint. Pierre Puvis de Chavanne ist Maler, ein untersetzter Mann, der auf die Fünfzig zugeht, mit buschigen Brauen über tief liegenden Augen und einem struppigen Vollbart. Nachdem er sämtliche alten Bekannten begrüßt und einige Anekdoten von seiner Reise zum Besten gegeben hat, wendet er sich Berthe zu.

»Wie geht es Ihnen, Mademoiselle Berthe, was macht die Malerei? Wollen Sie wieder einige Bilder für den *Salon* einreichen? Vielleicht mögen Sie mir Ihre neuesten Werke zeigen. Währenddessen erzähle ich Ihnen von Rom und Florenz. Sie sollten auch einmal dorthin reisen, so viel Inspiration findet ein Maler sonst nirgends.«

Puvis de Chavanne folgt ihr ins Atelier. Berthe bleibt für alle sichtbar in der zum Salon offenen Tür stehen, damit ihre Mutter nicht ein weiteres Mal einen moralischen Übergriff vermuten und ihr vorgeblich zu Hilfe eilen muss. Der Maler betrachtet die Bilder an den Atelierwänden, nickt hier und da wohlwollend, runzelt bei anderen die Stirn. Schließlich bleibt er vor der Staffelei mit dem Doppelporträt ihrer Mutter und Schwester stehen. Er geht einige Schritte zurück und wieder nach vorn, schließlich streicht er sich nachdenklich über den Bart.

»Meine liebe Mademoiselle Berthe, Sie haben in den vergangenen zwei Jahren einiges dazugelernt, das ist unverkennbar. Dennoch frage ich mich bei diesem Gemälde, warum Sie Ihre Mutter so wenig liebenswert darstellen. Diese Figur im Vordergrund nimmt viel zu viel Raum ein, auch sind ihre Wangen zu blässlich. Sie hält ein Buch in den Händen, doch der Betrachter kann nicht den Eindruck gewinnen, dass sie liest. Ihre Augen blicken ins Leere.« Wie um Entschuldigung bittend, hebt er die Hände. »Allerdings erkenne ich, dass das Bild noch nicht fertig ist. Ich vermute, Sie werden die Mängel ausgleichen, die mir soeben aufgefallen sind. Strengen Sie sich nur tüchtig an, Sie haben eine Menge Arbeit vor sich.«

Mit der Rechten stützt Berthe sich am Türrahmen ab und ringt um Luft. Was bildet dieser großspurige Italientourist sich ein? Niemand kennt ihre Mutter, ihre Mimik, besser als sie. Von Kind an hat sie jeden Gesichtsmuskel studiert. Zweifellos ist die Figur der Mutter im Vordergrund größer als die hinter ihr auf einem Sofa sitzende Edma. Das muss sie sein, das erfordern die Regeln der Perspektive, und die sollte ein Mann, der schon so viele Jahre das Malerhandwerk ausübt, kennen. Berthe ist derart erschrocken über diese ungefragt erteilte Bewertung, dass sie nichts sagen kann und auch gar nichts sagen will. Sie möchte auch keine Schilderungen über Rom, Florenz und die großen Meister der Renaissance hören. Sie muss dieses Gespräch auf der Stelle beenden.

»Sie entschuldigen mich bitte, Monsieur, Maman braucht meine Hilfe.« Abrupt wendet sie sich um und läuft auf dem Weg in die Küche Margot in die Arme, der sie das Tablett aus den Händen nimmt. »Darf ich Ihnen etwas Kaffee anbieten, Madame? ... Für Sie auch eine Tasse, Monsieur?«

Während sie eifrig den Gästen das aromatisch duftende Getränk serviert, reift in ihr der Plan. Sie will es nicht bei dem einen Standpunkt belassen, sie wird einen anderen Maler um Rat fragen. Einen versierten Maler, den sie persönlich kennt und von dem sie sich respektiert fühlt.

Vielleicht sollte sie sich an den acht Jahre älteren Edgar Degas wenden, einen guten Bekannten der Familie Morisot? Viele seiner Bilder erzählen vom mühsamen Alltag junger Balletttänzerinnen, die er während der Proben oder bei glanzvollen Auftritten vor Publikum beobachtet. Oder an Claude Monet, dessen realistische

Malerei von den Kritikern gerühmt wird und der zurzeit mit einem Farbauftrag experimentiert, der seine Gemälde wie in flirrendes Licht getaucht erscheinen lässt? Auch Pierre-Auguste Renoir kommt als Ratgeber infrage. Er hat als Porzellanmaler begonnen und ist ein enger Freund Monets, mit dem er die Leidenschaft für die Freiluftmalerei teilt. Alle drei sind differenziert urteilende Künstler. Seit Jahren sind sie Gäste vieler Soiréen von Madame Morisot und haben Berthe stets das Gefühl vermittelt, dass sie ihnen ebenbürtig ist.

Wen auch immer sie um seine Meinung bitten wird, eines weiß Berthe ganz sicher: Das Urteil oder vielmehr die Verurteilung eines Puvis de Chavanne wird sie nicht widerspruchslos hinnehmen.

Kapitel 18

»Sie möchten also wissen, ob Sie das Bild beim *Salon* einreichen oder ob Sie es zuvor überarbeiten sollten?« Manet tritt neben der Staffelei hervor und mischt Farben auf seiner Palette. »Den Kopf ein wenig mehr nach oben ... ja, das ist gut, und die linke Schulter einen Fingerbreit nach vorn.«

»Bevor ich das Bild der Jury übergebe, würde ich gern Ihre persönliche Einschätzung erfahren, Monsieur Manet.« Berthe ist inzwischen daran gewöhnt, eine Antwort zu geben, ohne ihren Körper auch nur einen Millimeter zu bewegen. Seit dem Besuch von Monsieur Puvis de Chavanne in ihrem Atelier hat sie keinen Appetit mehr und schläft überdies schlecht. Warum nur lässt sie sich derart verunsichern? Durch die Worte eines Mannes, der beinahe zwei Jahrzehnte älter ist als sie und zudem eine völlig andere Art zu malen und zu empfinden hat als sie selbst. Sie will keine realitätsgetreue Wiedergabe des Gesehenen schaffen. Das leistet die Fotografie, was vielleicht auch ein Nachteil dieser Kunstgattung ist. Nein, sie will das, was sie in ihrem Innern bewegt, auf die Leinwand bringen. Und sie will verstanden und anerkannt werden, insbesondere von jemandem, dessen künstlerische Radikalität und Unbeirrbarkeit sie bewundert. Von Édouard Manet ...

»Ich komme morgen um drei Uhr in die Rue Franklin«, hört sie ihn jetzt sagen und weiß nicht, ob sie tatsächlich erleichtert sein soll.

»Wie reizend, dass Sie sich die Mühe gemacht haben, mitten in der Woche zu uns zu kommen, Monsieur Manet. Meine Tochter ist plötzlich ganz verzagt. Stundenlang steht sie an der Staffelei, ohne einen einzigen Pinselstrich zu setzen. Dabei finde ich das Bild gar nicht übel. Sie hat mich gut getroffen und ebenfalls Edma in ihrem weißen Musselinkleid und den blauen Schleifen im Haar.«

Marie Morisot hat auf dem blauen Ateliersofa Platz genommen und lenkt von dieser Position aus die Unterhaltung, während Berthe und Manet vor der Staffelei stehen.

»Stille Szenen in häuslicher Atmosphäre sind doch viel ansprechender als diese groben Bilder von Brücken, Bahnhöfen und qualmenden Lokomotiven, finden Sie nicht auch Monsieur Manet?«, vernimmt Berthe hinter sich die mütterliche Stimme.

»Gewiss, Madame Morisot, gewiss.«

Manet tritt einige Schritte zurück und lässt das tiefe Timbre seiner Stimme erklingen. »Ich empfinde die Komposition als durchaus gelungen. Die einzelnen Bildebenen sind harmonisch aufgeteilt, auch die Farbgebung ist in sich stimmig. Allerdings ...«

Entschlossen geht er hinüber zu dem Regal, in dem Berthe ihre Malutensilien aufbewahrt, und greift nach einem breiten Flachpinsel. Schnell vermischt er auf einer Palette Schwarz mit ein wenig Karmesinrot und beginnt, den unteren Teil des Rocksaums der Mutter nachzubessern. Berthe kann nicht erkennen, welche Veränderung oder gar Verbesserung Manets Pinselstriche bewirkt haben sollen, lässt ihn aber gewähren.

Er mischt ein weiteres Mal Farbe an und verstärkt die Rockfalten, und mit einem Mal geht eine Verwandlung in ihm vor. Immer neue Pinselstriche setzt er, wechselt vom Rock zum Oberteil, vom Oberteil zum Kopf und schließlich vom Kopf zum Hintergrund. Stumm und wie erstarrt steht Berthe neben ihm. Sie hat ihn um seine Meinung gebeten, nicht aber eine Übermalung gefordert! Derweil hüpft Manet vor und zurück, macht einen Satz nach links und dann nach rechts. Wie ein Tänzer bewegt er sich in schnellem Rhythmus vor der Staffelei, und ebenso hastig gleitet sein Pinsel über die Leinwand.

Er ist zu Scherzen aufgelegt und erzählt von einer kuriosen Begegnung mit einem Kunden, der ein Porträt seiner Ehefrau in Auftrag gab und unmittelbar darauf ein zweites – von seiner Geliebten. Madame Morisot ist erkennbar schockiert. Sofort klappt sie ihren Fächer auf und verbirgt dahinter ihr Gesicht. Manet amüsiert sich über seine eigenen Worte, feixt und lacht. Berthe schimpft sich eine Närrin, weil sie sich selbst in diese prekäre Situation gebracht hat. Warum hat sie nicht auf die Stimme in ihrem Inneren gehört, die sie vor einem Fiasko gewarnt hat? Am liebsten würde sie Manet bitten, unverzüglich das Atelier zu verlassen. Nach einer Stunde legt er den Pinsel beiseite und reibt sich die Hände.

»Sehen Sie, Mademoiselle Berthe, jetzt können Sie das Bild beim *Salon* einreichen.«

Berthe starrt auf die Leinwand und möchte am liebsten vor Scham im Boden versinken. Auf der Staffelei sieht sie nicht ihr Bild, sondern eine Karikatur. Als schließlich Madame Morisot den Gast zur Tür geleitet, lässt Berthe sich auf das Sofa niedersinken und bricht in Tränen aus. Sie ärgert sich über sich selbst, weil sie nicht einen anderen ihr vertrauten Maler um Rat gefragt hat. Was hatte sie erhofft? Dass Manet mit ihr auf Augenhöhe diskutiert?

Beim Abendessen bekommt sie keinen Bissen hinunter, und in der Nacht wälzt sie sich schlaflos von einer Seite auf die andere.

Als sie am nächsten Morgen nach einem kurzen, verwirrenden Traum aufwacht, hat sie einen Entschluss gefasst: Dieses Gemälde wird sie nicht bei der Jury der Académie einreichen. Sie wird das Bild ein zweites Mal beginnen und es bis zur endgültigen Fertigstellung sorgsam vor den Blicken anderer verbergen. Erst wenn ausschließlich sie selbst mit ihrer Arbeit zufrieden ist, wird sie ihren Namen in die linke untere Ecke setzen und das Porträt Edma schenken. Dieser Gedanke lässt sie neue Hoffnung schöpfen.

Nach einem Besuch bei ihrer Hutmacherin setzt der Kutscher Berthe vor dem Elternhaus ab. Sie sieht gerade noch, wie ein Pferdekarren abfährt. Ihre Mutter trifft sie im Salon bei deren Lieblingsbeschäftigung an. Marie Morisot ist damit befasst, ein Blumenbouquet in einer Vase neu zu arrangieren.

»Haben wir eine Lieferung bekommen, Maman? Etwa den

neuen Ohrensessel für die Bibliothek, auf den Papa schon so lange wartet?«, will sie neugierig wissen.

Madame Morisot streicht ihren Rock glatt und wirkt sehr zufrieden. »Es wurde nichts geliefert, es wurde etwas abgeholt, und zwar das Porträt, das du von Edma und mir gemalt hast. Monsieur Manet hat den Auftrag gegeben. Er will das Bild der Académie persönlich übergeben.«

Für einige Sekunden schließt Berthe die Augen, und als sie sie wieder öffnet, stellt sie fest, dass sie nicht etwa träumt, sondern sich in einem Alptraum befindet.

»Wie konnten Sie, ohne mich zu fragen, mein Gemälde hergeben?« Berthe weiß nicht, ob sie laut aufschreien oder mit der Faust auf den Tisch schlagen soll. Vielleicht auch beides.

Der Kummer ihrer Tochter ist Madame Morisot gänzlich unverständlich. »Aber, Berthe«, entgegnet sie vorwurfsvoll. »Du hast oft genug gesagt, du würdest das Bild für den *Salon* einreichen. Und da du keine Anstalten gemacht hast, es hinzubringen, hat Monsieur Manet dies übernommen. Schließlich endet morgen die Frist für die Abgabe. Ich meine es doch nur gut mit dir. Woher soll ich wissen, dass dich wieder einmal eine deiner Launen überkommen hat?«

Ohne weitere Erklärung verschwindet Berthe in ihrem Zimmer und lässt sich weder zum Abendessen noch zum Frühstück blicken. Sie fühlt sich wie ausgehöhlt.

Als sie am späten Vormittag in die Küche gehen will, um Margot nach einer heißen Schokolade zu fragen, kommt ihr die Mutter entgegen.

»Nun, hast du dich entschieden, wieder am Familienleben teilzunehmen?« Madame Morisot ist die Verärgerung über das ungebührliche Verhalten ihrer Tochter deutlich anzumerken.

Berthe muss sich zusammennehmen, um ihre Wut zu mäßigen. »Ich werde das Porträt von der Académie zurückfordern. Dieses Bild ist nicht mehr mein Bild. Ich habe es mit meinem Namen signiert, tatsächlich aber müsste der Name Manet darunterstehen.«

Jetzt ist Madame Morisot erst recht entrüstet. Sie klemmt ihr Monokel vor das linke Auge und blinzelt Berthe missbilligend an. »Und wie stellst du dir das vor? Hast du schon einmal daran gedacht, was das für einen Skandal gäbe, wenn die Öffentlichkeit davon erfährt? Monsieur Manet ist dir äußerst wohlgesinnt. Er wird seine Gründe haben, warum er das Bild persönlich der Jury übergeben hat.«

Weil dieser eitle Pfau sich darin gefällt, dass das Gemälde einer anderen Person seine Handschrift trägt, schimpft Berthe stumm vor sich hin und beharrt auf ihrer Meinung: »Ich will das Bild zurückhaben. Über meine Malerei entscheide ich allein.«

Marie Morisot verfällt in den sanften, schmeichlerischen Tonfall, den sie früher oftmals angewendet hat, wenn sie ihre aufbegehrende Tochter besänftigen wollte. »Berthe, wie willst du deine Entscheidung Monsieur Manet beibringen? Er würde sich brüskiert und in seiner ehrbaren Absicht hintergangen fühlen. Die guten Beziehungen zwischen unseren Familien wären schlagartig beendet, und wir hätten den nächsten Skandal.«

»Dann hoffe ich, dass die Jury das Bild ablehnt«, bringt Berthe trotzig hervor. »Das könnte ich eher ertragen als den Gedanken, dass das Publikum gaffend davorsteht und sich darüber lustig macht.«

Paris, den 7. Mai 1870
Liebste Edma!
Ich danke Dir für die Skizze, die Du mir von Deiner süßen kleinen Tochter geschickt hast. Gottlob lässt Du Dir nicht auch noch das Zeichnen von Deinem Mann schlechtreden, nachdem Du bereits die Malerei aufgegeben hast. Jeanne hat Deine Augen und Deine Nase, ich bin sicher, sie wird einmal eine Schönheit.
In meinem letzten Brief hatte ich Dir von meinem Kummer mit dem Porträt von Dir und Maman geschrieben. Dieses Gemälde hat mich schlaflose Nächte gekostet. Erstens, weil Manet es verunstaltet hat, und zweitens, weil ich es nicht von der Académie zurückfordern konnte. Maman meinte, eine Rücknahme hätte Manet zu sehr verletzt und überdies die Beziehungen zwischen unseren Familien nachhaltig gestört. Ich war verzweifelt, an manchen Tagen habe ich sogar daran gedacht, nie mehr einen Pinsel in die Hand zu nehmen.
Vor einer Woche wurde der Salon eröffnet, und ich kann – dem Himmel sei Dank – aufatmen. Das Bild wurde nicht nur angenommen, es wurde sogar lobend in den Feuilletons besprochen. Meine Wut auf Manet ist noch längst nicht verflogen. Trotzdem will ich ihm nachsehen, dass er so eigenmächtig über meine Darstellung verfügt hat. Ich selbst habe diese Situation herausgefordert. Hätte ich doch mehr an mich geglaubt. Zum Glück ist die Sache noch einmal gut ausgegangen.
Monsieur Durand-Ruel hat mir gestern mitgeteilt, dass er ein Bild von

mir zu einem höheren Preis verkauft hat als eines von Manet. Diese Nachricht hat mir Genugtuung verschafft. Ich werde meinen eigenen Weg finden und nicht blindlings dem Pfad folgen, den ein anderer mir vorschlägt. Das ist der Anspruch, den ich an mich selbst habe: immer Morisot zu malen, niemals aber Manet und auch keinen anderen!
Ich umarme Dich aus der Ferne. Gib meiner Nichte einen Kuss von mir. Ich zähle die Tage, bis ich euch im Sommer besuchen komme.
Deine Berthe

Wie gewöhnlich hat sich Madame Morisot nach dem Essen zur Mittagsruhe auf ihr Zimmer zurückgezogen. Der Vater geht seiner Tätigkeit im Finanzministerium nach, und Tiburce ist außer Haus. Er hat sich mit Freunden zum Schlittschuhlaufen im Bois de Boulogne verabredet. Berthe sitzt auf dem blauen Sofa in ihrem Atelier, auf dem Schoß einen Skizzenblock und in der Hand den Kreidestift. Tags zuvor hat sie Margot, das Hausmädchen der Familie, in der Küche beim Teigkneten gezeichnet. Dabei lag ihre Konzentration ganz auf der rundliche Frauenfigur, den vollen Wangen, den Händen und der bereit liegenden Kuchenrolle. Die Umgebung will sie nur andeuten, nichts soll von dem Tun dieser Frau ablenken, deren Körperhaltung und Mimik Konzentration und Vorfreude ausstrahlen.

Margot hat an diesem Tag eine knöchellange graue Küchenschürze getragen. Doch dieser Farbton wird ihrem heiteren Gesichtsausdruck nicht gerecht, erkennt Berthe. Sie will den Stoff in einem leuchtenden Gelb darstellen, ähnlich den Markisen, die die schokoladenüberzogenen Naschereien in den Auslagen von

Konditoreien und Patisserien vor der Sonne schützen. Sie ist so in ihre Skizze vertieft, dass sie das Pochen an der Ateliertür zunächst nicht wahrnimmt. Dann plötzlich hört sie Margots Stimme.

»Mademoiselle Berthe, sind Sie dort drinnen? Entschuldigen Sie die Störung, soeben wurde etwas für Sie abgegeben.«

Berthe öffnet die Tür und sieht Margot mit einem Gegenstand in der Hand dastehen. Er ist in ein schwarzes Tuch gehüllt, und seine Form erinnert an einen übergroßen Regenschirm.

»Was ist das, wer hat das geschickt?«, will sie wissen, doch Margot zuckt nur mit den Schultern.

»Der Kutscher nannte keinen Namen. Es sei ein Geschenk für Mademoiselle Berthe Morisot persönlich, sagte er nur. Dann war er auch schon verschwunden.«

Berthe nimmt das Bündel an sich, das nur wenig mehr wiegt als ein stabiler Herrenschirm, und legt es auf dem Sofa ab. Vorsichtig, als fürchte sie, etwas zu zerbrechen, zieht Berthe das Tuch ab. Sie sieht mehrere nebeneinanderliegende Holzteile mit einer sorgfältig geglätteten Oberfläche, und plötzlich geht ein erstauntes Lächeln über ihr Gesicht.

Der geheimnisvolle Gegenstand ist eine zusammenklappbare Staffelei, die man mühelos bei Streifzügen im Freien mitnehmen und schnell auf- und wieder abbauen kann. Sie ist viel leichter als das unhandliche Modell aus rohem Holz, das sie während ihrer Ferien bei Edma in Lorient verwendet hat. Damals hat sie sich so manchen Holzsplitter aus den Fingern ziehen müssen.

Nicht einmal eine halbe Minute braucht Berthe für den Aufbau. Mit dem Zeigfinger streicht sie behutsam über eine Metallplatte an der oberen Querstrebe. Lautlos formen ihre Lippen die eingravierten Worte.

25. April 1870 – Meine liebe Mademoiselle Berthe, diese moderne Staffelei soll ein bescheidenes Geschenk an Sie sein. In Freundschaft verbunden – Édouard Manet.

Berthe beschließt, sich nicht von vorgeblicher Freundlichkeit blenden zu lassen. Sie wird die Staffelei weder als Eingeständnis seiner Grenzüberschreitung noch als Anerkennung ihrer Befähigung als Malerin werten, sondern als das, als was Manet dieses Utensil bezeichnet: ein bescheidenes Geschenk.

Kapitel 19

Mitte Juni 1870 geht der Pariser *Salon* mit der bisher größten Anzahl ausgestellter Werke erfolgreich zu Ende. In dieser Zeit ändert sich jäh die Stimmung im Land. Es liegt etwas in der Luft, das Unheil verspricht. Auch bei den Soiréen in der Rue Franklin ist das seit vielen Jahren angespannte Verhältnis zwischen Frankreich und Preußen das Hauptgesprächsthema. Die Männer diskutierten lautstark miteinander, die Frauen in gedämpftem Ton.

»… Jetzt hat doch tatsächlich ein Hohenzollernprinz, ein Katholik obendrein, seine Kandidatur für den spanischen Thron abgegeben. Als ob wir Franzosen nicht auch einen Anspruch hätten. Seitdem die Preußen sechsundsechzig die Österreicher besiegt haben, sind sie größenwahnsinnig geworden …«

»… Das können und werden wir nicht hinnehmen. Wir sind die Grande Nation, und Preußen ist ein Parvenu …«

»… Mir ist dieser angeberische Ministerpräsident Otto von Bismarck nicht geheuer. Ich traue dem Wendehals nicht. Der Mann ist gefährlich …«

»… Immer sind es die Entscheidungen von Männern, die Revolutionen und Kriege auslösen. Gäbe man uns Frauen die Macht, wäre die Welt friedlicher …«

»… Mein Großvater hat unter Kaiser Napoléon Bonaparte am Russlandfeldzug teilgenommen. Seine Briefe aus dieser Zeit sind das Erschütterndste, das ich je gelesen habe …«

»… Ich habe drei Söhne, und ich werde keinen von ihnen hergeben. Sollte es tatsächlich zum Äußersten kommen, siedele ich mit meiner Familie nach England um …«

Hoffentlich ist all dies nur Schwarzmalerei, versucht Berthe sich zu beruhigen. Der Mensch ist vernunftbegabt, es kann kein Zufall sein, dass die großen Philosophen der Aufklärung neben England auch aus Frankreich und Deutschland stammen. Anstatt sich diverse Schreckensszenarien auszumalen, lässt sie sich lieber von den Schilderungen eines Gastes ablenken, der erst das zweite Mal zum Jour fixe erschienen ist. Valentin de La Barre ist hoch gewachsen, blond und grünäugig und etwa dreißig Jahre alt. Durch seine betuliche Art zu reden, wirkt er jedoch älter. Er schreibt Theaterstücke, von denen aber noch keines zur Aufführung gelangte.

»Sie kennen sich mit den Schönen Künsten aus, Mademoiselle Morisot. Ich glaube, Sie würden Gefallen an meinen Texten finden. Wenn Sie die Güte haben würden, einige Szenen meines neuesten Stückes zu lesen … Ich brenne darauf, Ihr Urteil zu erfahren.«

»Und ich bin gespannt, wie ein Dichter mir sein eigenes Bühnenstück erklärt, Monsieur de La Barre. Sofern es sich um ein Lustspiel handelt, lasse ich mich gern für eine kurze Zeit von meiner Malerei ablenken.«

Madame Morisot, die gewöhnlich zu allem etwas zu sagen hat, spricht nach dem abendlichen Tischgebet kaum ein Wort. Eine ungewohnte Stille breitet sich aus, die Berthe und Tiburce nicht zu unterbrechen wagen. Schließlich legt Edmé Morisot den Suppenlöffel beiseite und streicht behutsam über den Handrücken seiner Ehefrau.

»Was bedrückt Sie, meine liebe Marie? Mir scheint, Sie sind heute mit Ihren Gedanken ganz woanders. Müssen wir uns etwa Sorgen um Sie machen?«

Beunruhigt blickt Berthe zu ihrer Mutter und versucht, an einem Zucken der Mundwinkel oder Heben einer Augenbraue deren innere Verfassung abzulesen. Hat die Mutter einen neuen Heiratskandidaten für sie aufgetan und befürchtet bereits, dass all ihre Bemühungen und leisen Hoffnungen ein weiteres Mal vergeblich sein werden?

Marie Morisot schüttelt den Kopf, wie um einen unangenehmen Gedanken abzuwehren. »Ich war heute beim Jour fixe bei Madame Manet. Dort erfuhr ich von einer irritierenden Begebenheit. Letzten Monat veröffentlichte Edmond Duranty im *Paris Journal* einen Artikel über eine Ausstellung, in der auch Werke von Monsieur Manet zu sehen waren. Durch diese Zeilen seines langjährigen Freundes fühlte Manet sich zu Unrecht kritisiert.« Madame Morisot hält inne, räuspert sich und nimmt einen tiefen Schluck aus ihrem Wasserglas. »Vor einigen Tagen dann trafen beide Männer im Café Guerbois aufeinander und gerieten sofort in einen heftigen Streit, der darin gipfelte, dass Manet seinen Gegner ohrfeigte. Daraufhin kamen die Kontrahenten überein, sich am Mittwoch in einer Woche im Wald von Saint Germain zu duellieren.«

Berthe hofft, sich verhört zu haben. Welche Absurdität, welcher Wahn! Was, wenn Manet verletzt wird? Oder sogar tödlich verletzt wird? Kann ihn seine Frau nicht von diesem Aberwitz abhalten?

»Ein Mann muss tun, was ein Mann tun muss«, hört Berthe den Vater sagen, und seine Worte klingen belehrend und kühl. »Wenn Monsieur Manet sich in seiner Ehre verletzt fühlt, dann muss er diese Ehre wiederherstellen. Mit allen Mitteln, also auch mit dem Degen.«

Sagte Manet nicht einmal, ihn interessiere die Meinung von Kritikern nicht im Geringsten, sie hätten das Recht, ihre persönlichen Ansichten zu verbreiten und damit Geld zu verdienen? Doch warum reagierte er dann so unbeherrscht?, denkt Berthe bei sich. Macht es für ihn einen Unterschied, ob ein Journalist kritische Worte findet oder ein Freund? Ist er in dem einen Fall nachsichtig und im anderen engstirnig?

»Ich würde mich sofort duellieren, sollte mir jemand dummkommen«, wirft Tiburce ein. »Mein Gegner würde sein Vergehen bitter bereuen – aber höchstwahrscheinlich nicht mehr dazu in der Lage sein. Ich werde ab sofort Unterricht im Fechten nehmen, damit ich für solche Situationen bestens vorbereitet bin.«

Tiburce schenkt sich von dem Rotwein nach, dessen Bestände im Weinkeller deutlich geringer geworden sind, seit die Eltern ihm das Alkoholtrinken erlaubt haben.

Dann ist es um das Selbstverständnis Manets also doch nicht

so gut bestellt, sinniert Berthe. Glaubte er seinen eigenen Worten, dann würde er den Kritiker Duranty milde belächeln und dem Nörgler vielleicht sogar vorschlagen, ihn zu porträtieren.

In den nächsten Tagen versucht Berthe, ihre Gedanken auf ein anderes Thema zu lenken als auf den angekündigten Zweikampf. Was für eine schreckliche Vorstellung, sich mit einem Menschen zu verabreden, um entweder diese Person zu verletzen oder zu riskieren, selbst verletzt zu werden – wenn nicht sogar den Tod in Kauf zu nehmen. Alles in ihr sträubt sich gegen einen solch widersinnigen Entschluss. Kampf ist Zerstörung, Dunkelheit, Schmerz. Sie selbst strebt nach Schönheit, Licht und Harmonie, und sie kann und will nicht glauben, dass die Ehre eines Menschen von einer Bleikugel oder einem geschmiedeten Stück Stahl abhängt.

Berthe mag kaum etwas essen, was den Eltern aber nicht auffällt, denn ein derartiges Verhalten sind sie seit Jahren von ihrer jüngsten Tochter gewöhnt. Ihr gelingt es nicht einmal, sich auf das Malen zu konzentrieren. Nachts träumt sie von Gewehrsalven, die durch den Wald peitschen, und von zwei Männern, die blutüberströmt von ihren Sekundanten auf Bahren zu einem Pferdekarren getragen werden.

In der Rue Franklin gibt es am Vortag des Duells unter den weiblichen Gästen kein anderes Gesprächsthema als den bevorstehenden Kampf zwischen Manet und Duranty. Die Männer hingegen diskutieren erhitzt die politische Lage im Land. Ein Duell hat manch einer der männlichen Gäste schon erlebt, sei es als Kontrahent oder als Sekundant. Das Thema gehört für sie ebenso zum Mannsein wie der Zylinder beim Flanieren oder der Cognac nach einem guten Essen und bedarf keiner gesonderten Erwähnung. Ganz gleich, wie bedeutend die Namen der Beteiligten auch sein mögen.

Im Morgengrauen, denn Duelle werden vorzugsweise um diese Tageszeit ausgetragen, versucht Berthe sich vorzustellen, was in diesem Moment im Wald von Saint Germain vor sich gehen mag. Doch ihre Phantasie versagt. Vielleicht ist es Madame Suzanne Manet gelungen, ihren Mann vom Widersinn dieses Zweikampfes zu überzeugen, und Manet befindet sich bereits auf dem Weg zu einem seiner bevorzugten Cafés, um dort das Frühstück einzunehmen und durch das Beobachten von Gästen Anregung für seine Bilder zu erhalten. Auch wenn Berthe die füllige, blässliche Holländerin nicht sonderlich sympathisch findet und in ihr eher ein Brueghel'sches Bauernweib als eine Pariser Bürgerin sieht, hofft sie dennoch, dass deren Einfluss ausgereicht hat, Manet an einer fatalen Entscheidung zu hindern.

Als am nächsten Tag ihre Mutter von der Soirée bei Madame Manet zurückgekehrt ist und die Familie am Abendtisch sitzt, erzählt Marie Morisot ausschweifend von dem, was sie am Nachmittag in der Rue de Saint-Pétersbourg erfahren hat. Bei dem Duell wurde Edmond Duranty an der Brust leicht verwundet, Manet selbst blieb unverletzt.

»Einer der Sekundanten war der nächstjüngere Bruder Monsieur Manets, der offenbar auch malt. Allerdings hat er seine

Bilder noch nie in der Öffentlichkeit gezeigt. Der andere war ein langjähriger guter Freund, der Dichter Émile Zola. Er will über die Geschehnisse dieses Morgens einen Report verfassen.«

»Haben Sie sich schon einmal duelliert oder einem Duell beigewohnt, Papa? Was geschieht danach, wenn beide Gegner den Kampf überlebt haben?«, fragt Tiburce wissbegierig und blickt erwartungsvoll zu seinem Vater. Der setzt das Weinglas ab und tupft sich mit der Serviette den Mund ab.

»Ich selbst hatte nie einen Anlass, zu einem Degen oder zu einer Pistole zu greifen …«, Berthe meint, aus der Antwort des Vaters Bedauern herauszuhören, »… aber ich habe einmal zu Studienzeiten einem Freund sekundiert. Ein Duell endet immer mit dem gleichen Ritual: Wenn die Kontrahenten feststellen, dass ihr Ruf wiederhergestellt ist, verabschieden sie sich einvernehmlich, und damit ist die Angelegenheit erledigt. Fortan können sie sich wieder als Ehrenmänner begegnen.«

Die Neugier ihres Bruders ist angefacht, und er stellt seiner Mutter Fragen über Fragen. »Wie viele Sekundanten waren zugegen? Wie lange dauerte das Gefecht? Hatte man auch einen Arzt einbestellt? Wie tief war die Wunde von Monsieur Duranty …?«

Madame Morisot blickt stirnrunzelnd auf ihrem Sohn und schüttelt den Kopf. »Aber, Tiburce, woher soll ich das wissen? Ich war bei dem Duell nicht zugegen. Ganz abgesehen davon, dass Frauen grundsätzlich als Zuschauerinnen nicht zugelassen sind. Solltest du dich aber entscheiden, am nächsten Dienstag ausnahmsweise einmal nicht durch Abwesenheit bei meiner

Soirée zu glänzen, können einige der Gäste dir sicher Näheres zum Geschehen berichten.«

»Das ist ja erst nächste Woche. Ich möchte aber schon jetzt alles erfahren. Ein Kampf zwischen Helden! Was für eine Herausforderung! Hoffentlich muss ich nicht mehr lange auf mein erstes Duell warten.«

Um sich ihre Erschütterung nicht anmerken zu lassen, versucht Berthe es bei ihrem Bruder mit Sarkasmus. »Als kleiner Junge hast du stundenlang gejammert, wenn du dir das Knie aufgeschlagen hast. Und als Margot sich einmal beim Zwiebelschneiden in den Finger geschnitten hat, bist du sogar ohnmächtig geworden. Geh lieber ins Theater. Da kannst du sehen, wie Pistole und Florett zum Einsatz kommen, und zwar ohne Blutvergießen.«

Äußerlich ungerührt, lässt Berthe den verächtlichen Blick des Bruders über sich ergehen. Den irritierten Blick der Mutter hingegen kann sie nicht ignorieren.

»Berthe, was ist mit dir, geht es dir nicht gut?«

»Warum fragen Sie, Maman? Weil ich meinem Bruder zu verstehen geben will, wie absurd ein Duell ist und dass er seine Zeit lieber nicht damit vergeuden sollte?«

»Nein, weil du soeben nicht nur Salat, sondern auch deinen Nachtisch gegessen hast.«

Kapitel 20

Die Frage, ob Preußen oder Frankreich Anspruch auf den unbesetzten spanischen Thron haben, beherrscht nicht nur die Diskussionen bei den jeweiligen Soiréen der gutbürgerlichen Gesellschaft, sondern auch die politischen Leitartikel. Es geht um nichts weniger als um die Vorherrschaft in Europa. Ein Hohenzollern als spanischer Herrscher würde einen Machtzuwachs Preußens bedeuten und wäre eine Gefahr für Frankreich. Anfang Juli überschlagen sich die Ereignisse, die Journalisten der wichtigsten Tages- und Wochenzeitungen wie *Le Figaro*, *Le Temps* und *La Gazette* kommen mit den Meldungen kaum hinterher.

12. Juli 1870 – Aufgrund französischer Proteste zieht Erbprinz Leopold von Hohenstaufen-Sigmaringen seine Kandidatur um die spanische Krone zurück.

13. Juli 1870 – Im Kurort Bad Ems trifft der französische Botschafter Comte Vincent Benedetti im Auftrag seiner Regierung den preußischen König Wilhelm I. und fordert von diesem eine Garantie, dass die Hohenzollern niemals mehr für den spanischen Thron kandidieren würden.

13. Juli 1870 – Der preußische König Wilhelm I. weist das Ansinnen des französischen Botschafters als unzumutbar zurück und telegraphiert den

Inhalt der Unterredung dem preußischen Ministerpräsidenten Otto von Bismarck.

13. Juli 1870 – Otto von Bismarck veröffentlicht in der Presse eine Depesche, in der er die Forderungen Frankreichs – mutmaßlich verkürzt und deutlich verschärft – wiedergibt.

14. Juli 1870 – Bismarck stellt Preußen als Opfer einer französischen Aggression hin. Diese Beleidigung ist eine Kampfansage an Kaiser Napoléon III. und die gesamte französische Nation.

Seit jeher ist Edmé Morisot ein eifriger Zeitungsleser und zudem der Ansicht, dass in seinem Haus alle Familienmitglieder über die aktuelle politische Lage Frankreichs Bescheid wissen müssen. Schließlich arbeitet er im Finanzministerium und ist nah an den Hebeln der Macht. Beim Frühstück liest er zuerst die Schlagzeilen laut vor, dann erläutert er seine und somit die einzig korrekte Sichtweise der Dinge.

Wie jeden Morgen legt Margot die frisch gebügelte Tageszeitung auf den Frühstückstisch. An diesem Tag stockt Berthe bei den Worten des Vaters der Atem, ihre Mutter wird bleich, und ihrem Bruder fällt der Zuckerlöffel aus der Hand. »Neunzehnter Juli achtzehnhundertsiebzig – Frankreich erklärt Preußen den Krieg.«

Ohne einen Bissen von seinem Buttercroissant zu nehmen oder die Kaffeetasse anzurühren, steht Edmé Morisot sogleich vom Tisch auf und eilt in die Diele, um sich an der Garderobe Mantel und Zylinder zu greifen. Er läuft hinaus auf die Straße, wo er eine Kutsche anhält und sich ins Finanzministerium bringen lässt.

Mit den Worten »Ihr entschuldigt mich, ich habe Kopfschmerzen« zieht sich Madame Morisot zurück. Berthe und Tiburce bleiben allein zurück. Nach einer Weile des Schweigens schlägt Berthe sich die Hände vors Gesicht. »Das ist ... das ist so schrecklich. Was wird denn jetzt aus uns?«, stottert sie und fühlt, wie eine Gänsehaut ihren ganzen Körper überzieht.

Tiburce lehnt sich im Stuhl zurück und hebt das Kinn. »Ich werde mich bei der Nationalgarde melden. Das Land braucht jetzt Männer wie mich.«

»Das tust du nicht«, entfährt es Berthe. Empört schlägt sie mit der Faust auf den Tisch.

»Und warum nicht? Hat meine große Schwester etwa Angst um mich?«, fragt Tiburce spöttisch und streckt die Zeigefinger aus, als ziele er mit einem Gewehr auf die Standuhr hinter Berthes Rücken.

»Hast du dir schon einmal überlegt, wie es ist, wenn du ...«, Berthe versucht, einen schrecklichen Gedanken in Worte zu fassen, »... wenn du verletzt wirst und ein Leben lang unter den Folgen zu leiden hast, wie unser Schwager Théodore, oder ... oder wenn du aus dem Krieg nicht mehr zurückkehrst?«

»Nein, darüber habe ich noch nicht nachgedacht, und ich werde es auch nicht tun. Schließlich bin ich kein Feigling. Heißt es denn nicht: *Das Glück ist mit den Tapferen*? Das soll übrigens vor zweieinhalbtausend Jahren der griechische Dichter Simonides von Keos gesagt haben.«

Berthe ist wütend auf Tiburce, der so leichtfertig daherredet und offenbar weder den Ernst der Lage erfasst noch sich vorstellen kann, dass sie Angst hat. Angst um ihn, ihren Bruder.

»Und du meinst, dass all die Kriege, die seit diesem klugen Ausspruch geführt worden sind, die Welt schöner und friedvoller gemacht haben? Dass sich unter den Millionen Toten der letzten zweieinhalbtausend Jahre, und dabei meine ich nicht nur die Soldaten, sondern auch Zivilisten, dass sich unter ihnen ausschließlich Feiglinge befunden haben? Weil all die anderen, die tapferen Menschen, die Gräuel überlebt haben? Was wiederum eine Rechtfertigung für Kriege wäre?«

»Du kannst ja richtig philosophisch werden«, spöttelt Tiburce. »Außerdem: Einer muss doch die Alten, Frauen und Kinder beschützen. Wenn es darum geht, mein Vaterland zu verteidigen, werde ich mich von nichts und niemandem zurückhalten lassen.«

Wie soll sie ihren Bruder nur von seinen Phantastereien abbringen? Berthe versucht es erneut, diesmal mit Ironie, und hofft, dass Tiburce diese Sprache versteht. »Was habe ich kürzlich bei Voltaire gelesen, oder war es Montaigne? *Der soldatische Begriff für Dummheit ist Tapferkeit.* Möchtest du, dass ich von einem langen schwarzen Schleier verhüllt an deinem Grab niedersinke und Tränen vergieße?«

»Ich verzichte auf eine gespielte Trauerbekundung. Mir genügt, wenn du deinen Kindern später einmal von ihrem heldenhaften Onkel erzählst.«

Berthe erkennt, dass ihr Bruder sie soeben mit ihren eigenen Waffen geschlagen hat. Hoffentlich wird er niemals eine Waffe in die Hand nehmen.

Jeder neue Tag raubt Berthe Kraft und Mut. Denn da sind die Meldungen in den Zeitungen, die besorgten Gesichter der Eltern, die gespannte Aufmerksamkeit des Bruders und ihr eigenes Gefühl der Hilflosigkeit und Ohnmacht. Manet hat sie um eine letzte Sitzung gebeten, damit er ein Bild vollenden kann, bevor er möglicherweise sein Atelier schließen und die Gemälde auslagern muss. Anders als zuvor kann sie sich in diesem ihr so vertrauten Raum nicht mehr konzentrieren. Sie erstarrt in ihrer Körperhaltung und kommt sich vor wie eine in Stein gemeißelte Skulptur.

»Was werden Sie tun, Monsieur Manet? Wollen Sie in Paris bleiben, wo doch keiner weiß, was auf uns alle zukommt?«, hört Berthe hinter sich die Mutter im Ohrensessel fragen.

»Ich habe mich als Kanonier bei der Nationalgarde gemeldet. Meinen Bruder Eugène musste ich erst überzeugen, sich ebenfalls zu melden. Er ist das, was man einen Schöngeist nennt, und er verwaltet die Liegenschaften unserer Familie. Kampf und Feindschaft passen nicht in sein Weltbild. Mein jüngster Bruder Gustave ist von einem Archäologenfreund zu Grabungen auf dem Peloponnes eingeladen worden. Ihn hält es nie länger als einige Wochen in Paris, und er wird sicher erst einmal nicht nach Frankreich zurückkehren.«

»Und Ihre eigene Familie?«, möchte Madame Morisot wissen.

»Ich schicke sie zu Freunden, die in einem Dorf in den Pyrenäen leben … Mademoiselle Berthe, hören Sie mich?«

Wie von weit her dringt Manets Stimme an Berthes Ohr. Was hat er zu ihr gesagt?

»Die rechte Hand auf die Sofalehne und das Kinn einen Fingerbreit nach oben, bitte.«

Warum ist sie eigentlich noch hier, in diesem Atelier, und lässt ein Porträt von sich anfertigen, das vielleicht nie zu Ende gemalt werden kann? Berthe beginnt zu frösteln, Schweiß steht ihr auf der Stirn, ihr wird schwindelig.

»Unsere Armee galt bisher als die mächtigste der Welt«, hört sie Manet sagen. »Heute Morgen war zu erfahren, dass unsere Soldaten im Elsass hohe Verluste erlitten haben. Es ist nur eine Frage der Zeit, bis die Preußen vor den Toren von Paris stehen. Sie sollten Vorsorge treffen und sich und Ihre Familie in Sicherheit bringen, Madame Morisot … Was ist mit Ihnen, Mademoiselle Berthe …?«

Berthe sieht über sich das besorgte Gesicht der Mutter und spürt an der Innenseite ihres Handgelenks Manets Fingerkuppen, die den Puls ertasten. Dann sieht und hört sie nichts mehr.

»Ihre Tochter leidet an Blutarmut und einer Überreizung der Nerven, verbunden mit einer allgemeinen körperlichen Erschöpfung. Ich empfehle kalte und warme Armbäder und ein Heilgetränk aus Johanniskraut, Baldrian und Passionsblume. Die Patientin braucht Ruhe und viel frische Luft. Jede Aufregung ist zu vermeiden.« Die Stimme klingt wie die von Docteur Martinet, der Berthe und ihre Geschwister von Kindheit an behandelt hat. Sie öffnet die Augen, blinzelt und sieht den Arzt und die Eltern an ihrem Bett stehen.

»Du bist im Atelier von Monsieur Manet ohnmächtig geworden, Berthe. Hier, du musst etwas essen. Margot hat eine Hühnersuppe für dich gekocht.« Madame Morisot hilft der Tochter, sich aufzurichten, setzt sich auf die Bettkante und hält ihr die Suppenschüssel unter die Nase. Widerwillig nimmt Berthe einige Löffel zu sich und auch nur, damit sie möglichst schnell wieder in Ruhe gelassen wird. Sie will nichts hören, nichts sehen, nichts sagen. Nur schlafen. Und erst dann aufwachen, wenn die Sonne scheint, die Vögel zwitschern und ein zarter Rosenduft ihr in die Nase steigt.

Die Tage vergehen, und Berthe kann sich nicht erinnern, wann sie das letzte Mal an der Staffelei gestanden hat. Auch den jeweiligen Tag und die Uhrzeit weiß sie nicht. Manchmal fühlt sie sich zu schwach, um aufzustehen. Sie schreibt an Edma, dass sie immerzu an die gefallenen Soldaten, die verzweifelten Ehefrauen, Mütter und Schwestern denken muss, an die jetzt vaterlosen Kinder, die verlorenen Zukunftsträume der Menschen und an ihre zerstörten Städte. Und dass sie nicht weiß, wann und auf welchem Weg dieser Brief in Lorient ankommen wird.

»So geht es nicht weiter, Berthe. Dein Vater und ich machen uns große Sorgen.« Madame Morisot hat sich einen Sessel ans Bett herangezogen und hält die bleiche, kraftlos gewordene Hand ihrer jüngsten Tochter. »Du liegst den ganzen Tag im Bett, isst kaum etwas und wirst immer schwächer. Docteur Martinet sagt, bei Schwermut hilft am besten ein Tapetenwechsel. Dein Vater und ich sind der Ansicht, du solltest zu Edma ans Meer fahren.

Ihr beiden seid euch doch immer besonders nahegestanden. Sie und ihr Mann erwarten dich.«

Mit einem Mal fühlt Berthe etwas, von dem sie schon geglaubt hatte, es wäre ihr abhandengekommen: Widerstand. »Ich will mich so lange nicht von hier fortbewegen, bis dieser Krieg vorbei ist.«

Marie Morisot setzt eine verständnisvolle Miene auf und verfällt in ihre Schmeichelstimme. »Berthe, ich weiß, dass du am liebsten gar nichts über die Lage in unserem Land hören willst, weil du alles ausschalten möchtest, was hässlich und zerstörerisch ist. Das hieße aber, die Augen vor der Wahrheit zu verschließen.« Dann hält sie inne, und Berthe spürt, wie die Mutter um Worte und um Fassung ringt. »Die Wahrheit ist, dass etwas Entsetzliches geschehen ist, das nie hätte geschehen dürfen. Vor zwei Tagen fand bei Sedan eine Schlacht statt. Zigtausend unserer Soldaten sind gefallen und weitere zigtausend gerieten in deutsche Kriegsgefangenschaft.« Sie schluckt mehrmals und spricht mit heiserer Stimme weiter. »Diese Niederlage brachte eine Zeitenwende und wird in die Geschichtsbücher eingehen. Unser Kaiser wurde abgesetzt, seit dem heutigen vierten September ist Frankreich wieder eine Republik.«

Jetzt ist es Berthe, die um Fassung ringt. Gefallene und gefangene Soldaten, Niederlage, Zeitenwende ... das sind nur andere Begriffe für Krieg. Aber Kriege haben doch immer in der Vergangenheit stattgefunden, hat sie im Schulunterricht gelernt, und nun ist die Vergangenheit Gegenwart geworden? Kann denn niemand etwas dagegen unternehmen? Den Menschen Einhalt gebieten, sie zur Vernunft bringen? Eine unheilvolle Ahnung befällt sie. »Was ist mit ... mit Tiburce?«

»Es geht ihm gut, dem Herrn sei Dank. Er ist im Elsass bei der Feldpoststelle eingesetzt und musste noch nicht an die Front.« Mit zitternder Hand zieht Marie Morisot ein Taschentuch aus der Rocktasche und tupft sich über die Augen. Ihre Tränen sind Tränen der Erleichterung. »Hör zu, Berthe, die Preußen sind auf dem Vormarsch, und es ist nur eine Frage von wenigen Tagen, bis sie Paris erreichen. Du musst die Stadt so schnell wie möglich verlassen. Immer mehr Bewohner fliehen zu Verwandten aufs Land oder ins Ausland. Bei Edma und Adolphe bist du weit weg von Paris und erst einmal in Sicherheit. Es mag zynisch klingen, doch die Anzahl der preußischen Soldaten reicht glücklicherweise nicht aus, um auch die Ortschaften an unseren Küsten im Westen oder Süden zu belagern.«

Energisch schüttelt Berthe den Kopf. »Ich verlasse Paris nur, wenn Sie und Papa auch mitkommen.«

Doch ebenso energisch kommt der Einwand der Mutter. »Als Mitarbeiter in einem Ministerium muss und will Papa in der Stadt bleiben, und ich als seine Ehefrau werde an seiner Seite sein. Ich bin alt, ich habe vier erwachsene Kinder und zwei Enkel. Du hast das Leben noch vor dir, Berthe. Fahr zu deiner Schwester, und wenn du es nicht deinetwegen tust, dann tu es für deine Eltern. Ich verspreche dir, ich werde euch regelmäßig schreiben und über die Lage hier berichten.«

Kapitel 21

Edma stehen die Tränen in den Augen, als sie die jüngere Schwester in die Arme nimmt. »Endlich! Ich bin so erleichtert, dass du gekommen bist, Berthe. Was für schreckliche Zeiten … Jetzt musst du aber unbedingt Jeanne sehen, die Amme hat sie vor zehn Minuten schlafen gelegt.«

Dieses bezaubernde Wesen mit dem zarten Flaumhaar, der Stupsnase und den winzigen Fingern lässt Berthe die Schreckensmeldungen der vergangenen Wochen vergessen. Über Stunden kann sie an der Wiege sitzen und voller Staunen dieses Wunder betrachten. Wenn sich der kleine Mund verzieht oder die Finger sich spreizen, muss sie unwillkürlich lächeln.

Eine nie gekannte Wärme durchflutet sie, und sie ahnt, dass ein Kind zu haben Hoffnung und Zukunft bedeutet. Sie greift zu ihrem Skizzenbuch und hält jede noch so kleine Regung ihrer Nichte mit dem Kreidestift fest. Dabei verfliegen endlich die Gedanken an Paris sowie die Angst, was dort und in anderen Städten vor sich gehen mag. Erst in der Nacht kehren die Dämonen des Schreckens zurück und martern sie mit quälenden Träumen.

Am Morgen wacht Berthe schweißgebadet auf und taumelt die steile Holztreppe von ihrer Dachkammer hinunter in die

Küche, wo Edma mit dem Frühstück auf sie wartet. Berthe ist noch im Morgenmantel, ungewaschen und ungekämmt. Eine solche Nachlässigkeit erlaubt sie sich nur, weil sie weiß, dass ihr Schwager um acht Uhr das Haus verlassen hat und zu seiner Dienststelle am Marinehafen gegangen ist.

Edma schenkt frisch aufgebrühten Tee ein, und als Berthe ihre Tasse in beide Hände nimmt, wie um sich daran zu wärmen, fällt ihr auf, wie bleich und ernst die Schwester ihr gegenübersitzt. »Gibt es Nachrichten aus Paris?«, will sie wissen und nimmt einen kräftigen Schluck, um den schalen Geschmack hinunterzuspülen, den die nächtlichen Traumgespinste zurückgelassen haben.

»Maman hat geschrieben. Ich befürchte allerdings, die Situation ist ernster, als sie es darstellt. Vermutlich will sie uns nicht beunruhigen.« Edma streicht den Briefbogen auf dem Küchentisch glatt und gleitet mit dem Zeigfinger suchend über das Papier. »Sie schreibt: ... *Berthe hat gerade noch rechtzeitig die Stadt verlassen. Nur drei Tage später, am 13. September, standen die Preußen vor den Toren von Paris. Die Stadt ist mittlerweile vollständig umzingelt, niemand kommt mehr herein oder hinaus. Aber ihr müsst euch keine Sorgen machen. Wir haben rechtzeitig Vorräte angelegt und werden so bald keine Not leiden, selbst wenn die Belagerung andauern sollte. Margot weiß aus dem Vorhandenen immer etwas Schmackhaftes zu zaubern ...*«

Fröstelnd zieht Berthe die Schultern hoch und knotet den Morgenmantel enger. »Wenn niemand mehr aus Paris herauskommt, ist es ein Wunder, dass dieser Brief uns erreicht hat. Ich bin froh, bei euch zu sein. Trotzdem habe ich ein schlechtes Gewissen, weil ich Maman und Papa allein zurückgelassen habe.«

Energisch schüttelt Edma den Kopf. »Nein, Berthe, das hast du nicht, sie haben dich hierhergeschickt. Zu wissen, dass wir an der Küste weit entfernt vom Kriegsgeschehen sind, macht ihnen das Leben leichter. Was schreibt sie denn noch? ... *Die Preußen haben alle Telegraphenkabel gekappt. Um Post aus Paris hinauszubringen, fliegen einige Mutige mit Gasballons in die unbesetzten Teile des Landes, von dort wird die Post auf dem Landweg oder sogar mit Brieftauben weitertransportiert. Mit einem solchen Ballon hat auch unser Innenminister Léon Gambetta Anfang Oktober die Stadt verlassen. Er will in den Provinzen die Befreiung der Hauptstadt organisieren. Bestimmt ist der Krieg bald vorbei ...*«

»Weiß sie etwas von Tiburce?«, unterbricht Berthe und denkt beklommen an den Bruder, für den Krieg ein Abenteuer bedeutet. Er ist noch so jung, und sie will nicht, dass er verletzt wird, dass er Dinge erlebt, die ihn zeitlebens verfolgen, oder dass er womöglich von gegnerischen Kugeln ... Schnell beißt sie sich auf die Zunge, um einen furchtbaren Gedanken nicht zu Ende zu denken.

»Ja, hier steht es ... *Tiburce schickte vor einigen Tagen einen Brief. Er langweilt sich in der Poststelle und hofft, dass er bald an die Front versetzt wird.*« Edma hält inne und schüttelt missbilligend den Kopf. »Dieser Kindskopf ... ihm wächst noch kein einziges Barthaar, aber er träumt vom Heldentum auf dem Schlachtfeld ... *Ich glaube, ihr wisst, wie ich als Mutter dazu stehe. Ich bete dafür, dass mein Sohn niemals ein Gewehr in die Hand nehmen muss ...*«

Edma erhebt sich und holt Brot, Butter, Käse und Honig aus der Vorratskammer. Die Schwestern essen schweigend, jede in ihre Gedanken versunken.

»Warum bekämpfen Menschen sich gegenseitig? Haben sie denn aus Tausenden Jahren Geschichte nicht gelernt, dass noch nie ein Krieg die Welt friedvoller und besser gemacht hat?«, murmelt Berthe bedrückt, und Edma ergänzt: »Und immer geht ein Krieg von Männern aus. Wir Frauen schenken Leben, behüten und umsorgen es, Männer sind bereit, alle erdenklichen Grausamkeiten zu begehen und Leben zu vernichten … Da, hörst du etwas?«

Berthe lauscht, bemerkt aber nichts Ungewöhnliches.

»Jeanne ist wach geworden. Komm, wir gehen zu ihr. Wenn Danielle sie stillt, sieht sie immer so zufrieden aus.«

Kapitel 22

Wäre da nicht dieser zehn Monate alte Säugling mit den rosigen Wangen und den klaren blauen Augen, würde Berthe ihre Tage wohl zusammengekauert in dem Ohrensessel in ihrer Dachstube zubringen. Aus den Zeitungen, in die der Gemüsehändler seine Kohlköpfe und Kartoffeln einwickelt, erfahren die Schwestern von einer verheerenden Niederlage bei Metz, bei der fast zweihunderttausend französische Soldaten in deutsche Kriegsgefangenschaft gerieten. Sie lesen von Granaten, die jeden Tag in Paris niedergehen, und von Ereignissen in der Hauptstadt, die viel dramatischer klingen als die Schilderungen in den Briefen der Mutter. Dass die Bewohner den kältesten Winter seit Menschengedenken erleben, aber niemand in der Stadt Brennholz hat. Dass die Menschen hungern und es auf den Hausdächern keine Spatzen und in den Abwasserkanälen keine Ratten mehr gibt. Dass die umzingelten Menschen zu Hunderten in ihren Wohnungen und Häusern erfrieren und verhungern.

Berthe fühlt tiefe Verzweiflung. Manchmal holt sie ihre schlafende Nichte aus der Wiege und drückt den kleinen Körper an sich, um dessen Herzschlag und Wärme zu spüren. Vier Monate dauert der Krieg schon an. Sie hat kein Verlangen nach der Malerei, an einigen Tagen schafft sie nicht einmal eine kleine Zeichnung mit dem Kohle- oder Kreidestift. Sie fühlt sich ausgezehrt und will nur noch eines: Frieden und Licht.

Heute habe ich eine Nachricht für euch, die euch nicht erschrecken darf, schreibt Madame Morisot an ihre Töchter. *Am Morgen kam ein Feldpostbrief von Tiburce an. Er ist bei Mainz in Kriegsgefangenschaft geraten, doch er ist unverletzt, wofür ich unserem Herrgott gar nicht genug danken kann, und er wird gut behandelt ...* Die beiden Schwestern sehen einander an, und jede weiß, was die andere denkt. ... *Nun aber zu etwas rundum Erfreulichem: Monsieur de La Barre, der sympathische junge Dichter, bat mich, Berthe seine herzlichsten Grüße auszurichten. Er arbeitet an einem neuen Theaterstück und hofft, dass er in naher Zukunft mit Dir über den Inhalt diskutieren kann ...* Gleichgültig zuckt Berthe mit den Schultern und wünscht sich, dass der Dichter bald eine andere Gesprächspartnerin findet.

»Ich möchte eine Zeichnung machen, wie du an der Wiege sitzt und deine kleine Tochter betrachtest«, schlägt sie der Schwester vor. Edma steht auf und umarmt die Jüngere.

»Wir halten zusammen, was auch immer draußen in der Welt vor sich geht.«

Ein kalter Westwind braust über die bretonische Küste hinweg und lässt die Meereswellen aufschäumen. Wie jeden Tag unternehmen Berthe und ihre Schwester einen Nachmittagsspaziergang auf dem schmalen Dünenweg oberhalb des Strandes und ziehen abwechselnd eine Karre, in der gut gepolstert und warm eingepackt die kleine Jeanne liegt. Zurück zu Hause, feuert Edma die Öfen und zieht ihre Küchenschürze an. »Wollen wir heute Galettes mit Schinken und Pilzen backen? Die haben wir als Kinder so gern gegessen. Danielle hat vom Gemüsehändler frische Champignons mitgebracht.«

Berthe ist gerührt, wie viel Mühe die Schwester sich gibt, sie aufzuheitern. Sei es, dass sie zusammen ein Fotoalbum betrachten mit Porträts aus Kindertagen, die bei dem berühmten Fotokünstler Nadar am Boulevard des Capucines aufgenommen wurden, oder dass sie sich gegenseitig die Gedichte von Charles Baudelaire vorlesen, dem unvergessenen großen Dichter und engen Freund Édouard Manets.

»Wenn du den Teig anrührst, putze ich in der Zwischenzeit die Pilze«, schlägt Edma vor und holt Eier, Milch, Mehl und die Champignons aus der Speisekammer. »Du findest eine saubere Schürze am Haken hinter dem Buffetschrank.«

Seite an Seite stehen sie am Küchentisch, wie früher, wenn sie Margot beim Keksebacken oder Sahneschlagen geholfen haben. Berthe gibt die Zutaten in eine Rührschüssel und holt einen Kochlöffel aus der Küchenschublade.

»Hier, riech einmal, die Pilze duften sogar durch das Zeitungspapier hindurch.« Edma wickelt die Champignons aus der Verpackung – und mit einem Mal stutzt Berthe. Mit dem Holzlöffel deutet sie auf eine Zeichnung am unteren Zeitungsrand.

»Sind das nicht Castor und Pollux?«

»Du meinst die beiden Elefanten aus der Ménagerie vom Jardin des Plantes? Ja, das sind sie. Wir sind früher oft mit den Eltern dort gewesen. Einmal hat sich ein Wärter zu Castor auf den

Rücken gesetzt und ist mit ihm eine Runde durch den Park geritten, erinnerst du dich noch, Berthe?«

»Und ob. Damals wollte Tiburce unbedingt Elefanten-Dompteur werden. Endlich kann man in der Zeitung auch einmal etwas Heiteres lesen und nicht nur Berichte über Krieg, Elend und Tod.«

Edma füllt die Champignons in ein Sieb und streicht vorsichtig mit der Hand über das feuchte Zeitungspapier. »Was steht denn hier? *3. Dezember 1870 – Die Not im belagerten Paris ist unvorstellbar groß. 300.000 preußische Soldaten bilden einen undurchdringlichen Belagerungsring um die Hauptstadt. Es gibt kaum noch Nahrungsmittel, die Bewohner hungern und sind verzweifelt. Überdies hat die preußische Armee die Trinkwasserzufuhr gekappt. Die Menschen nutzen das Wasser aus der Seine. Sie werden krank, viele von ihnen sterben …*« Edmas Stimme zittert ebenso wie die Hand, mit der sie die Zeitung hält.

»Aber was haben die beiden Elefanten mit diesen furchtbaren Meldungen zu tun?«, wundert sich Berthe. Sie beugt sich vor, und so lesen die Schwestern gemeinsam und lautlos den Bericht zu Ende … *In der Hoffnung, zumindest einige Menschen vor dem Verhungern zu retten, kamen gestern die Regierung und die Leitung der Ménagerie überein, die beiden Elefanten Castor und Pollux, die Lieblinge aller Besucher groß und klein, zu schlachten und deren Fleisch an die notleidende Bevölkerung auszuteilen …*

Immer wieder lesen sie diese Zeilen, ohne die Worte zu begreifen. Wie benommen lassen sie sich auf der Küchenbank nieder, und dann beginnen beide zu weinen. Sie können gar nicht mehr damit aufhören, und keine hätte sagen können, was sie mehr beklagen. Den sinnlosen Tod so vieler Menschen oder den Tod dieser sanften, wundervollen, majestätischen Tiere.

»Was ist denn hier los?«, hören sie plötzlich die Stimme von Adolphe, der von seinem Dienst zurückgekommen ist. »Ist jemand gestorben?«

»Ja.« Edma schluchzt und nickt.

»Castor und Pollux, die beiden Elefanten aus der Ménagerie wurden getötet. Um Fleisch für die Hungernden zu haben«, erklärt Berthe und kann das Unfassbare immer noch nicht verstehen.

»Seht ihr, dann waren diese Zootiere sogar zu etwas nütze.« Die Schwestern sehen sich verstört an, und Adolphe geht ins Schlafzimmer, um seine Uniform abzulegen und sich umzuziehen.

»Ich habe Pollux einmal einen Apfel geben dürfen, den hat er sich mit dem Rüssel geholt«, erinnert sich Berthe bestürzt. Edma starrt vor sich hin und schüttelt immer wieder den Kopf.

Nach einer Weile kommt Adolphe zurück. »Ihr sitzt ja immer noch da wie das heulende Elend. Wollt ihr euch nicht endlich beruhigen?«

»Aber wir haben sie doch gekannt«, wendet Edma zaghaft ein.

Adolphe stellt sich breitbeinig mitten in die Küche und verschränkt die Arme vor der Brust. »Ihr Frauen seid viel zu sentimental. So ist nun einmal der Krieg, da müssen Opfer gebracht werden. Würden die Gefechte zu Wasser stattfinden und nicht zu Land und wäre ich Befehlshaber einer Flotte, dann hätten wir den Feind längst schon besiegt.« Er setzt sich an den Küchentisch und stützt demonstrativ die Ellenbogen auf die Platte. »Ich habe einen harten Arbeitstag hinter mir und außerdem einen Riesenhunger. Bekomme ich in diesem Haus heute noch etwas zu essen und zu trinken, oder soll ich lieber in die Spelunke am Hafen gehen?«

Kapitel 23

Auf die zahlreichen militärischen Niederlagen, die die Franzosen seit Kriegsbeginn erlitten haben, folgt am 18. Januar 1871 eine weitere Demütigung. Der preußische König Wilhelm I. wird im Spiegelsaal von Versailles, dem Symbol für die Ruhmestaten Frankreichs, zum deutschen Kaiser proklamiert. Zehn Tage später schließen Frankreich und Deutschland einen Waffenstillstand. Die Belagerung von Paris endet nach 132 Tagen am 28. Januar 1871.

Berthe schöpft Hoffnung. Sie will nicht länger darüber nachdenken, wie viele Tote und Verletzte es auf beiden Seiten gegeben haben mag, sie will nur noch nach vorn schauen und an eine friedliche Zukunft glauben. »Jetzt falle ich euch nicht länger zu Last und kann wieder zurück zu Maman und Papa. Bestimmt wird Tiburce bald aus der Kriegsgefangenschaft entlassen. Dieser Starrkopf hätte sich leicht von der Armee freikaufen können, so wie viele andere Männer es auch gemacht haben. Stattdessen hat er sein Leben riskiert.«

Edma sitzt mit Jeanne auf dem Schoß im Wohnzimmer und lässt die Kleine vorsichtig an einem Löffel mit Apfelmus lecken. Die großen Augen und die hochgereckten Ärmchen sind eine eindeutige Antwort: Jeanne schmeckt die Kostprobe, und sie will noch mehr. »Du fällst uns nicht zur Last, Berthe. Ich finde es wunderbar, dass wir so viel Zeit miteinander verbringen können. Auch wenn ich mir erfreulichere Umstände gewünscht hätte. Warte noch ein paar Wochen, bis die Lage in Paris sich beruhigt hat und eine neue Regierung gewählt ist. Die Menschen müssen sich in einem neuen Alltag mit neuen Bedingungen zurechtfinden ... solche Veränderungen geschehen nicht von heute auf morgen.«

Edmas Einschätzung der politischen Situation wird bald von der Wirklichkeit eingeholt. Zwar wird eine neue Nationalversammlung berufen, doch als Ministerpräsident Adolphe Thiers die Nationalgarde von Paris mit ihren 300.000 Mann entwaffnen lassen will, führt dieser Befehl in der Bevölkerung zu einem Aufstand. Eine Revolutionsregierung, die Commune de Paris, übernimmt die Macht und verjagt sowohl die Armee als auch die jüngst gewählte Regierung. Unterdessen begibt sich der ehemalige Kaiser Napoléon III. ins Exil nach England.

Wie sehr hatte Berthe sich gewünscht, endlich wieder in Paris zu sein und ihr altes Leben fortzusetzen. Sie hatte sich vorgestellt, wie sie in ihrem Atelier bei geöffnetem Fenster an der Staffelei steht, die Sonne durch das Laub des alten Apfelbaums im Garten hindurchscheinen sieht und dieses Licht mit flatternden Pinselstrichen auf die Leinwand bringt. Wie sie sich bei ihrer Hutmacherin eine Kopfbedeckung aus Stroh, Tüll und Seidenblumen anfertigen lässt und dieses neue Modell während einer der nächsten Sitzungen bei Manet trägt. Seit Kriegsende weilt Manet zusammen mit seiner Familie bei Freunden in den Pyrenäen und wartet darauf, so bald wie möglich nach Paris zurückzukehren, wie Madame Morisot in ihrem letzten Brief erwähnte.

Doch jetzt haben die jüngsten politischen Ereignisse Berthes Hoffnungen zunichtegemacht. Bleich und übernächtigt von zu wenig Schlaf und wirren Träumen hockt sie mit angezogenen Knien auf dem Bett und liest den Brief der Mutter, der ihre schlimmsten Befürchtungen sogar übertrifft. ... *Die Besatzer sind abgezogen, ein Friedensvertrag wird ausgehandelt, aber der Krieg ist zurück in der Stadt. Diesmal jedoch gibt es keinen fremdländischen Gegner, jetzt kämpfen Franzosen gegen Franzosen, Regierungstruppen gegen die Mitglieder der Commune. Paris steht in Flammen, es ist unfassbar. Als eine Granate in die Église la Madeleine einschlug, war die Explosion so gewaltig, dass sie sogar die Häuser in unserer Straße erschütterte. In unserem Wohnzimmer bröckelte Putz von den Wänden, einige Bilder fielen zu Boden. Über dem Viertel hängt seit Tagen eine gewaltige Staubwolke, es riecht nach Schwefel. Euer Bruder, den ein gütiges Schicksal die Gefangenschaft unbeschadet hat überstehen lassen, lebt wieder bei uns ...* Berthe hält inne und schickt ein Dankesgebet zum Himmel. Ihr Bruder ist wohlauf! Sie muss unbedingt Edma von der guten Nachricht berichten, sobald diese von der Totenmesse für eine Nachbarin zurückgekehrt ist. Während Berthe weiterliest, hat sie das Gefühl, als würde das Wenige an Kraft, das ihr geblieben war, sich vollends auflösen ... *Tiburce kämpft jetzt gegen die Kommunarden. Ich möchte euch die allzu blutigen und grausamen Details ersparen. Ganz Paris ist ein einziges Lazarett. Man spricht von mehreren Tausend Toten auf beiden*

Seiten. Soldaten, Zivilisten, Frauen und Kinder ... Der Brief gleitet Berthe aus der Hand, sie rollt sich unter der Bettdecke zusammen und fällt in einen langen, tiefen Schlaf.

Fünf Wochen später erhält sie die Nachricht, dass die französische Armee den Aufstand der Kommunarden niedergeschlagen und das Zerstören und Töten ein Ende gefunden hat.

Auf den Tag genau neun Monate nach ihrer Ankunft in Lorient nimmt Berthe Abschied von der Schwester, die mit der knapp anderthalbjährigen Jeanne auf dem Arm am Gartentor steht.

»Ich hätte dich gern noch länger hierbehalten«, gibt Edma zu und zwinkert eine Träne fort. »Aber ich kann dich verstehen, du möchtest endlich wieder in dein altes Leben zurück.«

»Das Leben wird nicht mehr so sein wie vor dem Krieg. Ich weiß nicht, was mich in Paris erwartet, ich will mir keine Illusionen machen. Manches wird wohl nur schwer zu ertragen sein. Danke, dass ich so lange bei euch zu Gast sein durfte und dass Adolphe mich geduldig ertragen hat. Ich werde oft an unser gemeinsames Frühstück, unsere Gespräche und die Spaziergänge am Meer denken. Du wirst mir fehlen, Edma, und die Kleine auch.« Berthe streicht mit der Fingerspitze über die vollen Mädchenwangen, und Jeanne hält ihren Finger fest und gluckst vergnügt. »Wir schreiben uns, und dann ist es fast so, als wären wir zusammen. Versprochen?«

»Versprochen.«

Kapitel 24

Verwundert stellt Berthe fest, dass niemand gekommen ist, um sie abzuholen, und so steigt sie in eine der Kutschen, die vor dem Bahnhofsgebäude auf angekommene Reisende warten. Sie mag nicht aus dem Fenster schauen, will sich noch nicht den Anblick der zerstörten Straßen und Häuser zumuten. Zunächst will sie sich vergewissern, dass ihre Eltern und der Bruder wohlauf sind.

Erst auf dem Bürgersteig vor dem Elternhaus wagt sie einen Blick auf die Umgebung und atmet erleichtert auf. Alle Häuser in diesem Abschnitt der Rue Franklin sind unbeschädigt. Der Kutscher trägt die Koffer bis vor den Hauseingang. Bevor Berthe den Türklopfer betätigt, wird die Tür von innen geöffnet, und ihre Mutter steht vor ihr. Das dunkle Haar ist an den Schläfen weiß geworden, und an den Augenwinkeln hat sich ein feines Netz von Falten gebildet. Doch ihr skeptischer Blick und ihr belehrender Tonfall sind unverändert.

»Berthe, was für eine Überraschung. Warum hast du nicht Bescheid gegeben, dass du heute ankommst?«

»Aber das hab ich doch, Maman, ich habe gestern ein Telegramm aufgegeben.«

»Seltsam ... Nun, glücklicherweise bist du heil zurück.« Madame Morisot zieht ein Taschentuch aus der Rocktasche und tupft sich rasch über die Augenlider. Sentimentale Gefühlsbekundungen liegen nicht in ihrer Natur. Umso mehr die gestrenge Fürsorge, die sie als Mutter ihrer Tochter glaubt entgegenbringen zu müssen. »Wenn ich mir vorstelle, dass du ganz ohne Begleitung vom Bahnhof hierhergekommen bist … Was hätte nicht alles passieren können!«

Berthe flüchtet sich in Ironie. »Sie haben recht, Maman, das Pferd hätte auf eine Granate treten können, oder ich hätte von einem Dachziegel unter einem der zerstörten Hausdächer getroffen werden können. Offenbar hatte ich einen Schutzengel.« Sie weiß nicht, ob sie Entrüstung verspüren oder ob sie Mitleid mit ihrer Mutter haben soll, die nach allem Blutvergießen und all den Grausamkeiten, die der Krieg mit sich gebracht hat, auch noch an etwaige moralische Gefährdungen ihrer Tochter während einer Kutschfahrt denkt.

»Wie geht es Papa?«

»Er ist in einer desolaten seelischen Verfassung. Du weißt, er war immer ein Anhänger des Kaisers. Dass er jetzt einer Regierung aus bürgerlichen Parlamentariern dienen muss … daran wird er sich wohl nie gewöhnen können.«

In diesem Moment kommt Tiburce die Treppe herunter. Er wirkt kräftiger als vor einem Dreivierteljahr und trägt einen schmalen Oberlippenbart. Auch wenn ihr geschwisterliches Verhältnis nie sehr innig war, so hatte Berthe während seines Kriegseinsatzes dennoch fortwährend Ängste um den sieben Jahre jüngeren Bruder ausgestanden.

»Habe ich also richtig gehört, meine holde Schwester ist zurück.« Tiburce mustert sie mit einem kritischen Blick. »Vor deiner Abreise hattest du den Umfang einer Spargelstange, jetzt siehst du aus wie ein Zahnstocher.«

Berthe vernimmt diese wenig schmeichelhaften Worte mit Erleichterung. Offensichtlich hat ihr Bruder nichts von seiner Pietätlosigkeit verloren und ist der Alte geblieben.

»Guten Tag, Tiburce, ich freue mich auch, dich zu sehen.« Übermütig nimmt er sie in den Arm und presst sie fest an seine Brust.

»Ich war schon kurz davor, dich zu vermissen, Berthe. Wo sind deine Koffer? Ich bringe sie in dein Zimmer. Übrigens, ich soupiere heute außer Haus. Merk dir sämtliche Abenteuer, die dir widerfahren sind. Du darfst mir demnächst ausführlich davon erzählen.«

Das Abendessen verläuft in gedrückter Stimmung. Zwar kann Berthe den Eltern versichern, dass Edma und Adolphe eine glückliche Ehe führen und Jeanne ein entzückendes Mädchen ist, das nicht nur flink wie ein Wiesel laufen, sondern sogar schon sprechen kann. Aber dann beginnt der Vater mit seinem persönlichen Klagelied.

»Der Rechnungshof ist vom Feuer so stark zerstört, dass nur noch wenige Räume zu nutzen sind. Früher hatte ich ein eigenes Bureau, jetzt muss ich mir eine Kammer mit sechs Mitarbeitern teilen. Es ist bitter, wie viel Reparation unser Land an das Deutsche Reich zahlen muss. Fünf Milliarden Francs innerhalb von drei Jahren! Und dann noch der Verlust von Elsass und Lothringen …« Sein Gesicht läuft rot an, mit erhobenem Zeigfinger deutet er auf einen unsichtbaren Gegner. »Wartet nur, ihr Verräter, eines Tages holen wir uns die Gebiete zurück. Eine solche Schmach lassen wir Franzosen nicht auf uns sitzen.«

Madame Morisot will ihren Mann besänftigen, mit der einen Hand zieht sie den drohenden Zeigefinger herunter, mit der anderen reicht sie ihm sein Glas Rotwein. »Beruhigen Sie sich, Edmé, denken Sie an Ihr Herz. Docteur Martinez hat Ihnen gesagt, dass Sie jede Aufregung vermeiden sollen.«

»Aufregung vermeiden … dieser Medikus weiß überhaupt nicht, was es für einen ehrbaren Finanzbeamten wie mich heißt, Geldanweisungen zu unterzeichnen, die unser Volk finanziell ausbluten lassen. Stammen seine Vorfahren mütterlicherseits nicht aus Berlin, der Hauptstadt des deutschen Kaiserreichs? Er sollte sich mit klugen Ratschlägen lieber zurückhalten.«

Das Ritual der morgendlichen Zeitungslektüre mit anschließender Deutung der Berichte hat Edmé Morisot noch nicht wieder aufgenommen. Wegen der anhaltend negativen Nachrichten würde ihm das Buttercroissant im Hals steckenbleiben, so seine Begründung. Berthe fühlt sich auf unerklärliche Weise innerlich getrieben und rastlos. Sie hat Monate an einem fernen, sicheren Ort verbracht und vom Kriegsverlauf nur durch Briefe und Zeitungen erfahren. Nun aber will sie nicht länger die Augen verschließen, sie will sich selbst ein Bild von der Lage in der Stadt machen und dann, so hofft sie, mit dem Krieg abschließen.

Sobald der Vater am Morgen das Haus verlässt, nimmt sie den *Figaro* zur Hand und sieht Ansichten von großen, zerstörten Städten wie Straßburg und Metz. Sie sieht Bilder von Paris, von Trümmerbergen und Ruinen, bei denen sie nicht sagen könnte, um welche Gebäude oder um welche Straßen es sich handelt. Das Ausmaß der Verwüstung ist immens.

Eines Tages, als die Mutter sich zur Mittagsruhe in ihr Zimmer zurückgezogen hat, zieht Berthe Mantel, Hut und Handschuhe an. Ohne eine Nachricht zu hinterlassen, geht sie auf die Straße und hält eine Kutsche an. Mag sein, dass sie Ärger mit den Eltern bekommt, weil sie ohne Begleitung in der Stadt unterwegs ist. Doch womit sollten die Eltern ihr drohen? Wie sie bestrafen? Sie ist eine dreißigjährige Frau, ihre eigenen Dämonen sind Strafe genug.

Sie weist den Kutscher an, dorthin zu fahren, wo einmal das Herz von Paris schlug. Und dann sieht sie die Einschusslöcher am Rechnungshof, die schwarz verkohlten Dachbalken am Gebäude des Musée du Louvre. Sie sieht Häuser ohne Dächer und ohne Fassade, so dass der Blick frei ist auf eingestürzte Wohnungen. Sie sieht ein Sofa oder einen Buffetschrank der früheren Bewohner, woanders einen Schaukelstuhl und eine Wiege, irgendwo hängt noch ein Bild an der Wand.

Die Hälfte der Rue Royale ist nur noch Schutt und Asche. Auf der Place Vendôme liegt die umgestürzte Siegessäule von Kaiser Napoléon Bonaparte. Immer wieder muss der Kutscher einen Umweg nehmen, weil die Straßen wegen der Trümmer unpassierbar sind. An einigen Kreuzungen arbeiten Männer sich mit Spitzhacken und Schaufeln durch Berge von Ziegelsteinen und Dachpfannen und laden diese auf Pferdekarren. Kinder spielen mit einem Ofenrohr, andere üben Handstand an einer rußgeschwärzten Hauswand. Eine Katze balanciert über ein Balkongeländer, das einmal die Beletage eines hochherrschaftlichen Stadthauses geziert hat. An eine Litfaßsäule gelehnt stehen zwei Soldaten in zerschlissener Uniform auf Krücken. Dem einen fehlen ein Bein und eine Hand. Der andere trägt eine Augenklappe.

Und plötzlich begreift Berthe etwas, von dem sie zwar gelesen hat, das aber noch nicht bis in ihr Bewusstsein vorgedrungen war. Die Verwüstungen in den einst besetzten Städten und Regionen gehen auf das Brandschatzen preußischer Soldaten zurück. Die Zerstörung von Paris aber, ihrer Heimatstadt, ist das Werk von Franzosen. Hervorgerufen durch einen erbarmungslosen, blutigen Kampf zwischen den Revolutionären der Commune und den Regierungstruppen. Wie blindwütig und hasserfüllt können Menschen sein? Welche von den Männern, die jetzt, in dieser Stunde, in der Stadt unterwegs sind, hat der Krieg zu Entführern, Folterern und Mördern gemacht? Den Handwerker, der auf einer Leiter stehend ein Ladenschild befestigt, den Gendarmen, der einen flüchtenden Jungen mit einem Geigenkasten unter dem Arm am Nacken packt, oder den elegant gekleideten Zylinderträger vor dem zersplitterten Schaufenster einer Weinhandlung? Wie viele der Frauen, denen sie heute begegnet ist, haben ihre Väter, Ehemänner, Brüder und Söhne verloren? Menschen, denen ihre Liebe und Fürsorge galt.

Berthe fühlt sich wie eine Hülle, unter der sich absolute Leere verbirgt.

Die Aufräumarbeiten in den Straßen und der Wiederaufbau von Häusern und Regierungsgebäuden bestimmen den Alltag der Pariser. Die Stadt scheint gänzlich aus Veränderung und Bewegung zu bestehen. Allenthalben drängen sich Kutschen, Pferdeomnibusse und Händler, die ihren Karren ziehen. Menschen hasten über die Trottoirs der großen Avenues, überqueren Plätze und Boulevards. Berthe führt ein Leben wie unter einer Glocke aus milchigem Glas. Weder malt sie noch liest sie ein Buch noch mag sie durch ein Modejournal blättern, in dem die neuesten Entwürfe für Herbst und Winter 1871 vorgestellt werden. Manchmal sitzt sie im Garten unter dem großen Apfelbaum und träumt vor sich hin. Freundschaften zu gleichaltrigen jungen Frauen hat sie nie gepflegt. Ohnehin sind alle ihre früheren Mitschülerinnen entweder verheiratet oder fortgezogen, und Berthe vermisst auch keine von ihnen. Sie hatte Edma, ihre Schwester, Freundin und Vertraute.

Jede Woche schreibt sie ihr einen Brief, erzählt weniger von sich selbst als von den körperlichen Befindlichkeiten der Eltern und dem neuesten Vergnügen des Bruders: mit dem Hochrad durch den Bois de Bologne fahren. Berthe hat ihn im Verdacht, mit diesem extravaganten modernen Gefährt jungen Mädchen imponieren zu wollen. An einem sonnigen Sonntagnachmittag, die Eltern sind zu einem Spaziergang in den Jardin des Tuileries aufgebrochen, setzt Berthe sich an ihren Frisiertisch und zieht

Briefpapier, Schreibfeder und Tinte aus der Schublade. Soeben hat sie die erste Zeile begonnen, da vernimmt sie mit einem Mal Vogelgezwitscher. Rosenduft steigt durch das geöffnete Fenster in ihr Zimmer.

Wie von unsichtbaren Fäden gezogen, geht sie hinunter ins Atelier und streift ihren Malerkittel über. Auf der Staffelei steht seit einem Jahr unangetastet ein Keilrahmen, darin eingespannt eine bereits grundierte Leinwand. Ihre Hand greift zu einem Kreidestift, Umrisse entstehen. Mit dem Spachtel streicht sie Farbe auf eine Palette, und plötzlich gleitet ihr Pinsel wie von selbst über die Leinwand. Erst langsam, dann immer schneller. Sie verspürt keinen Hunger, keinen Durst, keine Müdigkeit. Um sie herum herrscht Stille, nur hin und wieder vernimmt sie das Summen von Hummeln, die einen Lavendelbusch neben der Terrasse umschwirren und in den Blüten nach Nahrung suchen.

Als irgendwann die Mutter neben ihr steht und sie zum Abendessen ruft, blickt Berthe wie aus einem tiefen Traum erwacht auf. Erst jetzt erkennt sie, was sie in den letzten Stunden gemalt hat. Zwei junge Frauen in einem sonnendurchfluteten, blühenden Garten. Sie sitzen unter einem Rosenbogen und sind ins Gespräch vertieft. Auch wenn die individuellen Gesichtszüge noch unfertig und nur zart angedeutet sind, weiß sie doch, wen sie in tagträumerischer Phantasie gemalt hat. Ihre Schwester Edma und sich selbst.

Nur widerstrebend legt sie Pinsel und Palette zur Seite, zieht den Malerkittel aus und geht hinauf in ihr Zimmer, um sich frisch zu machen. Bei Tisch isst sie mit guten Appetit. Etwas in ihr fühlt sich leicht und unbeschwert an. Sie ist in die Gegenwart zurückgekehrt. Fortan wird sie wieder das tun, was für sie Leben bedeutet.

Sie wird malen.

Den Krieg hinter sich lassen.

Jeden Tag das Schöne und das Licht in ihren Bildern feiern.

Kapitel 25

Meine liebe Mademoiselle Berthe, haben Sie Zeit, mich am nächsten Mittwoch, dem 20. September, um drei Uhr in meinem Atelier aufzusuchen? Ich möchte Ihr Porträt, das letzte aus der Zeit vor dem unseligen Krieg, überarbeiten. Ich hoffe sehr auf Ihre Zusage und ein Wiedersehen ... So hatte Manet geschrieben. Sie wird also weiterhin Modell und gleichzeitig Beobachterin ihres Porträtisten sein. Mit jedem neuen Tag gewinnt das Leben ein wenig mehr von dem ihr vertrauten Rhythmus zurück, und das schenkt Berthe Sicherheit und Zuversicht.

Zu ihrer Überraschung ist Manet nicht allein im Atelier. Sein Gast ist, das erkennt sie auf den ersten Blick, der Mann, der vor anderthalb Jahren das Haus in der Rue de Saint-Pétersbourg in dem Moment verließ, als sie aus der Kutsche stieg. Er war ihr vertraut vorgekommen, und sein sanftes, warmes Lächeln hatte ihr gefallen. Obwohl es sich nur um einen flüchtigen Augenblick gehandelt hatte, ist ihr diese Begegnung im Gedächtnis geblieben. Das Bild, wie er den Zylinder gezogen und sich dann in Richtung Gare Saint-Lazare begeben hatte, steht Berthe noch genau vor Augen.

»Madame Morisot, Mademoiselle Berthe, willkommen zurück.

Lassen Sie uns nicht über die vergangenen Monate reden. Tun wir so, als hätten wir uns erst kürzlich zuletzt gesehen.« Manets tiefe Stimme ist unverändert rau, wie sein Händedruck fest ist. In seinen Augen nimmt sie ein Funkeln wahr. Oder ist es das Sonnenlicht, das durch das Fenster hereinfällt?

Der unbekannte Gast tritt neben Manet und streckt zuerst der Mutter, dann Berthe die Rechte entgegen. »Ich möchte meinem Bruder die Mühe ersparen, mich vorzustellen, und übernehme diese Aufgabe gern selbst. Ich bin Eugène Manet und freue mich, Sie kennenzulernen, nachdem ich schon so viel von Ihnen gehört habe.«

Jetzt, da beide Männer nebeneinanderstehen, ist die Ähnlichkeit zwischen ihnen nicht zu übersehen, stellt Berthe fest. Eugène ist schmaler und einen halben Kopf größer als sein Bruder. Er hat dunkleres volleres Haar, die Nase ist spitzer und die Augen changieren zwischen Blau und Grau, ähnlich dem oval geschliffenen Calcit an ihrem Lieblingsring.

»Ich hörte, Sie sind ebenfalls Maler?«, erkundigt sich Marie Morisot.

»Sehr wohl, Madame. Zuerst wollte ich in die Fußstapfen meines Vaters treten und habe Jura studiert. Den Beruf habe ich schon nach kurzer Zeit aufgegeben, er hat mich nicht erfüllt. Allerdings male ich ausschließlich zu meinem Vergnügen, meine Werke stelle ich nie aus.«

Kaum merklich zwinkert er Berthe zu, und ebenso unauffällig antwortet sie mit einem verständigen Lächeln. Dieser Mann verbirgt seine Bilder vor der Öffentlichkeit, was ihn in ihren Augen rätselhaft erscheinen lässt. Gerade deswegen möchte sie herausfinden, was und wie er malt.

Jetzt, da allmählich der Alltag in die Zivilgesellschaft zurückkehrt und die Verwüstungen des Krieges in den Straßen, wenn auch nicht in den Herzen der Menschen, beseitigt werden, gelangt Madame Morisot zu der Ansicht, dass die Suche nach einem Ehemann für ihre jüngste Tochter konsequent fortgesetzt werden muss.

»Seit deinem einundzwanzigsten Geburtstag haben sich Dutzende vielversprechender Heiratskandidaten für dich interessiert, Berthe, aber du hast sie alle abgelehnt.« Sie bedenkt ihre Tochter, die ihr an dem kleinen Gartentisch neben einer Strauchhortensie gegenübersitzt und einen Hut zeichnet, mit einem vorwurfsvollen Blick. »Du träumst wohl noch immer von einem Leben als erfolgreiche, alleinstehende Malerin. Aber dafür gibt es keinerlei Beispiele. Dein Wunsch nach Unabhängigkeit ist bloße Illusion. Etwas, das du bitter bereuen wirst, wenn wir in ein paar Jahren nicht mehr sind und du ganz allein dastehst. Dein Vater und ich meinen es nur gut mir dir.«

Berthe lässt die Hand mit dem Kreidestift sinken, ihr ist nach Widerspruch zumute. »Wenn es für eine selbstbestimmte Künstlerin keine Beispiele gibt, dann will ich die Erste sein und auch andere junge Frauen ermutigen.«

Marie Morisot lässt sich nicht beirren. »Du bist eine Traumtänzerin, Berthe. Glaub mir, eine Frau gehört an die Seite eines Ehemannes und nicht an eine Staffelei. Was ist eigentlich mit diesem reizenden Monsieur Valentin de La Barre, der schon vor dem Krieg einige Male zum Jour fixe kam? Mir ist aufgefallen, dass er dich neuerdings keine Sekunde aus den Augen lässt. Habe ich nicht gestern einen Brief mit seinem Absender in der Post gesehen? Was schreibt er denn?«

»Schwülstiges Geschwafel. Er verfasst Theaterstücke, und ich soll zu seinen Dramen einen Bilderzyklus entwerfen. Er träumt von einer Symbiose zwischen Dichtkunst und Malerei, von einer gegenseitigen Befruchtung der Künste, so sagt er. Seine Texte sind sterbenslangweilig, aber er hält sich für einen zweiten Molière oder Racine.« Berthe setzt einige Schraffuren auf das Papier. Sie hat sich eine neue Hutkreation aus Satin und Seidenblumen fertigen lassen und will Edma eine Skizze schicken. Manchmal lässt die Schwester sich ein ebensolches Modell bei ihrer Hutmacherin in Lorient modellieren. Dann empfinden die beiden Frauen einen leisen Triumph, weil sie Pariser Chic in ihr bretonisches Küstenstädtchen gebracht haben.

»Sicher besteht dieser höfliche junge Mann nicht nur aus Poesie, er wird auch noch andere Eigenschaften mitbringen.« Mit selbstgewisser Miene lehnt Madame Morisot sich in ihren Gartensessel zurück und hebt die Stimme. »Ich habe mich über seine Familie erkundigt. Er ist ein Nachfahr des berühmten Komponisten Michel de La Barre, stammt also aus einem angesehenen Elternhaus, und er besitzt, was man nicht unterschätzen sollte, Vermögen. Nebenbei sieht er gut aus mit seinem hellen Bart und dem klassischen Profil. Du solltest freundlicher zu ihm sein.«

Seitdem Madame Morisot ihre Soiréen wiederaufgenommen hat, ist Valentin de La Barre regelmäßiger Gast in der Rue Franklin. Bei jedem seiner Besuche gibt er Berthe eine Szene aus seiner neuen Tragödie zu lesen, die von den Kindertagen Ludwigs XIV., des Sonnenkönigs, handelt. Verfasst in Versen, wie es bei den großen Dichtern des 17. Jahrhunderts üblich war. Berthe solle Skizzen zum Handlungsgeschehen anfertigen, die er beim nächsten Mal mit ihr erörtern wolle. Sie seien Seelenverwandte, das habe er schon bei der ersten Begegnung gespürt. Unverblümt erklärt ihm Berthe, dass Komödien sie erheitern, Tragödien hingegen zu Tode langweilen. Was Monsieur de La Barre nur zu weiteren, hochtrabenden Versen anspornt.

Doch sie möchte niemandes Seelenverwandte sein, schon gar nicht die eines Möchtegern-Dichters. Da dieser nicht begreift, dass sie weder an seinen Schreibergüssen noch an ihm selbst Interesse hat, sieht sie sich gezwungen, deutlicher zu werden. Auch die Eltern müssen endgültig verstehen, dass sie sich nicht zu etwas drängen lässt, das zwar der Konvention, nicht aber ihren persönlichen Werten entspricht.

Wenn sie sich nicht durch Worte überzeugen lassen, müssen Taten folgen.

Tiburce stellt sich breitbeinig vor seine Schwester, verschränkt die Arme vor der Brust und hebt trotzig das Kinn. »Nenn mir einen Grund, warum ich dir schon wieder bei deinen Machenschaften behilflich sein sollte. Mir ist ein Rätsel, warum du immer dann, wenn es um das Thema Heirat geht, aufgescheucht wirkst wie ein Huhn. Höchstwahrscheinlich stehe ich eher vor dem Traualtar als du – wenn überhaupt. Außerdem bin ich am nächsten Dienstag nicht zu Hause. Ich habe mich mit einem Freund zum Angeln verabredet.«

Berthe ahmt die Körperhaltung ihres Bruders nach und blickt ihn kühl an. »Wie viele Spielschulden hast du, Tiburce?«

»Ob ich was …?«

Berthe bleibt ungerührt und verzieht keine Miene. »Du hast richtig verstanden.«

»Du redest Unsinn. Wie kommst du auf so etwas?« Unwirsch fährt sich Tiburce durch sein wirr abstehendes Lockenhaar und wendet sich zum Gehen, doch Berthe hält ihn am Ärmel fest. Er zögert, und dann beginnt er zu stottern. »Woher weißt du eigentlich von … von den Schulden?«

»Wie viel?«

Tiburce steht unschlüssig da, kann sich zwischen Weglaufen und Bleiben nicht entscheiden und nennt schließlich kleinlaut die Summe.

»Hör zu, bei Mamans nächster Soirée kommst du um Punkt zehn nach vier ins Bibliothekszimmer und bringst mir die Originalausgabe von Molières *Menschenfeind*. Du findest das Buch auf dem Frisiertisch in meinem Zimmer.«

»Du zwingst mich, das zu tun, damit du mich bei den Eltern nicht verrätst? Hast du schon einmal etwas von Erpressung gehört? So etwas ist unmoralisch und verwerflich.«

»O nein, Glücksspiel ist unmoralisch und verwerflich. Es geht mir nicht darum, dich zu erpressen, ich will deine Schulden bezahlen. Ein Freund von Monsieur Degas hat letzte Woche zwei meiner Landschaftsbilder gekauft ... Also, um wie viel Uhr kommst du in die Bibliothek?«

Der Salon in der Rue Franklin ist erfüllt vom Stimmengewirr der zahlreich erschienenen Gäste. Viele der Damen haben sich neue Roben anfertigen lassen. Wie immer, wenn Krieg, Hunger und Verzweiflung das Leben der Menschen bestimmt haben, ist nach dem Ende des Blutvergießens das Verlangen nach Luxus und Verschwendung besonders groß.

Manchen der Anwesenden gelang rechtzeitig die Flucht zu Verwandten an die westlich und südlich gelegenen Küsten des Landes, wo vom täglichen Grauen nur durch Zeitungen oder Augenzeugenberichte zu erfahren war. Einige der Frauen haben Familienangehörige verloren, insbesondere Männer, Brüder und Söhne. Zumindest kennt jeder jemanden, der einen Toten zu betrauern hat. Deutlich ist zu spüren, wie sehr man das gesellige Beisammensein während der zurückliegenden Kriegs- und Schreckensmonate vermisst hat.

»Monsieur de La Barre, Malerei ist für mich das, was für Sie die Dichtkunst ist, nämlich Beruf und Berufung zugleich. Ich möchte Ihnen heute etwas zeigen, das Sie sicher interessieren und, davon bin ich überzeugt, auch begeistern wird«, erklärt Berthe in liebenswürdigstem Tonfall.

Der Angesprochene greift nach ihrer Hand und beugt sich zu einem Luftkuss herunter. Sie riecht sein Rasierwasser, das sie an Moos, Lavendel und Tabak erinnert und so ausgewogen und harmonisch komponiert ist, dass sie es bedauert, dass man Düfte nicht malen kann. »So lange hoffe ich schon, dass ich eines Tages nicht nur Ihr Ohr, sondern auch Ihr Herz erreichen werde«, gesteht ihr Galan flüsternd.

Rasch entzieht Berthe ihm die Hand. »Wir dürfen keinen Verdacht erregen. Gehen Sie voraus in die Bibliothek. Ich folge in wenigen Minuten. Sollte jemand unerwartet hereinkommen, dann sagen Sie ihm, Sie suchten die Originalausgabe eines Theaterstücks.«

Mit seligem Lächeln entschwebt der junge Dichter. Berthe wirft zuerst einen Blick auf die Tischuhr über dem Kamin und einen zweiten auf ihre Medaillonuhr. Sie geht zu Margot in die Küche, bittet sie, frischen Kaffee aufzusetzen, und betritt fünf Minuten nach vier das Bibliothekszimmer. Monsieur de La Barre springt vom Sessel auf und eilt Berthe entgegen, presst ihre Hand fest gegen seine Brust.

»Dann ahnen Sie also, warum ich diese Verse schreibe? Nur für Sie, Mademoiselle Morisot. Sie sind für mich Melpomene, die Muse der Tragödie, der ich mein Werk zu Füßen lege …«

»Sie stehen auf meinem Fuß, Monsieur.«

Hastig tritt der von seinen eigenen Worten berauschte Dichter einen Schritt zurück und macht Berthe den Weg frei. Sie tritt vor den hohen Nussbaum-Bücherschrank, in dem die Werke der großen französischen Dichter versammelt sind, öffnet die gläserne Tür und fährt mit der Fingerspitze über die ledernen Buchrücken. »Hier ist es nicht … dort auch nicht …« Berthe sucht in der Reihe darunter und öffnet die nächste Tür. Bewusst lässt sie sich Zeit, hält den Kopf schräg, als wolle sie den Rückentitel jedes einzelnen Buches prüfen. »Ich war mir sicher, dass das Werk, das ich Ihnen zeigen wollte, in dieser Reihe steht. Ob wohl mein Bruder sich diesen Band ausgeliehen hat?«

»Aber das ist doch nicht wichtig, jetzt, da wir beide allein sind.« Monsieur de La Barre kommt Berthe mit weit vorgestreckten Armen entgegen, befindet sich bereits kurz vor einer Umarmung. In diesem Augenblick öffnet sich die Tür, und Tiburce tritt ein, in der Hand die Originalausgabe von Molières *Menschenfeind*.

»Danke, Tiburce, das Buch habe ich gesucht. Stell es bitte an seinen Platz zurück.« Mit diesen Worten verlässt Berthe das Bibliothekszimmer, wirft ihrem Bruder einen Dankesblick zu und sucht inmitten der Gäste ihre Mutter. Diese hat soeben ihre alte Schulfreundin Madame Fournier verabschiedet, die ihren heutigen Besuch dazu genutzt hat, Geschmacklosigkeiten über ihre Cousine und deren nervenkranke Schwägerin zu verbreiten.

»Monsieur de La Barre möchte gehen. Er befindet sich in der Bibliothek. Ich will ihn nicht mehr sehen«, flüstert Berthe im Vorbeigehen der Mutter ins Ohr.

Auf der Stelle hetzt Marie Morisot ins Bibliothekszimmer, wo sie den verdutzten Dichter und ihren nicht minder verdutzten Sohn antrifft. »Sie wollen uns verlassen, Monsieur de La Barre?«

Berthe greift zu dem Tablett mit dem Kaffee, den Margot inzwischen zubereitet hat, und bedient heiter und gelassen die Gäste. Aus dem Augenwinkel beobachtet sie, wie Monsieur de La Barre verwirrt und mit hängenden Schultern den Salon verlässt.

Beim gemeinsamen Abendessen ist Marie Morisot sichtlich nervös. »Könnt ihr mir erklären, was vorhin in der Bibliothek vorgefallen ist?«

Berthe wirft ihrem Bruder einen mahnenden Blick zu. »Monsieur de La Barre und ich diskutierten über die Dichter des Barocks und der Klassik. Dann bat ich Tiburce, der die ganze Zeit dabei war, die Originalausgabe von Molières *Menschenfeind* aus meinem Zimmer zu holen.«

»Du hast ... hast deine Schwester mit einem Mann allein gelassen?« Madame Morisot ist die Fassungslosigkeit in Person. Ihre Stimme vibriert vor Erregung.

Berthe reagiert blitzschnell. »Nein, Maman, ihn trifft keine Schuld. Ich gebe zu, meine Bitte war leichtfertig und unbedacht, aber Tiburce wollte seiner älteren Schwester nur einen Gefallen tun. Es dauerte nicht mehr als eine Minute, dann kam er wieder zurück.«

Auf den Wangen von Marie Morisot zeigen sich rote Flecken. Schwer atmend greift sie zu ihrer Damastserviette und fächelt sich Luft zu. »Und was genau ist in dieser einen Minute geschehen?« Edmé Morisot legt beruhigend die Hand auf den Arm seiner Ehefrau, die sich mitnichten beruhigen kann.

Berthe hat sich ihre Worte sorgsam zurechtgelegt. Sie möchte ihren glücklosen Verehrer nicht kompromittieren, sondern ihn – loswerden. »Es ist nichts geschehen, was Grund zur Besorgnis gäbe, Maman. Monsieur de La Barre mag für seine Dichtkunst die rechten Worte finden, für eine Frau findet er sie hingegen nicht.«

»Was sagte er denn Ungebührliches, weswegen du ihn nicht mehr sehen möchtest?«, schaltet sich jetzt der Vater ein.

»Bitte ersparen Sie mir zu wiederholen, was er sagte, Papa. Es würde mich zu sehr aufwühlen. Offenbar wähnte Monsieur de La Barre uns in einem Theater, und er sah in mir eine Figur aus einem seiner Bühnenstücke. Er schien gänzlich Raum und Zeit vergessen zu haben und wirkte wie entrückt … Aber jetzt will ich die Angelegenheit möglichst schnell vergessen und diesen Herrn nie wiedersehen.«

Lob kommt Madame Morisot nur selten über die Lippen, doch diesmal sprudelt es aus ihr heraus. »Dankenswerterweise bist du beherrscht geblieben und hast dir nichts anmerken lassen, Berthe. So haben die Gäste nichts von dem mitbekommen, was leicht in einen Skandal hätte ausarten können. Nicht wahr, Edmé?«

Ihr Ehemann nickt beflissen. »Ganz wie Sie sagen, meine liebe Marie, uns blieb ein Skandal erspart.«

Nach dem Abendessen klopft Berthe an die Zimmertür im Dachgeschoss. Tiburce öffnet und lehnt sich mit überkreuzten Beinen und gelangweilter Miene in den Türrahmen. Zwischen die Lippen hat er eine Zigarette geklemmt.

»Muss ich die Posse verstehen, die du vorhin inszeniert hast?«

»Nein, Tiburce, das musst du nicht.« Sie greift in ihre Rocktasche und zieht ein Bündel Geldscheine hervor. Überrascht nimmt er das Geld an sich.

»Du hast tatsächlich … danke, Berthe. Ich sollte wohl dem

Glücksspiel abschwören. Bevor ich mich ein weiteres Mal von dir erpressen lasse.«

»Das wäre eine in jeder Hinsicht vernünftige Entscheidung. Schlaf gut.«

Er greift nach ihrem Handgelenk. »Warte, ich muss dir noch etwas sagen ... Ich weiß zwar nicht, was du gegen die Ehe einzuwenden hast, aber ich ahne, warum du mit Männern wie Monsieur Lafitte oder unserem Poeten de La Barre nichts zu tun haben willst. Sie sind dir nicht gewachsen.«

Spielerisch tippt Berthe ihrem Bruder gegen die Brust und läuft flink die steile Holztreppe von der Mansarde hinunter in ihr Zimmer. Sie lässt sich aufs Bett fallen und muss plötzlich lachen. Dann aber hält sie inne, denn ihr schlechtes Gewissen meldet sich. Auch wenn sie nur Andeutungen gemacht und ein, wie auch immer geartetes, dramatisches Geschehen sich ausschließlich in der Phantasie der Eltern abgespielt hat, so hat sie Monsieur de La Barre doch unrecht getan. Fast tut er ihr leid. Aber sie musste diesen harmlosen, begriffsstutzigen jungen Mann vor den Kopf stoßen. Zu ihrem und auch zu seinem Besten.

Mit ihr als Ehefrau wäre er nie glücklich geworden. Sicher findet er bald eine neue Muse.

Kapitel 26

Wie alle Bewohner von Paris und ganz Frankreich hofft Berthe, dass das neue Jahr 1872 ein Jahr des Friedens wird. Allmählich beginnt die Stadt sich von den Verwüstungen des Krieges zu erholen. Der Wiederaufbau sorgt für Arbeitsplätze und bewirkt einen wirtschaftlichen Aufschwung im ganzen Land. Die Neustrukturierung der Hauptstadt durch monumentale Sichtachsen, Plätze und Grünanlagen, wie sie zwei Jahrzehnte zuvor der namhafte Stadtplaner Baron Haussmann begonnen hatte, wird fortgesetzt. Straßenbäume werden gepflanzt, Geschäfte entstehen, allerorts sieht man Baugerüste an Häusern, die saniert oder im Stil des Klassizismus neu gebaut werden.

Die ganze Stadt ist in Bewegung. Neben den Passanten bestimmen Pferde das Straßenbild. Man sieht Kutschen, Kaleschen und Kabrioletts, Fahrzeuge für Gemüse und Weinfässer, Lieferwagen mit der Aufschrift des Kaufhauses *Printemps*, Omnibusse für Stadtbesichtigungen, hier und da auch einen Leichenwagen oder einen Gefangenentransport. Ein Netz von Eisenbahnlinien führt sternförmig von den neuen Bahnhöfen ins Landesinnere. Die Reisenden der Vorkriegszeit kommen nach und nach zurück, besuchen Theater, Konzerthallen und

Restaurants. In den Abendstunden erstrahlt Paris im Lichterglanz tausender Straßenlaternen.

Sarah Bernhardt, die berühmteste Schauspielerin des Landes, feiert Triumphe an der Comédie-Française, die Bürger vergnügen sich beim Tanz in den zahlreichen Café-concerts und bei gutem Wetter in Garten-Cafés. Wer genauer hinsieht, entdeckt in den ärmeren Vierteln am Stadtrand die äußerlich Versehrten des Krieges, die stumpf vor sich hin stierend in Hauseingängen hocken oder mit glasigen Augen an Hauswänden entlangtorkeln. Berthe erinnert sich an einen Ausspruch des Schriftstellers und Philosophen Voltaire: *Wie das größte physische Übel der Tod ist, ist das größte moralische zweifellos der Krieg.*

Als wolle er die verlorene Zeit nachholen, bittet Manet, kaum dass er ein Gemälde vollendet hat, Berthe um weitere Sitzungen für ein nächstes Bild. Im gleichförmigen Rhythmus wechselt sie zwischen ihrem eigenen Atelier und dem von Manet. In der Rue Franklin lässt sie den Pinsel über die Leinwand gleiten und in der Rue de Saint-Pétersbourg befindet sie sich jenseits der Leinwand, ist hier Malerin und dort Modell. Noch immer hat sie nicht herausgefunden, welche Macht sie stets aufs Neue in diese Künstlerwerkstatt zieht, in der sie seit vier Jahren ein und aus geht. Es muss etwas Magisches sein, und sie würde es gern ergründen.

Manet beginnt mit einem Porträt, auf dem Berthe einen Hut mit Gesichtsschleier trägt. Wangen, Stirn und Augen leuchten hell unter dem filigranen Spitzengewebe auf. Der Schleier verbirgt und enthüllt zugleich und gibt ihrem Abbild etwas Rätselhaftes, Geheimnisvolles. Nie ist sie treffender porträtiert worden, glaubt Berthe, behält aber diese Einschätzung für sich. Ihre persönlichsten Gedanken gehören ihr allein.

»Sind Sie bereit für eine weitere Darstellung des Mysteriösen, Mademoiselle Berthe?«, fragt Manet bei der nächsten Sitzung. Aus einem großen Koffer, der von einem Paravent verborgen wird und dessen Inhalt einem Theaterfundus gleicht, holt er einen schwarzen Fächer hervor. »Würden Sie ihn aufklappen und so vor das Gesicht halten, dass die untere Gesichtshälfte frei bleibt?«

Berthe gefällt sich in der Rolle der unergründlichen Frau, die nur einen Teil ihres Gesichtes preisgibt. Mittlerweile bringt sie keine andersfarbigen Kleider mehr zu den Sitzungen mit, und auf der Leinwand erscheint sie in dem Kleid, das sie trägt – einem schwarzen.

»Am liebsten male ich helle Kleider. Sie aber haben die Gabe, selbst ein Schwarz zum Leuchten zu bringen«, hatte Manet ihr einmal zugeflüstert und dabei einen prüfenden Sekundenblick in Richtung ihrer Mutter geworfen, als wolle er sich vergewissern, dass diese seine Worte nicht vernommen hatte.

»Für das nächste Bild plane ich eine Ganzfigur-Darstellung, stehend und *en face*. Bringen Sie Schuhe mit, in denen Sie eine Weile bequem stehen können«, rät er ihr diesmal.

Berthe muss nicht lange überlegen, welche Schuhe sie tragen wird. Sie sollen ihrem schlichten schwarzen Tageskleid einen Hauch Extravaganz verleihen. Als sie am Tag der Sitzung die eleganten Pantoffeln aus besticktem Seidensatin in die Tasche packt, kann sich Madame Morisot mit einem Tadel nicht zurückhalten.

»Was hast du dir nur wieder ausgedacht, Berthe? Du kannst dich auf einem Gemälde niemals in Pantoffeln darstellen lassen.«

Berthe gibt sich unschuldig. »Warum nicht, Maman?«

»Pantoffeln trägt man zu Hause, sie gehören in den privaten Bereich. Nur die engsten Familienangehörigen bekommen derartiges Schuhwerk zu Gesicht. Eine Person in einem Tageskleid und rosafarbenen Pantoffeln erweckt den Anschein, sie sei – frivol.«

»Meinen Sie, ich sollte mich lieber mit nackten Füßen malen lassen?«

»Berthe, ich muss doch sehr bitten. Was soll denn Monsieur Manet von dir denken?«

»Das frage ich ihn am besten selbst.«

Sollte Manet überrascht sein, lässt er sich dies nicht anmerken. Jedoch meint Berthe, die linke Augenbraue zucken zu sehen. »Heute habe ich meine bequemsten Schuhe mitgebracht, ganz wie Sie vorgeschlagen haben.«

»Eine sehr geschmackvolle Wahl, Mademoiselle Berthe. Damit Sie zwischendurch den Rücken entlasten können, habe ich für Sie ein Pult bereitgestellt.«

Kopfschüttelnd setzt sich Marie Morisot in den Ohrensessel und holt ihren Stickrahmen hervor. Wenige Minuten später ist sie eingeschlafen. Die neue Haltung ist ungewohnt für Berthe.

Bei allen vorherigen Bildern hat sie auf einem Sofa oder Stuhl gesessen. Wenn Manet neben die Leinwand tritt, um sie zu betrachten, befindet sie sich nun auf Augenhöhe mit ihm. Das gefällt ihr. Sie hätte nichts dagegen, künftig nur noch in voller Körpergröße dargestellt zu werden.

Nach nur drei Sitzungen ist das Porträt vollendet, und Manet gewährt Berthe einen Blick auf das fertige Werk. Sie stellt sich neben ihn, mustert die Leinwand – und ist irritiert. Zwar erkennt sie in der dargestellten Figur sich selbst, doch da ist noch jemand. Eine ihr unbekannte und gleichzeitig vage bekannte Person. Oder spielt ihr die Phantasie einen Streich?

»Sie scheinen skeptisch, Mademoiselle Berthe. Haben Sie an der Darstellung etwas zu beanstanden?«

Nachdenklich schüttelt sie den Kopf. »Keineswegs, dieses Porträt ist wunderbar und auch … vielschichtig.«

»Besitzt denn nicht jedes Porträt eine eigene, beziehungsreiche Aussage?«, fragt Manet und wirft ihr einen unergründlichen Seitenblick zu. Dann wendet er sich brüsk ab, um die zuvor benutzten Pinsel in ein Wasserglas mit Leimseife zu stellen.

An einem spätsommerlichen Nachmittag sitzt Berthe im Garten und skizziert einige Blaumeisen, die sich an der Vogeltränke unter einer Hochstammrose eingefunden haben. Mit einem Mal weiß sie, wonach sie suchen muss. Hatte Manet ihr bei der allerersten Sitzung nicht erzählt, dass Goya und Velázquez seine Vorbilder sind? Sie geht ins Bibliothekszimmer und sucht in den Bücherschränken ganz unten, wo die großen Folianten liegen, nach einem Band über die bedeutendsten spanischen Meister. Erst im letzten Schrank findet sie das in braunes Leder gebundene Buch: *Traité sur les grands maîtres de la peinture espagnole.*

Sie setzt sich in den Lieblingssessel des Vaters, nimmt das schwere Buch auf den Schoß und blättert die Seiten um. Plötzlich hält sie inne. Nachdenklich betrachtet sie das Porträt der Duquesa de Alba. Und obwohl diese ein kostbareres Kleid und eine Mantilla trägt, erkennt sie in der aufrechten Körperhaltung, der vorangestellten Schuhspitze und in dem konzentrierten Blick, der auf das Gegenüber gerichtet ist, sich selbst. Einen Unterschied gibt es allerdings zwischen der Adeligen und ihr: Mit dem ausgestreckten Zeigefinger der rechten Hand lenkt die Herzogin den Blick des Betrachters auf eine Inschrift am Boden. Berthe dreht das Buch um und entziffert die auf dem Kopf stehende Schrift. *Sólo Goya.* Nur Goya.

Sie blättert weiter durch die Seiten und liest über das Leben dieses Malers zu einer Zeit, die zwei Generationen zurückliegt und die von gesellschaftlicher Umwälzungen und Unruhen geprägt war. Wie er zuerst Musterbilder für die königliche Teppichmanufaktur in Madrid entwarf und später zum Hofmaler aufstieg. Sie erfährt von seinen düsteren Phantasien und von den Schrecken des Krieges, die er in seinen Bilderzyklen schonungslos festgehalten hat. Immer weiter liest sie und ist fasziniert vom liberalen Geist dieses Künstlers, der nach Frankreich emigrierte, um der politischen Verfolgung in seiner Heimat zu entgehen. Und sie liest noch etwas, das zwischen den Zeilen liegt und aus kaum mehr als Andeutungen besteht. Doch gerade dieses Umschreiben und Weglassen macht die Aussage umso offensichtlicher.

Der Maler Francisco de Goya und die Herzogin von Alba waren ein Liebespaar.

Kapitel 27

Mit vor Aufregung geröteten Wangen steht Marie Morisot in der Tür zu Berthes Atelier und hält ein Telegramm in der hocherhobenen Hand. »Stell dir vor, Yves hat einen Jungen bekommen. Ist das nicht wunderbar? Er soll Marcel heißen. Théodore und sie müssen sehr stolz auf ihren Jungen sein.«

»Sollten sie bei einem Mädchen nicht auch stolz sein?« Die Frage entschlüpft Berthe, bevor sie über die Neuigkeit nachgedacht hat.

»Nun ja, aber sie haben doch schon eine Tochter. Jetzt ist endlich der langersehnte Stammhalter gekommen. Der leider nicht den Namen Morisot fortführen wird.« Bedauernd zuckt sie mit den Schultern. »Dennoch bin ich optimistisch, was den Weiterbestand unseres Familiennamens betrifft. Ich glaube, Tiburce steht kurz vor seiner Verlobung. Hat er dir erzählt, in wen er verliebt ist und aus welchem Elternhaus die junge Frau stammt?«

»Nein, Maman, Tiburce hat nichts von einer geplanten Verlobung erzählt.« Was der Wahrheit entspricht. Von einer Verlobung war in der Tat nicht die Rede. Allerdings hat Tiburce die Schwester in etwas eingeweiht, über das sie den Eltern gegenüber striktes Stillschweigen wahren soll. Weil es sich um eine Angelegenheit handelt, deren weiterer Verlauf noch nicht entschieden ist. Vor einer Woche klopfte er abends an ihre Zimmertür, und sie erinnert sich noch genau an den Wortlaut ihres Gespräches.

»Ich wollte, dass du es als Erste erfährst«, so begann Tiburce. Schnell überkam Berthe ein Verdacht. »Lass mich raten: Du hast wieder Spielschulden, du wirst von einem deiner Mitspieler erpresst, eine junge Frau erwartet ein Kind von dir …«

»Ich wusste gar nicht, dass du so viel Phantasie besitzt … Nein, der Grund ist weitaus unromantischer. Ich habe mich verliebt, aber ich hatte noch nicht den Mut, dieses Mädchen zu fragen, ob sie mich heiraten will. Ich brauche eine ehrliche Antwort von dir: Warum sträubst du dich seit Jahren gegen die Ehe?«

Anstelle der geforderten Antwort versuchte sie es mit einer Gegenfrage. »Hat deine Zukünftige eine besondere Begabung oder übt sie irgendeine Tätigkeit aus?«

»Sie ist Hauslehrerin bei einer adeligen Familie.«

»Wird sie diese Beschäftigung nach eurer Hochzeit beibehalten?«

In dem Blick, den Tiburce seiner Schwester zuwarf, lag ebenso viel Entrüstung wie Mitleid. »Selbstverständlich nicht. Als meine Ehefrau hat sie es nicht nötig zu arbeiten. Ich würde es auch nie zulassen.«

»Aber wenn sie liebt, was sie tut, wenn sie darin Glück und Erfüllung findet? Dann würde sie mit ihrem Beruf zugleich einen Teil von sich aufgeben. Und du würdest nicht die Frau bekommen, die sie sein könnte, sondern nur einen Teil von ihr.«

Ratlos zuckt Tiburce mit den Achseln. »Darüber habe ich nie nachgedacht. Ist denn nicht jede Frau froh, wenn sie nicht mehr arbeiten muss und einen Mann findet, der für sie sorgt?«

»Nein, Tiburce, nicht jede ist froh. Für mich ist die Malerei mein Leben, ohne die Malerei kann ich nicht leben. Das ist der Grund, warum ich nie heiraten werde.«

Ob sie einen schwarzen Hut, ähnlich einem Zylinder, für ein neues Porträt mitbringen könne, hatte Manet sie gefragt. Er selbst besäße in seinem Fundus leider kein geeignetes Modell.

Also lässt Berthe bei ihrer Modistin einen Hut umarbeiten, den sie schon seit Jahren besitzt, aber kaum getragen hat, weil sie sich darin fremd vorkommt. Er ist wie ein Becher geformt, hoch, schmal und ohne Krempe. Die Hutmacherin umhüllt die Krone mit einem leicht gebauschten Satinstoff, der die strenge Form umschmeichelt, die Oberseite garniert sie mit üppigen Schleifen, die breiten Bänder fallen bis auf die Schultern. Berthe ist begeistert von der Geschicklichkeit dieser noch sehr jungen Frau. Aus einer langweiligen Kopfbedeckung hat sie ein kleines Kunstwerk geschaffen.

Eine Woche später erscheint Berthe mit dem neuen Hut zur Sitzung bei Manet. Ein bequemer Sessel mit einem Fußbänkchen in Sichtachse der Staffelei steht schon für sie bereit. Daneben ein Beistelltischen mit einem zart duftenden Veilchenstrauß. Wahrscheinlich ein Erzeugnis aus einem der Gewächshäuser der Stadt, die als Baumschule und zur Blumenzucht genutzt werden, vermutet Berthe. Zu ihrem Bedauern sind die blauviolett blühenden Blumen, deren Blüten auch zur Parfumherstellung genutzt werden, im Garten in der Rue Franklin schon seit Ende Mai verblüht.

Manet ist in bester Stimmung und ausgesprochen leutselig. »Diesmal sollen Sie nicht stehen, sondern komfortabel sitzen, Mademoiselle Berthe. Ich habe mir etwas Neuartiges überlegt ...« Er nimmt den kleinen Blumenstrauß aus der Vase und hält ihn gegen ihre Schulter. »Wo wäre eine passende Stelle für die Veilchen? Vielleicht hier ... oder lieber hier? Am besten, Sie entscheiden selbst, wie Sie die Blumen tragen möchten.«

Berthe geht hinüber zu dem goldgerahmten Standspiegel im hinteren Teil des Ateliers und probiert verschiedene Varianten. Mal hält sie den Strauß einen Fingerbreit höher oder tiefer, mal mehr nach links oder nach rechts, bis sie sicher ist, dass sie die richtige Stelle gefunden hat. Sie zieht eine lange Hutnadel aus ihrem Haar und steckt die Veilchen zwei Handbreit unter dem Kinn fest, da, wo die beiden Revers ihrer Kostümjacke zusammenkommen.

Nach einem letzten kritischen Blick in den Spiegel geht sie zu ihrem Sessel und lehnt sich bequem darin zurück. Irgendwann reißt eine Männerstimme sie aus ihren Gedanken.

»Madame und Mademoiselle Morisot, ich sehe, hier wird noch gearbeitet. Sollte ich zu früh erschienen sein, müssten Sie meine Anwesenheit für eine Weile ertragen.«

Auch ohne den Kopf zu wenden, weiß Berthe, wer der Besucher im Atelier ist.

»Eugène«, ist die Stimme Manets von der anderen Seite der Staffelei zu hören, »du kommst zur richtigen Zeit, wir sind fertig für heute. Ich habe den Freunden im *Nouvelle Athènes* vorsichtshalber ausrichten lassen, dass sie mit dem Essen auf uns warten sollen, falls wir später kommen.«

Berthe löst sich aus ihrer starren Haltung und schickt zur Begrüßung ein Kopfnicken in Richtung Eugène. Sie nimmt die Veilchen vom Revers und stellt den Strauß zurück in die Vase. »Die Blumen werden uns den kleinen Ausflug hoffentlich nicht verübeln«, sagt sie an Manets Bruder gewandt. »Im Garten hatten wir in diesem Jahr eine wahre Veilchenpracht. Ich habe sicher ein Dutzend Pastellbilder gemalt.«

»Sie schätzen die Freiluftmalerei also ebenso wie ich?«, fragt Eugène überrascht. »So etwas würde meinem Bruder nie in den Sinn kommen. Er malt Blumen nur, wenn sie sich in einer Vase befinden, als dekoratives Stillleben. Selbst das *Frühstück im Grünen*, für das ich die Ehre hatte, Modell zu stehen beziehungsweise zu liegen, entstand hier im Atelier.«

»Das Malen im Freien erlaubt einen viel engeren Bezug zur Natur. Man fühlt sich als Teil der Schöpfung und nicht als deren Nachahmer. Wollen Sie es nicht einmal versuchen, Monsieur Manet?«, schlägt Berthe vor. Monsieur Manet … beide Brüder könnten sich angesprochen fühlen.

Édouard Manet verstaut Pinsel und Palette in dem hohen Farbenregal neben dem Standspiegel und legt seinen Malerkittel ab. »Wer die Natur vor seinem inneren Auge hat, muss sich nicht Wind und Wetter aussetzen. Ich bin gern unter freiem Himmel unterwegs, vorzugsweise in der Stadt. Aber als Spaziergänger und nicht, um über Stunden auf irgendeinem Acker oder Rasenstück mit dem Pinsel in der Hand zu verharren.«

Berthe gefällt es, ihre Ansicht zu verteidigen, zumal sie ganz unerwartet einen Verbündeten hat: Eugène Manet. »Was halten Sie davon, wenn Sie unseren Garten in der Rue Franklin zu Ihrem Experimentierfeld machen? Die spätsommerlichen Temperaturen sind angenehm, und das Licht in dieser Jahreszeit hat einen besonderem Reiz. Ich leiste Ihnen Gesellschaft.« Berthe hält inne. Hat sie soeben tatsächlich diesen Vorschlag gemacht? Ja, denn plötzlich verspürt sie Lust, ihren Porträtisten herausfordern. Sie lauscht in die Richtung, in der ihre Mutter wie gewohnt in ihrem Ohrensessel sitzt. Von dort ist kein Laut zu vernehmen. Sei es dass Marie Morisot wie so oft die Augen zugefallen sind oder dass ihr Schweigen ein stilles Einverständnis bedeutet.

»Seit Jahrhunderten arbeiten Maler in einem Atelier, zu jeder Jahreszeit, bei Regen, Wind und Sonne«, entgegnet Édouard Manet mürrisch.

»Mein Bruder war neuen Erfahrungen gegenüber schon immer aufgeschlossen. Édouard sollte seine weitere künstlerische Entwicklung ausschließlich in diesen vier Wänden stattfinden lassen«, scherzt Eugène und macht eine leichte Verneigung in Richtung Berthe. »Wenn es Ihnen recht ist, Mademoiselle Morisot, nehme ich gern Ihre Einladung anstelle meines Bruders an. Wann darf ich mich bei Ihnen einfinden?«

Bis zum Tag des nämlichen Mittwochs hofft Berthe auf gutes Wetter. Wie ärgerlich, wenn es ausgerechnet an diesem Tag regnen würde. Sie möchte unbedingt erfahren, wie Eugène Manet, der Freilichtmaler, der seine Werke niemals in der Öffentlichkeit ausstellt, malt. Glücklicherweise strahlt an diesem Nachmittag die Sonne mit ihrer ganzen spätsommerlichen Kraft.

Berthe trägt zwei Staffeleien in den Garten, ihre eigene und die von Edma. Sie hat ihre Nachbarin Albertine gebeten, Modell zu sitzen. Sie möchte die werdende Mutter darstellen, wie sie auf einer Gartenbank unter einem dunkelrot blühenden Hibiskus-Strauch sitzt und ein Babyjäckchen häkelt. Berthe erklärt soeben, wie Albertine den Kopf neigen und Hände und Wolle im Schoß halten soll, als ihre Mutter in den Garten tritt. An ihrer Seite Monsieur Manet.

Monsieur Édouard Manet!

Sie will etwas sagen, doch Manet kommt ihr zuvor.

»Mein Bruder ist verhindert. Er lässt grüßen. Ist die junge Dame dort vorne unser heutiges Modell?« Sogleich zieht er seinen Malerkittel aus einer ledernen Tasche und wendet sich den Pinseln und Ölfarben zu, die Berthe auf einem Tisch ausgebreitet hat.

Die hastig vorgebrachte Erklärung für die Abwesenheit des Bruders und sein eigenes Erscheinen nimmt Berthe verwundert zur Kenntnis. Manets Worte klangen keinesfalls glaubhaft. Soll sie enttäuscht sein, dass sie nicht erfahren wird, wie sein Bruder Eugène malt, oder soll sie es als persönlichen Erfolg ansehen, dass er, Édouard, nun doch ihre Einladung angenommen hat?

Sie beginnen zu malen. Albertine, die hübsche junge Frau mit dem roten Kraushaar und den Sommersprossen, befolgt lächelnd jede Anweisung, sie hat Berthe schon mehrfach Modell gesessen. Ohne ein Wort miteinander zu wechseln, vertiefen Berthe und Manet sich in ihre Arbeit. Als zwei Stunden später die Nachmittagssonne hinter der Gartenmauer verschwindet, tragen sie die Staffeleien zurück ins Atelier.

»Ich überlasse Ihnen mein Bild als Beweis, dass Sie mich von nun an zu den Freilichtmalern zählen dürfen. Sehen wir uns nächste Woche Freitag in meinem Atelier, Mademoiselle Berthe? Ich werde frische Veilchen besorgen.«

Nachdem Manet sich verabschiedet hat, stellt Berthe beide Bilder Seite an Seite auf die Staffelei. Und was sie neben ihrem eigenen Bild sieht, überrascht sie. Sie sieht ein Gemälde, das aus zarten Pastelltönen besteht und in ein warmes Licht getaucht ist. Sieht Pinselstriche, die mal flüchtig und wie hingetupft erscheinen und dann wie in einem ganz eigenen Rhythmus wirbelnd auf der Leinwand tanzen. Sie sieht Blätter, die durch die Wirkung von Licht und Schatten in den unterschiedlichsten Grüntönen erscheinen. Und dann stellt sie etwas fest, das sie nie für möglich gehalten hätte.

Manets Bild sieht aus, als sei es von ihr gemalt.

Kapitel 28

Das Jahr 1873 beginnt mit einem Ereignis, das die Royalisten in Frankreich tief bewegt. Am 9. Januar stirbt Napoléon III. nach zweijährigem Exil in England.

»Welche Ironie des Schicksals«, klagt Edmé Morisot bei der morgendlichen Zeitungslektüre, »die Deutschen haben zuerst unseren französischen Kaiser vertrieben und dann aus ihrem König einen Kaiser gemacht. Doch irgendwann wird die Vorsehung uns sühnen, es gibt auch so etwas wie eine historische Gerechtigkeit.«

Eine für Marie Morisot und Berthe nicht unerwartete Mitteilung lenkt das Gespräch bei Tisch vom Ableben des Kaisers auf ein zukünftiges, äußerst erfreuliches familiäres Ereignis: Tiburce hat die Absicht geäußert zu heiraten. Seine zukünftige Frau Bernadette Clément stammt aus Aubervilliers, einem nördlichen Vorort von Paris. Seit einem halben Jahr arbeitet sie als Hauslehrerin bei einer hochherrschaftlichen Familie. Sie hat zwei jüngere Schwestern, der Vater ist Rechtsanwalt und die Mutter Belgierin. Nach einem Besuch bei den Eltern der künftigen Schwiegertochter ist Marie Morisot voll des Lobes.

»Die Familie ist reizend, und die drei Kinder sind wohlgeraten. Bernadette ist eine ruhige, zurückhaltende Person, ganz augenscheinlich liebt sie Tiburce. Bald muss sie nicht mehr fremde Kinder beaufsichtigen, sondern kann die eigenen unterrichten. Ihren Eltern hat sie nie Kummer bereitet.« Marie Morisot macht eine Kunstpause, die Berthe ungerührt und ohne eine Miene zu verziehen, vergehen lässt. Sie weiß sehr wohl, was ihre Mutter eigentlich sagen möchte. *Dieses zweiundzwanzigjährige Mädchen ist nicht so störrisch wie du. Sie weiß, was sich für eine Frau gehört, sie will eine eigene Familie gründen und sich in Zukunft nur noch um deren Wohl kümmern.*

Und dann erzählt Madame Morisot, was Tiburce seiner Schwester schon vor Wochen unter dem Siegel der Verschwiegenheit anvertraut hat. »Nach der Hochzeit wird das junge Paar nach Montpellier ziehen. Bernadettes Onkel, der Bruder der Mutter, besitzt ein Weingut in der Languedoc. Er ist kinderlos und leidet seit einer Weile unter Herzschwäche. Deswegen sucht er einen Nachfolger und Erben, den er, solange es seine Kräfte zulassen, auf künftige Aufgaben vorbereiten möchte.« Sie wirft ihrem Mann einen kurzen, sorgenvollen Seitenblick zu. Auch ihn plagen seit geraumer Zeit Herzprobleme, er weigert sich jedoch, diese ernst zu nehmen und einen Arzt aufzusuchen. »Die beiden jüngeren Schwestern von Bernadette sind erst zehn und zwölf Jahre alt, also längst nicht im heiratsfähigen Alter. Der Familienrat im Hause Clément hat beschlossen, dass Tiburce die Leitung des Guts übernehmen soll.«

Berthes Stimmung wird getrübt durch die Nachricht, dass Edma nicht zur Hochzeit des Bruders kommen kann. Sie erwartet ihr zweites Kind und möchte sich die lange Fahrt mit dem Zug nicht zumuten. Umso größer ist ihre Freude, dass Yves und ihr Mann Théodore schon eine Woche vor dem Fest mit der kleinen Paule anreisen. Vier Jahre haben die Schwestern sich nicht gesehen. Der sechs Monate alte Marcel ist zu Hause geblieben, wo er von seiner Amme versorgt wird.

Die fünfjährige Paule hat sich zu einem aufgeweckten und zutraulichen Mädchen entwickelt. Am liebsten leistet sie Berthe im Atelier Gesellschaft, wo sie mit Hingabe Farben auf der Palette anmischt und ihrer Tante die verschiedenen Pinsel anreicht. Wenn Paule mit strahlenden Augen und über und über mit Farbklecksen versehen ihr neuestes Werk vorzeigt, verspürt Berthe eine nie gekannte Sehnsucht in sich. Dann stellt sie sich vor, Paule wäre nicht ihre Nichte – sondern ihre Tochter.

Die Hochzeit findet Anfang Mai bei strahlendem Wetter in Aubervilliers statt. Anders als bei ihren Töchtern Yves und Edma muss sich Madame Morisot keine Gedanken um die Feierlichkeiten machen. Organisation und Kosten übernehmen die Eltern der Braut. Die Verwandten des Bräutigams dürfen sich als Gäste fühlen. Paule und eine kleine Cousine Bernadettes übernehmen die Rolle von Blumenmädchen. Wegen ihrer kindlichen Unbefangenheit und Anmut schließen alle Hochzeitsgäste die beiden sofort in ihr Herz. Berthe merkt sich jede Einzelheit. Sie will Edma später Zeichnungen schicken und die Schwester auf diese Weise an der Zeremonie teilhaben lassen.

Der Abschied von Tiburce fällt Berthe nicht so leicht, wie sie vermutet hat. Auch wenn sie zwei unterschiedliche Charaktere sind und durch den Altersunterschied nur wenig Gemeinsames haben, gibt es offenbar ein unsichtbares Band, das sie geschwisterlich vereint. Auch Tiburce erscheint beinahe wehmütig.

»Ich habe mir deine Worte zu Herzen genommen und meine Braut gefragt. Bernadette hat mir versichert, dass sie nur auf Wunsch der Eltern die Stelle als Hauslehrerin angenommen hat. Sie ist erleichtert, dass sie künftig keine verzogenen Kinder fremder Leute mehr unterrichten muss.«

Berthe ist überrascht über sein Eingeständnis – und auch gerührt. »Aber, Tiburce, seit wann nimmst du dir zu Herzen, was deine ältere Schwester sagt?«

Er zuckt mit den Schultern und setzt ein schiefes Grinsen auf. »Das geschah nur ausnahmsweise. Damit du mich in guter Erinnerung behältst.«

Ganz gegen ihren Willen muss Berthe lachen. »Die Überraschung ist dir gelungen. Ich wünsche dir und Bernadette eine glückliche Zukunft. Allerdings habe ich mir nie vorstellen können, dass du einmal Winzer wirst. Vermutlich ist es deswegen genau die Aufgabe, die zu dir passt.«

Tiburce nimmt seine Schwester in den Arm, und dann blitzt noch einmal sein gewohnter Spott auf. »Solltest du dich irgendwann entscheiden, das Wassertrinken aufzugeben, lasse ich dir regelmäßig meinen besten Weißwein zukommen. Von nun an musst du ohne meinen brüderlichen Schutz klarkommen. Pass gut auf dich auf, Berthe, und lass dich nicht von heiratswütigen Männern um den Finger wickeln.«

Kapitel 29

Bei der Ankunft in Lorient Anfang August findet Berthe ihre Schwester Edma blass und erschöpft vor. Die Geburt des zweiten Kindes verlief schwieriger als die erste. Sie will sich in den nächsten Wochen um ihre dreieinhalbjährige Nichte kümmern, damit Edma sich ausruhen und wieder zu Kräften kommen kann.

An sonnigen Tage spielt sie mit Jeanne im Garten Verstecken, Fangen und Ringelreihen. Oft kommen Nachbarskinder vorbei, und es wird getobt, gelacht, gestritten und sich wieder versöhnt. Besonders mag die Kleine, wenn Berthe ihr Geschichten vorliest, die sie sich ausgedacht und mit lustigen Zeichnungen versehen hat. Dann blättert Jeanne durch das selbst gebundene Heft und klatscht vor Freude in die Hände, wenn sie sich auf den Bildern wiedererkennt. Bei Regenwetter lockt Berthe die Kinder auf den Dachboden. In einer großen Holztruhe finden sie Wäsche, Stoffreste, Hüte und alte Gardinen. Wenn Jeanne und ihre Freunde als Räuber, Prinzessin, Gendarm oder Tänzerin verkleidet für sie ein improvisiertes Stück aufführen, fühlt sie sich an ihre eigene Kindheit erinnert.

Manchmal sitzt sie zusammen mit Edma an der Wiege, in der

Blanche satt und zufrieden schläft. Mit dem Kreidestift hält Berthe die anrührende Szene fest, wie ihre Schwester gedankenverloren und voller Zärtlichkeit die kleine Tochter betrachtet.

»Ich beneide dich und Yves, weil ihr Kinder habt«, gesteht Berthe einmal, und Edma blickt verwundert zu ihr herüber.

»Wer sagt denn, dass du nicht auch einmal Kinder haben wirst?«

»Ach, Edma, ich frage mich, wie so etwas zusammengehen soll. Kinder brauchen viel Aufmerksamkeit, genauso wie die Malerei. Vermutlich sogar noch mehr.«

»Bist du erst einmal verheiratet, werden dir Pinsel und Leinwand nicht fehlen«, erklärt Edma energisch und fest, während sie die frisch gewaschene Kleidung ihrer jüngsten Tochter zusammenfaltet. »Du wirst so viele interessante Aufgaben haben, da ist die Malerei schnell vergessen.«

»Und was sollen das für Aufgaben sein?«, fragt Berthe skeptisch.

»Einen Haushalt zu führen – und damit meine ich einen Haushalt in der Stadt – bedeutet, dass du dafür sorgen musst, dass die Dienstboten alles nach deinen Anweisungen erledigen. Das Silberbesteck muss geputzt sein, nirgendwo darf ein Staubkorn herumliegen, die Fenster müssen glänzen, die Wäsche muss gewaschen und geplättet werden.« Liebevoll streicht sie mit den Fingern über den bestickten Kragen eines Babyjäckchens. »Du wirst Soiréen geben, an der Seite deines Mannes auf Empfänge gehen, in die Oper oder zu Ausstellungen … Man muss sich schließlich zeigen, wenn man in einer Stadt wie Paris lebt.«

»Auf derartige Erfahrungen verzichte ich gern. Ich bin anders als Yves und du. Ihr seid glücklich mit dem Leben, das ihr führt, oder etwa nicht?«

Edma steckt zwei winzige Strümpfe ineinander und denkt einige Sekunden nach. »Dieses Nest hier besteht aus einer Reihe von Häusern, einer Kirche und einer Kriegsflotte im Hafen. In den ersten Monaten habe ich mich oft nach Paris gesehnt. Aber seitdem ich Mutter bin, kann ich mir kein anderes Leben mehr vorstellen. Ein gesundes Kind zu bekommen ist das Größte, was das Schicksal einer Frau bescheren kann … Was ist mit Eugène Manet? Er scheint so ganz anders zu sein als sein Bruder.«

Berthe erzählt, wovon sie schon in ihren Briefen berichtet hat. Von ihrer ersten Begegnung auf der Straße, seinen gelegentlichen Besuchen im Atelier in der Rue de Saint-Pétersbourg, von seinem Vorschlag, anstelle des Bruders gemeinsam mit Berthe im Freien zu malen, was Édouard aber vereitelt hat …

»So, wie du ihn schilderst, muss er ein empfindsamer Mensch sein. Offenbar ist er unverheiratet, denn sonst hättest du eine Ehefrau erwähnt. Und er gefällt dir kein bisschen?«

»Doch, aber nicht so sehr, dass ich von meinen Prinzipien abrücken würde.« In diesem Moment stellt Berthe fest, dass sie, seitdem sie in Lorient angekommen ist, oft an Paris gedacht hat. Besonders an Eugène Manet.

Bei ihrer Abreise lässt Berthe eine gestärkte Schwester zurück. Doch bei der Ankunft in Paris findet sie einen kränkelnden Vater vor. Seit Monaten schon klagt Edmé Morisot über Herzprobleme, mal hat er Schmerzen im Brustkorb, mal ist er so kurzatmig, dass er kaum die Stufen zu seinem Dienstzimmer im Rechnungshof hochgehen kann. Dann lassen die Beschwerden nach, und er hält es nicht mehr für erforderlich, einen Arzt zu konsultieren. Sehr zum Missfallen seiner Ehefrau Marie, die mit Engelszungen auf ihn einredet, jedoch vergeblich.

»Ich bin ein Staatsdiener und folglich eine tragende Säule unseres Volkes. Ich kann es mir nicht erlauben, krank zu sein. Das bin ich auch nicht, es handelt sich lediglich um ein vorübergehendes Unwohlsein. Vermutlich vertrage ich keine stark gewürzten Speisen mehr. Bitten Sie Margot, mit Salz und Pfeffer sparsamer umzugehen«, versucht er seine Frau abzulenken und zu beruhigen.

Frau und Tochter bemerken sehr wohl, dass es Edmé Morisot nicht gut geht, er sich aber niemals eine Schwäche eingestehen würde. Und so erlebt Berthe eine immer besorgter werdende Mutter und einen Vater, der jeden wohlmeinenden Ratschlag, was seine Gesundheit angeht, schroff abwehrt. Alle Ärzte seien Quacksalber, so erklärt er, und würden sich nur an ihren Patienten bereichern. »Aber nicht mit mir, an mir werden sie sich keine goldene Nase verdienen«, protestiert er dann.

Von Tag zu Tag wird er wütender. So glaubt er, seine Frau wolle ihn, den Haushaltsvorstand, bevormunden, und seine jüngste Tochter enthalte ihm aus purer Selbstsucht einen Enkel vor. Er schimpft auf seine Kollegen im Ministerium, die angeblich hinter seinem Rücken bereits Ränke um seine Nachfolge schmieden, und auf Margot, die ihn, wie er meint, mit scharfen Gewürzen vergiften will.

Berthe, die als Einzige von den vier Kindern noch im Elternhaus lebt, erkennt ihren Vater nicht wieder. Er, der sich früher gegenüber allen Themen, die nichts mit Politik und Finanzen zu tun hatten, gleichgültig zeigte, wird mit einem Mal zu einem unzufriedenen, launischen, aufbrausenden Menschen.

Ablenkung von ihren kummervollen Gedanken findet sie im Atelier von Édouard Manet, der sie malt, wie sie auf einem Kanapee ruht, in einem schwarzen Sommerkleid mit spitzenbesetztem Ausschnitt, um den Hals ein schmales, geknotetes Samtband. Ohne Hut oder Fächer oder Schleier. Aber mit einem Blick aus ihren wunderschönen dunklen, klaren Augen, der auf dem Betrachter wie auf dem Porträtisten liegt – und gleichzeitig durch sie hindurchgeht.

Paris, den 15. Dezember 1873
Meine liebste Edma!
Über die Zeichnungen, die Du mir von Deinen Mädchen geschickt hast, freue ich mich jeden Tag. Die kleine Blanche wird in wenigen Tagen ihr erstes Weihnachten erleben, und Jeanne feiert demnächst schon ihren vierten Geburtstag. Ich kann verstehen, dass Du eine stolze Mutter bist. Oft denke ich an die Zeit zurück, die wir gemeinsam im Elternhaus verbracht haben. Achtundzwanzig Jahre … vielleicht werden Jeanne und Blanche sich einmal ähnlich eng verbunden fühlen wie wir. Als Schwestern und auch Freundinnen.
Ich hatte Dir geschrieben, dass Maman und ich in Sorge um Papa sind. Er atmet schwer und muss sich auf einen Stock stützen, seine Gesichtshaut ist aschfahl. Sobald wir das Thema Ärzte nur andeuten, braust er auf und wirft uns vor, wir seien theatralisch und würden aus einer Mücke

einen Elefanten machen. Er ließe sich von niemandem als alten und kranken Mann hinstellen. Es ist nicht einfach für uns. Maman macht sich Vorwürfe, wenn sie etwas zu seinem Gesundheitszustand sagt, und ebenso, wenn sie nichts sagt.
Letzte Woche habe ich das Bild, wie Du an der Wiege von Blanche sitzt, beendet. Ich glaube, es ist eines meiner besten.
Gesegnete Weihnachten euch allen. Gib meinen beiden süßen Nichten einen dicken Kuss und grüß Adolphe von mir.
Deine Berthe

Kapitel 30

Am Nachmittag des 24. Januar 1874 steht ihre Mutter in Tränen aufgelöst an der Tür zum Atelier. Berthe weiß sofort, was geschehen ist. Ihr Vater Edmé Tiburce Morisot ist tot. Friedlich eingeschlafen in seinem Lieblingssessel im Bibliothekszimmer, wie ihr die Mutter später erzählen wird.

Zur Trauerfeier kommen Yves, Edma und Tiburce mit ihren Ehepartnern an, die Kinder sind zu Hause geblieben und werden von ihren Ammen oder Nachbarn betreut. Zwei Tage nach der Beerdigung reisen alle wieder ab. Für Berthe bleibt als kleiner Trost, dass die älteste Schwester Yves mittlerweile in Cambrai wohnt, in der Nähe der belgischen Grenze, wohin ihr Ehemann versetzt wurde. Wegen der geringeren Entfernung zu Paris wollen sich die Schwestern demnächst häufiger besuchen.

Von nun an sind Berthe, ihre Mutter und Margot allein im Haus. Marie Morisot scheint sich widerstandslos in ihr Schicksal zu fügen. Von klein auf hatte Berthe den Eindruck, dass die Beziehung ihrer Eltern von gegenseitigem Respekt, nicht aber von Zuneigung geprägt war. Anfang März, nach dem Sechswochenamt, öffnet Marie Morisot wieder ihren Salon. Sie ist der Meinung, dass gesellschaftliche Verpflichtungen ebenso einzuhalten sind wie die Zehn Gebote. Und so nimmt sie mit Würde die Beileidsbekundungen der Gäste und pietätvoll vorgebrachten Lobeshymnen über den verstorbenen Gatten entgegen.

Da ihr das Gehen zunehmend schwerfällt, sieht sie sich gezwungen, eine sehr persönliche Pflicht abzutreten. Sie kann nicht länger die Aufpasserin für ihre jüngste Tochter geben. Diese Aufgabe soll künftig Madame Géraldine La Borde übernehmen. Die sechzigjährige einstige Sängerin ist erst vor Kurzem in die Nachbarschaft gezogen. Sie hat viele Jahre in Bordeaux gelebt und ist ebenfalls frisch verwitwet. Ihr Mann war Leiter eines Hospitals und wollte den Ruhestand in seiner Heimatstadt Paris verbringen. Der einzige Sohn ist als Kapitän auf den Ozeanen unterwegs.

Madame La Borde ist eine freundliche, zurückgenommene Person mit weißblonden Locken. Sie trauert um ihren Mann und vermisst ihren Sohn. Die Ausflüge als Begleitperson erachtet sie als willkommene Unterbrechung in ihrem ereignisarmen Alltag.

»Einen so berühmten Maler wie Monsieur Manet würde ich vermutlich nie kennenlernen, Mademoiselle Morisot. Schließlich konnte ich in der kurzen Zeit, die ich in Paris lebe, noch keine gesellschaftlichen Kontakte knüpfen. Was für mich als Witwe jetzt doppelt schwierig wird. Deswegen ist es mir eine besondere Freude, an Ihren Sitzungen teilhaben zu dürfen«, beteuert sie. Berthe fragt sich nicht zum ersten Mal, warum eine Frau im Atelier eines Malers größeren moralischen Gefährdungen ausgesetzt sein soll als ein Mann – weswegen Frauen eine achtbare Begleitperson an ihrer Seite benötigen, Männer hingegen nicht.

Mit der ausgestreckten Rechten eilt Manet ihr entgegen. »Mein Beileid zum Tod Ihres Vaters, Mademoiselle Berthe. Richten Sie bitte auch Ihrer Mutter mein Mitgefühl aus. Mein Vater verstarb vor zwölf Jahren, ein Verlust, der auch heute noch schmerzt. Umso mehr weiß ich zu schätzen, dass Sie meiner Einladung gefolgt sind.«

»Meine Mutter trägt ihr Schicksal mit bewundernswerter Haltung. Der Arzt hat ihr aber geraten, sich künftig mehr zu schonen. Sie lässt sich heute von Madame La Borde vertreten.«

Galant führt Manet die Begleitdame zum Ohrensessel, dem angestammten Platz von Marie Morisot, und wendet sich wieder Berthe zu. »Unsere Gemütslage kann sich in unserer Kleidung widerspiegeln. Mit Ihren Handschuhen und dem langen Schleier über dem Hut bringen Sie für jedermann sichtbar ein Gefühl der Trauer zum Ausdruck. Am liebsten würde ich Sie so malen, wie Sie jetzt vor mir stehen, Mademoiselle Berthe, als eine junge, um einen Verstorbenen trauernde Frau. Oder empfinden Sie eine solche Darstellung als unangemessen und zu persönlich?«

Nicht persönlicher als all die Bilder zuvor, denkt Berthe. Manet hat es noch nicht bemerkt und wird es vielleicht nie bemerken. In den Momenten, in denen sie sich seinen eindringlichen, forschenden Blicken ausliefert, gibt sie nur ihr Äußeres preis, ihre Statur, ihre Kleidung, das Haar. Sie präsentiert ihm eine Hülle. Wie es um ihr Inneres bestellt ist, weiß sie allein. Selbst wenn sie sich nackt malen ließe, würde sie dennoch niemals ihre Seele offenbaren.

»Ich bin einverstanden, Monsieur Manet. An welches Format haben Sie gedacht?«

Eine vertraute Prozedur beginnt, wie schon viele Male zuvor. Berthe nimmt auf dem Sofa Platz, und Manet begibt sich vor die Staffelei. Sie vernimmt das kratzende Geräusch des Kreidestiftes, mit dem Manet auf der Leinwand die Umrisse skizziert. Sein Haar über der Stirn ist lichter geworden, stellt sie fest, und die Falten um die Augen erscheinen tiefer. Trotzdem umgibt ihn nach wie vor eine fesselnde Aura, wie sie bei jeder Soirée ihrer Mutter feststellen kann. Augenfällig besonders dann, wenn er Frauen gegenübersteht. Sie hingegen wird niemals altern, zumindest auf seinen Bildern nicht, für die kommenden Generationen wird sie immer eine Frau um die Dreißig sein. Im wahren Leben aber ist sie vor wenigen Wochen dreiunddreißig Jahre alt geworden. Der Tod des Vaters hat sie an ihre eigene Endlichkeit erinnert. Wie viel Zeit wird ihr noch bleiben? Zehn Jahre, dreißig Jahre, fünf Tage …?

»… allerdings habe ich nicht die Absicht, mich ihnen anzuschließen«, hört sie Manet in entschiedenem Ton sagen.

»Bitte entschuldigen Sie, was sagten Sie soeben?«, fragt Berthe verwirrt.

»Ich sprach von meinen Besuchen im *Café de la Nouvelle Athènes*. Seit einiger Zeit trifft sich dort eine Gruppe von Malern, die sich vom *Salon* unabhängig machen wollen. Ihnen sind die Mitglieder der Académie zu alt und die Regularien zu starr. Sie planen eine eigene Ausstellung in eigenen Räumlichkeiten.«

Mit einem Mal ist Berthe hellwach und voller Konzentration. »Das klingt interessant. Vor zehn Jahren habe ich das erste Mal am *Salon* teilgenommen, und bei jedem meiner Besuche hatte ich das Gefühl, die Malerei sei stehengeblieben, während die Welt eine andere geworden ist. Viele Bilder hätten so oder so ähnlich auch vor fünfzig oder hundert Jahren gemalt werden können. Wer gehört denn zu dieser neuen Gruppe?«

Manet tritt neben die Staffelei und macht ihr mit dem Pinselstil ein Zeichen. Sie strafft die Schultern und hebt das Kinn um einen Fingerbreit.

»Einige sind Ihnen bekannt. Degas ist dabei, Cezanne, Renoir, Monet, Pissaro und Sisley. Ich soll ebenfalls mitmachen, aber wie ich vorhin sagte, habe ich nicht die Absicht, mich ihnen anzuschließen. Ich bin Individualist und nicht Mitglied irgendeiner Gemeinschaft. Allerdings hat mein Bruder Eugène sich ihnen als Vermittler und Rechtsberater angedient ... offenbar hat er nichts Besseres zu tun.«

Manets Bemerkung klingt abwertend. Berthe ist neugierig. Sehr neugierig sogar.

Die Unterhaltung am Abendtisch zwischen Berthe und ihrer Mutter dreht sich meist um deren körperliches Befinden, um Rückenschmerzen, Magendrücken, um angeschwollene Füße, um ihre Schlaflosigkeit und darum, in welcher Dosis Docteur Martinet ihr welche Medikamente verschrieben hat. Von denen sie aber manche nicht verträgt, weswegen sie den Arzt erneut konsultieren muss. Berthe scheint es, als wolle ihre Mutter all die Gespräche über Krankheiten nachholen, die ihr zu Lebzeiten ihres Mannes verwehrt waren.

Diesmal aber kommt die Mutter ohne Umschweife auf ein anderes Thema zu sprechen. Sie zieht einen Brief aus der Rocktasche und klemmt sich ihr Monokel vor das Auge.

»Heute erreichte mich ein Brief unseres langjährigen Freundes Monsieur Degas. Er schreibt von einer Schau, die im Atelier des Fotokünstlers Nadar stattfinden soll. Wo steht es denn? Ach, hier ...« Sie rückt ihr Monokel zurecht, »... *diese Ausstellung soll die ganze Bandbreite der Malerei unserer Gegenwart abdecken. Wir halten Mademoiselle Berthes Talent für zu bedeutend, als dass wir ohne sie auskommen könnten. Zwar ist Monsieur Édouard Manet der Ansicht, ihre Teilnahme sei eine höchst brisante Idee, bedeute sie doch den Eintritt einer Frau in eine künstlerisch radikale Vereinigung von Männern ...*« Marie Morisot hält inne und macht ein nachdenkliches Gesicht. »Sicher hat Monsieur Manet recht mit seiner Einschätzung. Schließlich ist er dir wohlgesinnt. Hätte er sonst das Doppelporträt von Edma und mir überarbeitet und persönlich der Académie übergeben?«

Manet ist nur sich selbst wohlgesinnt, brodelt es in Berthe. Warum maßt er sich bereits im Voraus ein Urteil an? Schließlich ist es allein ihre Entscheidung, ob sie sich einer Künstlergruppe anschließt oder nicht.

»Ich möchte derart unqualifizierte Äußerungen nicht kommentieren«, klärt Berthe die Mutter auf und kann ihre Erregung nur mit Mühe unterdrücken. »Lesen Sie bitte weiter vor, Maman, was schreibt Monsieur Degas außerdem?«

Marie Morisot wirft ihrer Tochter einen mahnenden Blick zu und fährt fort zu lesen. »... *zwar schätzen wir alle die fachlichen*

Qualitäten von Monsieur Manet. Da er sich aber unserem Verein nicht anschließen will, müssen wir seine persönliche Meinung auch nicht berücksichtigen. Ich bitte Sie sehr, verehrte Madame Morisot, Ihre Tochter Berthe im Namen der nachfolgend unterzeichnenden Maler zur Teilnahme zu bewegen. Ich verbleibe mit den allerherzlichsten Grüßen Ihr Edgar Degas. Unterzeichnet haben auch noch ...« Madame Morisot hält den Briefbogen mit ausgestrecktem Arm ein Stück von sich entfernt und zwinkert. »Diese Künstler haben wirklich keine manierliche Handschrift, ich lese die Namen *Renoir, Monet, Sisley* und ... ich glaube, das soll *Pissaro* heißen.«

Mit einem Gefühl der Genugtuung begibt sich Berthe zur nächsten Sitzung in die Rue de Saint-Pétersbourg. Sie ist zurückgenommen und freundlich, wartet neugierig ab, ob Manet von sich aus auf die neue Malergruppe zu sprechen kommt. Doch er erzählt ausschweifend von seinem Plan, im Herbst mit seiner Frau und seinem alten Malerfreund James Tissot nach Venedig zu fahren. Tissot hatte sich im Frühjahr 1871 der Commune angeschlossen. Nach der blutigen Niederschlagung des Aufstands war Tissot, um der Verfolgung zu entgehen, nach London geflohen.

Erst bei der Verabschiedung spricht Berthe aus, was sie während der Sitzung bewusst zurückgehalten hat. »Sie haben die Absicht, die italienische Malerei der Vergangenheit mit einem Freund zu diskutieren, Monsieur Manet. Ich dagegen habe die Absicht, die französische Malerei und deren Zukunft mit Gleichgesinnten zu diskutieren.«

Manet lächelt wissend und herablassend. »Als hätte ich es

geahnt ... unser Freund Degas hat also versucht, Sie als Mitglied einer Gruppe von Traumtänzern zu gewinnen, noch dazu als Frau. Glauben Sie mir, der *Salon* ist der einzig vorstellbare gesellschaftliche und politische Rahmen, um die eigenen Werke der Öffentlichkeit vorzustellen. Hunderttausende Besucher aus dem In- und Ausland reisen Jahr für Jahr zu diesem kulturellen Höhepunkt an.« Er deklamiert wie ein Schauspieler in einem Drama oder wie ein Pfarrer auf der Kanzel, denkt Berthe und ist keinesfalls überzeugt, sondern verärgert. Wurden nicht mehrere seiner Bilder vom *Salon* abgelehnt? Und jetzt bezeichnet er diese Institution als die für Maler allein vorstellbare? Redet er mal so, mal so, wie es ihm gerade am besten in seine Beweisführung passt?

»Niemand wird sich für eine kleine, von Privatleuten organisierte Ausstellung interessieren. Ich rate Ihnen dringend, Mademoiselle Berthe, lassen Sie sich nicht mit solchen Dilettanten ein. Das ist keine Rolle für Sie.«

Ich habe Sie aber nicht um Ihren Rat gefragt, Monsieur Manet, und mich interessiert Ihr Urteil von nun an auch nicht mehr, ruft sie ihm lautlos zu. Ich entscheide für mich, was ich zu tun und zu lassen gedenke. Und wenn ich zu der Überzeugung gelange, dass ich durch diese Gemeinschaft Anerkennung und zusätzliche Käufer finde, schließe ich mich ihr an. Dann bin ich nicht mehr nur auf die Altherren von der Académie oder Monsieur Durand-Ruel angewiesen, der meine Bilder in seiner Galerie vertreibt. Zwar muss ich mir mit meiner Malerei nicht meinen Lebensunterhalt verdienen, was ich sehr wohl als Privileg betrachte. Dennoch ist Geld die bedeutsamste Form der Anerkennung – besonders für eine Frau.

»Ich akzeptiere, dass Sie dieser Meinung sind, Monsieur Manet, wenngleich ich sie nicht teile. Au revoir.«

Auf dem Nachhauseweg hält der Kutscher in der Avenue Montaigne für einige Minuten an, weil das Gefährt vor ihm eine Ladung Weinfässer verloren hat. Die Unterbrechung gibt Berthe Zeit, in Ruhe nachzudenken. Dann fasst sie einen Entschluss. Sobald dieses Gemälde beendet ist, wird sie nie wieder für Manet Modell stehen.

Wenige Tage später erhält Berthe einen an sie persönlich gerichteten Brief von Puvis de Chavanne. Er habe von seinem guten Freund Manet erfahren, so schreibt er, dass sie beabsichtige, mit einer Gruppe von Malern zu kooperieren, die sich gegen bewährte Institutionen stellen wollten. Als langjähriger Freund der Familie und in besonderer Verbundenheit mit ihrem verstorbenen Vater sähe er es als seine Pflicht an, Berthe von einem solchen Schritt abzuraten. Sie solle sich nicht zu Aktionen herablassen, die einer Frau und auch ihrer Herkunft nicht würdig seien.

Kopfschüttelnd liest Berthe die Zeilen. Glaubt Manet, er müsse sich Unterstützung bei einem Freund suchen, um sie von etwas abzuhalten, von dem sie mehr denn je überzeugt ist? Wieso bildet er sich ein, sie beeinflussen zu können? Und warum will er dies? Hat er vor etwas Angst?

Aus dem Bibliothekszimmer holt Berthe den silbernen Aschenbecher in Form einer Muschelschale, ein Geschenk des Finanzministeriums zum fünfzigsten Geburtstag ihres Vaters. Sie geht ins Atelier und öffnet das Fenster zum Garten. Mit einem Streichholz entzündet sie den Brief und wartet, bis nur noch ein kleiner verkohlter Rest in der Schale übrig ist. Dann holt sie tief Luft und pustet die Asche in den Wind.

»Mademoiselle Berthe?«, hört sie die Stimme des Hausmädchens. Margot steht in der Ateliertür und hält etwas in der Hand. »Dieses Telegramm wurde soeben für Sie abgegeben.«

Berthe liest die Zeilen, und diesmal lächelt sie.

Verehrte Mademoiselle Morisot, ich komme am nächsten Dienstag mit Monsieur Renoir zur Soirée und hoffe, dass Sie Zeit für eine Unterredung haben. Herzlich, Ihr Edgar Degas

Kapitel 31

Berthe gibt der Bitte der Gäste nach und setzt sich an den Flügel. Deren Wunschkomponist ist, wie meistens, Chopin. Zuerst spielt sie eine Ballade, dann einen Walzer und schließlich einen Volkstanz aus der polnischen Heimat des Komponisten, eine Mazurka. Als der Beifall der Gäste endet, zieht sie sich mit ihren Malerkollegen Edgar Degas und Pierre-Auguste Renoir an ein Tischchen zwischen zwei mannshohen Palmen neben dem Kamin zurück. Damit die Gäste weiterhin mit Gebäck und Getränken versorgt werden, hat sie Margot gebeten, diese Aufgabe heute zu übernehmen. So kann sie sich ohne schlechtes Gewissen der Mutter gegenüber ihren beiden Gesprächspartnern widmen.

Renoir, ein ernst dreinblickender Mann mit dunklem Haar und hohem Seitenscheitel, beginnt die Unterredung. »Kommen wir direkt auf unser Anliegen zu sprechen, Mademoiselle Morisot. Wie Ihnen bereits zu Ohren gekommen ist, wollen wir uns, zusammen mit einigen gleichgesinnten Malern, vom *Salon* unabhängig machen. Die Jury der Académie besteht aus einer Riege betagter Männer, ihre Ansichten entstammen einem anderen Zeitalter. Wir leben in der zweiten Hälfte des neunzehnten Jahrhunderts, wir brauchen nicht noch mehr Gemälde, auf denen antike Götter oder unsere ruhmreiche Vergangenheit verherrlicht werden.«

Degas nickt einige Male. »Wir verfolgen neue ästhetische Ziele und möchten das Publikum mit Themen der Gegenwart konfrontieren. Zudem wollen wir für uns, die Künstler, neue Verkaufsmöglichkeiten erschließen. Für die Besucher dürfte es reizvoll sein, Neuartiges zu entdecken und nicht länger die Art von Gemälden vorzufinden, die sie ohnehin zu Hause an den Wänden hängen haben – womöglich von den Eltern und Großeltern geerbt.«

»In den letzten zwei bis drei Jahrzehnten ist die Welt vielfältiger und schneller geworden, nehmen Sie nur als Beispiel die Eisenbahn«, setzt Berthe die Gedankengänge von Degas und Renoir fort. »Diese Veränderungen müssen sich auch in unserer Art zu malen widerspiegeln. Wir müssen die althergebrachte akademische Malerei mit ihrer gleichförmigen, peniblen Pinselführung überwinden und die Flüchtigkeit des Augenblicks festhalten.«

Eine lebhafte Diskussion entspinnt sich, und Berthe fühlt sich mit allen ihren Fragen und Anregungen verstanden und akzeptiert. Welch ein Unterschied zu den düsteren Mahnungen eines Édouard Manet oder Puvis de Chavanne.

»Für die Präsentation will uns Monsieur Nadar sein ehemaliges Atelier zur Verfügung stellen. Und Monsieur Eugène Manet hat sich angeboten, unseren Verein in sämtlichen Rechtsfragen zu unterstützen. Außerdem will er den Katalog verfassen, in dem die Künstler mit ihren Werken vorgestellt werden sollen«, erklärt Renoir und wirft seinem Freund einen bedeutungsvollen Blick zu. Degas versteht und wendet sich an Berthe. Er räuspert sich, um dann seine ganze Überzeugungskraft in die folgenden Worte zu legen.

»Wir kennen alle Bilder, die Sie in den letzten Jahren im *Salon* gezeigt haben, Mademoiselle Morisot. Wir sind voll der Bewunderung, wie es Ihnen gelingt, Personen lebendig erscheinen zu lassen und Landschaften zum Leuchten zu bringen. Im Namen des Vereins unabhängiger Maler möchte ich Sie bitten, unserer Gruppe beizutreten. Als vollwertiges Mitglied und – das wird Sie hoffentlich nicht abhalten – als einzige Frau.«

Berthe braucht einige Sekunden, um das Gesagte in Gedanken zu wiederholen und – zu begreifen. Soeben ist sie darum gebeten worden, sich einer Vereinigung angesehener Maler anzuschließen. Als einzige Frau! Noch nie war sie ihrem Ziel so nahe. »Messieurs, ich bin dabei.«

Weil Berthe aufgrund der gesellschaftlichen Konvention als unverheiratete Frau nicht an den Treffen im *Café de la Nouvelle Athènes* teilnehmen kann, hält Edgar Degas sie mit kurzen Briefen über die weitere Entwicklung auf dem Laufenden. Bald steht fest, dass die erste Ausstellung der Gruppe unabhängiger Maler vom 15. April bis 15. Mai 1874 in den ehemaligen Atelierräumen von Nadar, Boulevard des Capucines 35, stattfinden soll. Angemeldet haben sich dreißig Teilnehmer.

Bei den nächsten Porträtsitzungen zeigt Berthe sich freundlich, aber reserviert. Von sich aus spricht sie die neue Malergruppe nicht an, ebenso wenig wie Manet. Für das Porträt mit dem Trauerhut hatte sie Wochen zuvor ihre Mitwirkung zugesagt, also wird sie bis zum Schluss ausharren. So viel Konsequenz ist sie sich selbst schuldig. Sie hofft allerdings, dass das Bild möglichst schnell fertig wird.

... Ich würde mir gern einen Überblick über die Exponate verschaffen, die Sie in der Ausstellung der Unabhängigen zeigen möchten ... hatte Eugène Manet ihr geschrieben und sein Kommen für den nächsten Jour fixe angekündigt. Berthe bittet Madame La Borde, sich an diesen Tag in der Rue Franklin einzufinden, damit sie ohne mütterliche Einmischung die Auswahl ihrer Bilder mit Monsieur Eugène Manet besprechen kann.

Dieser zeigt sich beeindruckt von Berthes Atelier mit den bodentiefen Fenstern, durch die vom Garten her die Frühlingssonne scheint. Ebenso beeindruckt ihn die Vielzahl ihrer Werke, die zu Hunderten gerahmt und ungerahmt an den Wänden hängen und hintereinander oder in Stapeln auf dem Boden stehen.

»Was für ein inspirierender Ort für eine Malerin. Sie stimmen mir sicher zu, nicht wahr, Madame La Borde?« Er wartet das Kopfnicken der Begleitdame, die in einem Sessel an der Terrassentür Platz genommen hat, ab und wendet sich wieder Berthe zu. »Von der Staffelei aus müssen Sie nur wenige Schritte tun, und Sie betreten einen wunderschönen Garten mit altem Baumbestand. Diese Naturidylle finde ich in vielen Ihrer Bilder wieder, Mademoiselle Morisot. Auch in den Porträts scheinen Sie Harmonie und Stille zu bevorzugen.« Er deutet auf die beiden nebeneinanderstehenden Gemälde auf Edmas Staffelei, die Berthe und Édouard Manet einige Wochen zuvor mit der werdenden Mutter Albertine als Modell gemalt haben. »Mich überzeugt die linke Version. Die Farbverläufe, Sonnenlicht, Schatten … all das ist stimmig ausgeführt. Bei der rechten vermute ich, dass ein Ateliermaler sich an der Freilichtmalerei versucht hat, habe ich recht?«

Berthe beantwortet sein Augenzwinkern mit einem Lächeln. Erstaunlich, dass er den Pinselstrich seines Bruders sogar dann wiedererkennt, wenn dieser sich in einem neuen Genre versucht. Nunmehr kommt Eugène Manet auf den eigentlichen Anlass seines Besuches zurück.

»Letzten Freitag habe ich die Maße im Atelier Nadars genommen. Jeder Maler kann maximal zehn Werke ausstellen, das ergibt bei dreißig Künstlern dreihundert Gemälde und Skulpturen. Vermutlich haben Sie sich schon überlegt, welche Bilder für die Ausstellung infrage kommen. Wollen wir uns Ihre Vorauswahl gemeinsam anschauen?«

Wie entschlossen und zugleich herzlich dieser Mann spricht, stellt Berthe fest. Außer der Liebe zur Malerei und der äußerlichen Ähnlichkeit scheint er mit seinem Bruder wenig gemeinsam zu haben.

»Meiner Ansicht nach sollten Sie Porträts, Hafenansichten und Gartenszenen zeigen, darunter Ölgemälde sowie Pastelle und Aquarelle. Somit erhält der Betrachter ein vollständiges Bild Ihres vielseitigen malerischen Könnens.« Berthe stimmt uneingeschränkt zu. Sie hat das Gefühl, dass für das Ausstellungsexperiment kein besserer Kurator als ihr Gesprächspartner hätte gefunden werden können. Dieser will aber noch mehr von ihr wissen.

»Da man mich auch mit dem Erstellen des Katalogtextes beauftragt hat, Mademoiselle Morisot, möchte ich gerne einiges über Ihren künstlerischen Werdegang und die zehn ausgewählten Exponate erfahren. Wann haben Sie mit dem Malen begonnen, wer waren Ihre Lehrer, wo haben Sie bereits ausgestellt, was stellen die Bilder dar …?« Eugène Manet zieht ein Notizbuch und einen Stift aus seinem Jackett und blickt sie abwartend und konzentriert an.

»Nehmen wir dort auf dem Sofa Platz«, schlägt Berthe vor, »dann beantworte ich Ihre Fragen der Reihe nach.«

Sie erzählt, wie Edma und sie als Fünfzehnjährige ihren ersten Zeichenunterricht bei Achille François Oudinot erhielten, fährt dann fort mit ihrem nächsten Lehrer Joseph Guichard, der sie zum Kopieren in den Louvre führte, und endet bei Camille Corot, bei dem die Schwestern Bildkomposition lernten. Berthe antwortet zu weiteren Themen und stellt Eugène Manet ihrerseits Fragen. Sie scherzen miteinander, und es entwickelt sich eine ungezwungene Unterhaltung, so als würden sie sich schon lange kennen.

Hin und wieder erscheint das Gesicht von Madame Morisot in der Tür zum Atelier. Sie blickt hinüber zu Madame La Borde, die im Sessel sitzend aufmerksam zuhört, und zieht sich nach einem wohlwollenden Kopfnicken wieder zurück.

Berthe bedauert, dass sie nur über zehn Bilder Auskunft geben muss, gern hätte sie das Gespräch mit diesem distinguierten Mann fortgesetzt. Als Eugène Manet das Notizbuch zurücksteckt, fallen ihr seine feingliedrigen Hände auf. Als Jugendlicher wurde er von Suzanne Manet, seiner späteren Schwägerin, im Klavierspiel unterrichtet, wie sie von seinem Bruder weiß. Ob Eugène Chopin mag? Seine Kompositionen vielleicht sogar selbst spielt?

»Vielen Dank, Mademoiselle Morisot, jetzt habe ich alle nötigen Angaben für den Katalog beisammen«, unterbricht Eugène ihre Gedanken. »Auch wenn ich nur ein unbeteiligter Beobachter bin, hoffe ich sehr, dass diese Ausstellung ein Erfolg wird. Und dass all diejenigen Lügen gestraft werden, die von vornherein von einem Scheitern des Projektes ausgehen, weil sie den *Salon* als die Ultima Ratio ansehen.«

Nachdem er sich von ihr und Madame La Borde verabschiedet hat, wendet er sich beim Hinausgehen einem Gemälde zu, das an der Wand zwischen den beiden Staffeleien in Augenhöhe hängt. Es gehört zu denen, die Berthe für die Ausstellung bei Nadar ausgewählt hat, wenngleich es unverkäuflich ist, weil sie es für ihre Schwester gemalt hat. Es zeigt Edma an der Wiege ihrer schlafenden Tochter Blanche. Eine Weile bleibt Eugène Manet still davor stehen. Dann wirft er Berthe einen Blick zu, der bis tief in ihr Inneres dringt.

»Noch nie habe ich darüber nachgedacht, wie ein so elementares Gefühl wie Mutterliebe auf einer Leinwand dargestellt werden könnte. Jetzt weiß ich es. Ihr Bild berührt mich sehr, es ist ein Meisterwerk.«

Kapitel 32

Mit Spannung erwartet Berthe den 15. April, den Tag, an dem die Ausstellung eröffnet werden soll. Doch ausgerechnet an diesem Mittwochmorgen fühlt sie sich kraftlos und krank. Ihr Kopf schmerzt, die Nase läuft, ihr Rachen fühlt sich an, als hätte sie Feuer geschluckt. Anstatt die Reaktion der Besucher auf die erste Gemeinschaftsausstellung realistischer Künstler zu verfolgen, liegt Berthe im Bett, friert und schwitzt im Wechsel.

»Du bist erkältet und hast Fieber. Das kommt daher, weil du über Stunden an der Staffelei stehst, viel zu wenig Pausen machst und auch zu wenig isst. Schon ein kleiner Luftzug kann dich umpusten«, konstatiert die Mutter, die in sicherem Abstand an der Zimmertür stehen bleibt, um sich nicht anzustecken. »Babette hat uns eingeladen, den Sommer bei ihr am Meer zu verbringen. Ich habe zugesagt. Frische Seeluft wird uns beiden guttun.«

In Berthes Erinnerung schiebt sich das Bild einer großen, hageren Frau mit tiefschwarzem Haar, die leidenschaftlich gern Karten spielt. Babette Mercier, eine früh verwitwete Cousine ihres verstorbenen Vaters Edmé, besitzt ein Haus in Fécamp an der normannischen Küste. Bis zur Hochzeit von Yves hat die Familie Morisot viele Sommer dort verbracht.

Irgendwann vernimmt sie erneut die Stimme der Mutter, die im Türrahmen steht. »Ich habe die Zeitungskritiken über die Ausstellung bei Nadar für dich aufgehoben, Berthe. Monsieur Eugène Manet und die anderen Maler, deren Namen mir entfallen sind, lassen Grüße ausrichten. Sie wünschen dir gute Besserung.«

Eines Morgens wacht Berthe mit nahezu klarem Kopf auf. Die Halsschmerzen sind noch zu spüren, jedoch erträglich. Sie kleidet sich an und geht hinunter ins Bibliothekszimmer. Auf dem Tischchen neben dem Lieblingssessel ihres Vaters sieht sie einen Stapel Tageszeitungen, millimetergenau aufeinandergeschichtet, wie ihr Vater es immer verlangte. Ganz zuoberst liegt die neueste Ausgabe des *Figaro*. Berthe erschrickt, als sie das Datum liest: 25. April 1874. Also hat sie zehn Tage krank im Bett verbracht.

Berthe beginnt mit der zuunterst liegenden Zeitung und weiß nicht, ob sie wütend oder enttäuscht oder beides sein soll. Denn am Tag nach der Eröffnung ereiferte sich ein Kritiker über das Bild *Impression. Soleil levant* von Claude Monet, das einen Sonnenaufgang zeigt: ... *Wollte man die Künstler charakterisieren, müsste man von ›Impressionisten‹ sprechen. Sie sind Impressionisten in dem Sinn, dass sie eine Landschaft nicht wiedergeben, sondern den von ihr hervorgerufenen Eindruck ...*

Ein anderer Kritiker findet nur spöttische Worte: *Welche Freiheit! Welch Gewandtheit in der Ausführung! Eine Tapete im Urzustand ist vollendeter als dieses Seestück!*

Beim nächsten Jour fixe sitzt Berthe mit Degas und Monet an dem Tischchen zwischen den beiden hohen Zimmerpalmen. Einziges Gesprächsthema sind ihre gemeinsame Ausstellung und die Reaktionen der Öffentlichkeit darauf. Die meisten der anwesenden Gäste haben von diesem Ereignis nicht einmal gehört, geschweige denn gelesen. Die Männer erörtern den jüngst unterzeichneten Handelsvertrag zwischen Frankreich und Russland. Die Frauen diskutieren die neueste Kollektion des einflussreichen britischen Couturiers Charles Frederick Worth, der die Schönen und Reichen, den Adel und die Bohème mit den luxuriösesten Stoffen zu schwindelerregend hohen Preisen ausstaffiert.

»Nie hätte ich vermutet, dass ich durch eines meiner Bilder einmal zum Namensgeber einer Künstlergruppe werden könnte. Mit meinem Titel ›Impression. Sonnenaufgang‹ wollte ich nichts anderes als auf den skizzenhaften Charakter der Bildgestaltung hinweisen.« Claude Monet streicht sich mit der Rechten über seinen buschigen Kinnbart und verfällt in einen ironischen Tonfall. »Nun dürfen wir uns also Impressionisten nennen. Oder sollte ich sagen: schimpfen?«

»Sagen wir doch lieber, dieser Name adelt uns«, schlägt Berthe vor. »Er wurde uns erteilt von einem Mann, der zwar schreiben, aber nicht malen kann. Ist seine Kritik nicht geradezu das Eingeständnis seiner eigenen künstlerischen Unfähigkeit?«

Edgar Degas greift zu einem Petit Four mit Marzipanüberzug und beißt hinein. Seine Augen leuchten. »Ich gebe zu, bis zum heutigen Tag können wir nicht einmal zweitausend Besucher zählen. Ob sich das in den verbleibenden zwei Wochen ändern wird, wage ich zu bezweifeln. Als finanziellen Erfolg kann man die Ausstellung sicher nicht bezeichnen, aber dennoch als Erfolg.« Er nimmt ein weiteres Stück von dem süßen Backwerk und kaut genießerisch. »Freuen wir uns über die Aufmerksamkeit, die uns die negative Presse beschert hat. Viel schlimmer wäre es gewesen, hätte man nicht über uns berichtet.«

Für Édouard Manet ist es die letzte Sitzung, um die Arbeit an Berthes Porträt mit dem Trauerhut zu beenden. Für Berthe ist es das letzte Mal, dass sie ihm Modell sitzt, so hat sie es für sich beschlossen. Sie will sich nicht länger von einem Mann porträtieren lassen, der meint, sie bevormunden zu dürfen. Der eines ihrer Werke in seinem Sinn übermalt hat und sie davon abhalten will, zusammen mit einer Gruppe Gleichgesinnter nach neuen Ausdrucksformen zu suchen. Sie ist jetzt eine Impressionistin, und darauf ist sie stolz!

Irgendwann fällt Berthe eine ungewohnte Stille im Atelier auf. Sie hört nicht mehr das Schaben des Pinselstiels auf der Leinwand und auch nicht das Knarzen der Holzdielen, wenn der Maler vor oder neben die Staffelei tritt. Langsam wendet sie den Kopf – und schaut Manet geradewegs in die Augen. Wie lange steht er schon dort und beobachtet sie mit diesem rätselhaften Blick? Ihr Puls beschleunigt sich, doch sie zwingt sich, standzuhalten, und zählt ihre Atemzüge. Beim fünften Atemzug senkt er die Lider und zieht sich hinter die Leinwand zurück.

Als sie später nebeneinander vor der Staffelei mit dem vollendeten Gemälde stehen, erkennt Berthe etwas, das über die

Wiedergabe eines Porträts hinausgeht. Dieses Bild ist ein Zeugnis der Trauer. Doch Trauer vorüber? Darüber, dass etwas vorbei ist? Kann aber etwas vorbei sein, das nie existiert hat?

Als sie das Porträt begonnen hatten, war wenige Tage zuvor das Leben ihres Vaters zu Ende gegangen, und Berthe war zur Halbwaise geworden. Auch jetzt ist etwas zu Ende gegangen. Kein Leben, sondern eine Illusion. Ihre Illusion. Seit sechs Jahren hofft sie darauf, von dem Maler, dessen Werk sie bewundert und achtet, als gleichwertig behandelt zu werden. Sie hat sich getäuscht. Nicht in dem Maler, sondern in dem Mann.

»Wenn ich Ihr Schweigen richtig deute, findet die Darstellung Ihre Billigung.« Manets tiefe, raue Stimme klingt anders als sonst. Etwas von ihrer Überzeugungskraft ist ihr abhandengekommen. »Dann sollten wir unsere erfolgreiche Zusammenarbeit fortsetzen, Mademoiselle Berthe. Werden Sie den Sommer in Paris verbringen?«

»Nein, ich reise mit meiner Mutter zu einer Verwandten in die Normandie. Als Kinder haben wir dort häufig die Ferien verbracht.« Mehr sagt sie nicht. Muss sie auch nicht sagen. Nicht jetzt. Sie mag keine voreilige Auskunft geben. Ihren endgültigen Entschluss wird sie ihm zu gegebener Zeit mitteilen.

»Ich wünsche Ihnen und Ihrer Mutter erholsame Sommerferien. Wir sehen uns im Herbst wieder, Mademoiselle Berthe.«

»Au revoir, Monsieur Manet.«

Auch wenn Marie Morisot sämtliche Kritiken über die Gruppenausstellung im Atelier Nadars gelesen hat, will sie sich dennoch einen persönlichen Eindruck verschaffen. Außerdem ist sie stolz, dass ihre jüngste Tochter teilnimmt, auch wenn sie das niemals zugeben würde. Kaum haben Mutter und Tochter den großen Atelierraum am Boulevard des Capucines betreten, treffen sie auf Eugène Manet, der dabei ist, auf einem Tischchen im Eingangsbereich mehrere Dutzend Ausstellungskataloge aufeinanderzustapeln. Vergnügt eilt er auf sie zu.

»Herzlich willkommen, Mesdames Morisot. Wie erfreulich, dass Sie sich vom Gegenteil dessen überzeugen wollen, was in den Zeitungen steht. Wenn Sie eine exklusive Führung wünschen, stehe ich zu Ihrer Verfügung«, erklärt er und verbeugt sich mit einem Augenzwinkern.

Sachkundig und kurzweilig stellt er jeden Maler und Bildhauer einzeln vor, weist mal hier auf eine überraschende Farbpalette, mal da auf eine ungewöhnliche Perspektive. »In der Ausstellung sehen Sie Werke von Künstlern, die heute vielleicht missverstanden, aber bald als richtungsweisende Avantgarde gelten werden. Davon bin ich überzeugt.«

Vor einem Gemälde, das fast nur aus blauen und grauen Pinselstrichen zu bestehen scheint, bleibt er länger stehen. Das Bild zeigt einen Hafen mit Segelschiffen und Fischerbooten, über dem die Sonne aufgeht. »Dies ist das Werk unseres Freundes Claude Monet, das der neuen Bewegung ihren Namen gab. Monet geht es nicht um die topographisch exakte Wiedergabe eines Hafens, wie es die Fotografie vermag. Er will eine spezielle Stimmung festhalten, den Moment, in dem die Sonne zum Himmel aufsteigt. Ihr Licht spiegelt sich auf dem Wasser wider, in einem leuchtenden Orange, der Komplementärfarbe zur Umgebung, die fast ausschließlich in Blau gehalten ist. Sehen Sie, wie er mit kurzen, kräftigen Pinselstrichen die Lichtreflexe und das Flimmern der Luft nachahmt? Eine ungewohnt kühne und dennoch überzeugende Malweise.«

Marie Morisot hört gebannt zu und nickt beifällig. Und auch Berthe ist erstaunt, mit wie viel Einfühlungsvermögen und Begeisterung Eugène Manet als Maler über das Werk anderer Maler spricht. Am Ende des Rundgangs gelangen sie zu Berthes Bildern. »Sie gestatten mir hoffentlich eine persönliche Bemerkung: Neunundzwanzig Maler und eine Malerin … ich bewundere Sie, dass Sie sich auf ein solches Wagnis eingelassen haben, Mademoiselle Morisot. Seit der Eröffnung bin ich jeden Tag hierhergekommen, und ich habe beobachtet, vor welchen Bildern die Besucher am längsten verweilt haben. Es waren Ihre.«

Bei der Verabschiedung ist Marie Morisot von der soeben beendeten Privatführung angetan und wird, wie es ihrem Naturell entspricht, redselig. »Vielen Dank für Ihre Erläuterungen, Monsieur Manet. Sie haben mir die Augen für Details geöffnet, an denen ich vermutlich achtlos vorübergegangen wäre. Meine Tochter und ich werden den Sommer in Fécamp bei einer Cousine meines verstorbenen Mannes verbringen. Die ersten Bilder, die Berthe und ihre Schwester Edma vor zehn Jahren beim *Salon* eingereicht haben, waren Ansichten von diesem Ferienort. In diesem Jahr werden sicher viele neue Bilder in Freiluftmanier entstehen. Meine Tochter legt nur beim Essen und Schlafen den Pinsel aus der Hand.«

Während der Rückfahrt ist Madame Morisot noch ganz unter dem Eindruck des Gesehenen. »Das war tatsächlich ein interessanter Besuch. Ich verstehe nicht, wie manche Kritiker so boshaft über diese Ausstellung urteilen können. Vermutlich fehlten ihnen die fachkundigen Erklärungen eines Experten wie Monsieur Manet.« Sie nimmt ihr Monokel aus der Handtasche und reibt das Glas mit einem Tuch sauber, bevor sie sich die Sehhilfe vor das linke Auge klemmt. »Ist dir aufgefallen, dass deine Bilder nie wirkungsvoller präsentiert wurden als in dieser Ausstellung? Wer hat die Hängung veranlasst?«

»Monsieur Eugène Manet.«

Kapitel 33

Bei der Ankunft in Fécamp reckt Berthe die Arme empor und atmet tief die salzige Seeluft ein. Vor ihr liegt blau und ruhig das Meer. Doch sie erinnert sich an manch stürmischen Tag, an dem eine aufgewühlte See gegen die Steilküste brandete. Der vor allem bei Parisern beliebte Badeort an der normannischen Küste ist ihr von Kindheit an vertraut. Seit der Jahrhundertmitte hatten die Franzosen die britische Gewohnheit übernommen, den Urlaub an der See zu verbringen, vorzugsweise in der Bretagne und der Normandie. Das Promenieren am Meer war zur Mode geworden, zahlreiche Familien bevölkern seither in den Sommermonaten die Strände. *Dernier cri* ist das Baden. Hölzerne Karren auf Rädern, die von Pferden ins Wasser gezogen werden, dienen als Umkleidekabinen und gleichzeitig als Sichtschutz. Auf der Seite, die dem Strand abgewandt ist, steigen die Badewilligen in angemessener, stoffreicher Badebekleidung ins Wasser. Frauen und Männer baden sittlich korrekt außer Sichtweite voneinander.

In dem grau verputzten Haus mit den grünen Schlagläden hat die sechsköpfige Familie Morisot fast jeden Sommer bei Babette, der Cousine des Familienoberhauptes, verbracht. Die drei

Schwestern schliefen in einem Zimmer mit Blick auf die Uferpromenade und den Atlantik. Die Eltern logierten in einem ruhigen Zimmer, das zur Gartenseite gelegen war, und Tiburce wurde in einer winzigen Dachkammer untergebracht, wo in früheren Zeiten, zu Beginn des Jahrhunderts, ein Dienstmädchen wohnte.

Das Haus ist groß, viel zu groß für eine alleinstehende Person. Doch Babette mochte sich nach dem Tod ihres Ehemannes nicht von ihrem Zuhause trennen, in dem sie fünf glückliche Jahre mit dem dreiunddreißig Jahre älteren Joseph Mercier verbracht hatte. Dieser, ein pensionierter Kapitän zur See, wurde eines morgens am Strand unterhalb der Kreidefelsen tot aufgefunden. Ein plötzlicher Herzstillstand, wie er nicht selten Menschen fortgeschrittenen Alters unvermittelt aus dem Leben reißt. Er hinterließ eine neunundzwanzigjährige Witwe, die nie den Wunsch verspürte, sich neu zu vermählen, sondern fortan ihr Leben dem Schreiben von Liebesromanen widmete.

Die Tage in Fécamp verlaufen ruhig und gleichförmig. Meist verbringen Marie und Babette die Vormittage mit Kartenspiel, dabei tauschen sie Erinnerungen an ihre Kindheit aus. Manchmal holt Babette ein Fotoalbum hervor. Die Aufnahmen darin zeigen sie im Brautkleid, getragen an jedem ihrer Hochzeitstage der vergangenen fünfzehn Jahre – seit dem Jahr 1859, als ein Schüler des Pariser Fotokünstlers Nadar sein Atelier in diesem Ferienort eröffnete. Um die sentimentale Stimmung beim Betrachten der Fotografien zu mildern, schenkt Babette ihrer

Cousine und sich selbst ein Gläschen Bénédictine ein. Einen Kräuterlikör, dessen Zusammensetzung auf eine Rezeptur der Benediktinermönche aus dem nahe gelegenen Kloster zurückgeht.

Gelegentlich unternehmen die beiden Frauen am Nachmittag einen kurzen Spaziergang auf dem Wanderweg oberhalb der Klippen. Da Marie die Knie und Knöchel zu schaffen machen, fahren sie an manchen Tagen mit der Kutsche zum Teepavillon *Palais des Thés* direkt an der Strandpromenade. Von dort haben sie einen Blick auf den Ärmelkanal und auf die Segelboote, die den Leuchtturm von Fécamp ansteuern, um von dort in den Hafen zu gelangen. Viele der Segler sind reiche Engländer, die mit Gleichgesinnten von der Südküste ihrer Insel einen mehrtägigen Törn machen.

Die Zeit, in der sie ihre Mutter in angenehmer Gesellschaft weiß, nutzt Berthe für ihre eigenen Interessen. Wenn sie nicht auf einer Bank sitzt und das Wolkenspiel über dem Meer oder die von ihrem Fang heimkehrenden Fischer skizziert, stellt sie die Staffelei am liebsten in Babettes verwunschenem Garten auf. Die großzügigen Beete wurden um 1800 vom ersten Besitzer des Hauses, einem Gartenarchitekten, angelegt. Heute stehen dort Sonnenhut, Goldrute, Silberkerze, Anemonen und Astern in voller Blüte und zeigen die ganze Farbenpracht des Sommers. Babettes ganzer Stolz sind ihre Rosen, von denen einige Züchtungen aus dem Garten des Palais Malmaison stammen, der legendären Privatresidenz von Kaiserin Joséphine, der ersten Ehefrau des Kaisers Napoléon Bonaparte. Zu Berthes Bedauern kann sie nur ein Abbild der Rosen, nicht aber deren wohlriechendes Bukett auf die Leinwand bannen.

Manchmal stehen zwei Nachbarsmädchen am Zaun und beobachten sie bei ihrer Arbeit. Dann ruft Berthe sie herüber und zeigt ihnen, wie man Farben mischt und mit welcher Maltechnik und welchen Pinseln sich am besten Sonnenreflexe darstellen lassen. Glücklich und stolz sind die beiden, wenn Berthe sie beim Ballspielen malt oder wie sie mit dem Netz einen Schmetterling fangen. Stehen die Mädchen schließlich staunend und mit großen Augen vor dem fertigen Bild, ist Berthe überzeugt, dass es für eine Malerin – neben dem finanziellen Erfolg – kein größeres Lob geben kann.

»Dieser Eilbrief ist soeben für dich abgegeben worden«, unterbricht Babette die allmorgendliche Frühstücksrunde zu dritt. Berthe öffnet den Umschlag und liest mit Erstaunen die Zeilen, die in schwungvoller Handschrift an sie gerichtet sind.

Paris, den 20. Juli 1874
Sehr verehrte Mademoiselle Morisot!
Bei Ihrem Besuch im Atelier Nadar erwähnte Ihre Mutter, dass Sie gemeinsam den Sommer in Fécamp verbringen wollen. Paris ist zu dieser Jahreszeit, in der so viele Bewohner die Stadt verlassen haben, belanglos und leer. Weswegen ich beabsichtige, am morgigen Dienstag ans Meer zu reisen, um dort die Ferien zu verbringen. Ich habe in Ihrem Urlaubsort ein Zimmer in der Pension L'Albatros angemietet und hoffe, Sie auf der Promenade oder am Strand zu treffen. Vielleicht können wir das

nachholen, was mein Bruder auf sehr uncharmante Weise zu verhindern wusste: unsere Staffeleien nebeneinander aufstellen und das Sonnenlicht einfangen.
Bis dahin verbleibe ich herzlichst
Ihr Eugène Manet

Als Berthe die Hand mit dem Brief sinken lässt, trifft sie ein skeptischer, mütterlicher Blick. »Was ist denn so Wichtiges vorgefallen, dass dir jemand einen Eilbrief an deinen Urlaubsort schickt? Die Hoffnung, dass es sich um einen Verehrer handelt, dem du obendrein mit Wohlwollen begegnest, habe ich mittlerweile aufgegeben.«

»Offenbar haben Sie jemanden mit Ihrer Aussage, dass wir den Sommer in diesem Ort verbringen, zu einem künftigen Feriengast gemacht.«

»Soso, habe ich das? Erzählst du mir auch, um wen es sich handelt?«

»Monsieur Eugène Manet.«

Kapitel 34

Ihre körperliche Verfassung hindert Madame Morisot daran, Berthe bei hochsommerlichen Temperaturen über Stunden im Freien zu beaufsichtigen. Also lässt sie die Tochter gezwungenermaßen ziehen, allein mit Monsieur Manet. Die Öffentlichkeit bietet ausreichend Schutz, so beschwichtigt Marie sich selbst und lässt sich von Babette zu einem Plauderstündchen bei einem Glas Bénédictine überreden. Sobald die Unterhaltung besonders lebhaft oder sentimental wird, muss nachgeschenkt werden.

Für Berthe ist es ungewohnt, nach mehr als fünf Jahren ohne Edma wieder jemanden an ihrer Seite zu haben, wenn sie malt. Einen Mann, mit dem sie so selbstverständlich diskutieren kann wie früher mit ihrer Schwester. Der Anregungen gibt und auch solche entgegennimmt, der mit ihr gemeinsam den besten Bildausschnitt auswählt und den idealen Sonnenstand abwartet. Für die Urlauber sind sie ein Paar, das an der Strandpromenade, am Hafen oder am Fuße der Kreidefelsen seine Staffelei aufstellt. Ein wenig ungewöhnlich vielleicht, aber nichts, worüber man sich den Kopf zerbrechen müsste. Anders wäre es, wenn Berthe allein dort säße. Eine malende Frau muss mit Argwohn betrachtet werden.

Mit jedem Tag erscheinen Berthe die gemeinsamen Exkursionen selbstverständlicher. Mal sind die Seiler, Takler und Segelmacher in ihren Werkstätten am Hafen ihr Motiv, mal die verschiedenartigen Wolkenformen über der friedlichen oder auch aufbrausenden See. Manchmal beobachtet sie Eugène Manet, wie er voller Konzentration Fluchtpunkte auf der Leinwand markiert oder die Horizontlinie um einige Fingerbreit nach oben oder unten korrigiert. Ganz deutlich spürt sie seine Hingabe an die Malerei und fragt sich, warum er sie als Hobby, nicht aber als seinen Beruf bezeichnet.

Berthe weiß nicht, was Eugène Manet bewogen hat, die Ferien ausgerechnet hier zu verbringen, zumal die gesamte bretonische und normannische Küste eine Vielzahl reizvoller Ferienorte zu bieten hat. Ihr gefällt, dass er sich für Fécamp entschieden hat. Sie könnte nicht sagen, wie es gekommen ist, dass sie einander mit Vornamen anreden. Auch das gefällt ihr.

Mit dem Malkoffer in der einen und dem Sonnenschirm in der anderen Hand will Berthe sich am späten Vormittag von Mutter und Cousine verabschieden, als mit einem Mal eine graue Wolke das Speisezimmer verdunkelt. Marie Morisot tritt ans Fenster und schiebt die Gardine zur Seite. Ein kräftiger Wind wirbelt Blätter und einen Herrenstrohhut vorüber.

»Es sieht nach Gewitter aus, Berthe. Du wirst doch heute nicht zum Malen ins Freie gehen? Das ist viel zu gefährlich.«

Wird diese Bevormundung denn nie aufhören? Berthe braucht keine mütterlichen Ermahnungen, auch wenn sie noch so gut gemeint sind. Widerstand brodelt in ihrem Inneren. »Machen Sie sich keine Gedanken, Maman, wir malen heute am Strand. Sollte ein Unwetter aufziehen, können Monsieur Manet und ich in einem der Badekarren Schutz suchen.«

»Das wirst du auf keinen Fall tun!«, ruft die Mutter ihr zu, doch da hat Berthe die Tür schon hinter sich geschlossen und geht selbstgewiss ihrem Begleiter entgegen, der ihr galant den Malkoffer abnimmt.

Seite an Seite schreiten sie über die Uferpromenade bis zu der Stelle, an der eine steile Treppe mit unzähligen Stufen hinunter zum Strand führt. Immer mehr dunkle Wolken ziehen vom Meer heran, dann folgen die ersten Regentropfen.

»Ich glaube, jetzt habe ich einen Grund, Sie zum Tee einzuladen. Kommen Sie, Berthe, bis zum Pavillon schaffen wir es noch«, ruft Eugène ihr zu und hastet voraus, in jeder Hand einen Koffer. Berthe rafft ihren Rock und eilt hinterher. Plötzlich muss sie lachen. So schnell ist sie das letzte Mal vor Jahren gelaufen, Hand in Hand mit Edma, genau auf dieser Promenade. Sie waren auf der Flucht vor einem großen schwarz-weiß gefleckten Hund, der offenbar gewittert hatte, dass sich in Edmas Proviantbeutel ein Croissant mit Schinken befand.

Eugène hat einen Tisch am Fenster entdeckt, von wo aus das Naturschauspiel zu beobachten ist. Schon prasselt heftiger Regen gegen die Fensterscheibe, Blitze leuchten zwischen Wolkenmassen über dem aufgewühlten Meer auf, dann erschallt ein Donner, der Berthe zusammenzucken lässt. Immer mehr Spaziergänger retten sich in die Teestube, durchnässt und froh, einen trockenen und sicheren Ort erreicht zu haben.

»Was möchten Sie trinken?« Berthe greift nach der Karte, die Eugène ihr reicht, und studiert unschlüssig das Angebot. Zu Hause trinkt sie ausschließlich Wasser oder Kräutertee, von den vielen klangvollen Teesorten kennt sie keine einzige.

»Können Sie mir etwas empfehlen?«

»Mit dem größten Vergnügen.« Eugène winkt einen Kellner heran und bestellt zwei Kännchen Darjeeling und zwei Vanille-Éclairs.

»Erzählen Sie mir von Italien«, bittet Berthe. »Sagten Sie nicht, dass Sie einmal mit Ihrem Bruder dorthin gereist sind?«

»Ja, vor etwa zwanzig Jahren. Édouard hatte zuvor einige Monate in Holland verbracht. In Italien wollten wir gemeinsam die Meister der Renaissance studieren.« Anschaulich und unterhaltsam schildert Eugène ihre Reise nach Florenz und Venedig. Er schwärmt von Kirchen mit prachtvollen Wand- und Deckengemälden, von Künstlern wie Donatello, Masolini und Masaccio, von Marmorstatuen nach dem Ebenmaß der Antike, von Palästen, großartigen Plätzen und Gondelfahrten auf Venedigs Kanälen, von Theateraufführungen und dem Karnevalsspektakel in der Lagunenstadt.

Während Eugène einen Sonnenuntergang am Canal Grande beschreibt, stellt Berthe überrascht fest, wie sehr ihr das süßwürzige Aroma des Darjeelings zusagt. Genießerisch nimmt sie einen Schluck, da verspürt sie einen Stoß am Arm. Ein etwa zwölfjähriges Mädchen ist über einen am Boden liegenden Hund gestolpert und hat ihren Ellenbogen gestreift. Der Tee schwappt über den Tassenrand, direkt auf ihren Schoß.

Berthe eilt zu den Waschräumen und tupft vorsichtig mit einem Handtuch den Flecken trocken. Der helle Tee wird auf dem dunklen Satinstoff keine Spuren hinterlassen, so hofft sie. Das schmal geschnittene Kleid mit Biesen an Ärmeln und Rocksaum, das ihre überschlanke Figur zusätzlich betont, ist ihr Lieblingskleid. Als sie an den Tisch zurückkehrt, findet sie ihren Begleiter in heiterster Stimmung vor.

»Habe ich etwas versäumt, Eugène? Irgendetwas scheint Sie zu amüsieren.«

Er verzieht den Mund zu einem breiten Lächeln. »In der Tat. Der Kellner fragte soeben, ob mir und meiner Gattin die Éclairs geschmeckt hätten.«

Nun muss auch Berthe schmunzeln. »Sein Irrtum ist Ihnen hoffentlich nicht unangenehm?«

»Im Gegenteil, ich fühle mich geschmeichelt. Man traut mir zu, der Ehemann einer so schönen und charismatischen Frau wie Sie zu sein.«

Berthe zögert angesichts der Worte, die sich ihr aufdrängen. »Warum sind Sie nicht verheiratet, Eugène?« Noch nie hat sie eine solch persönliche Frage gestellt. Womöglich hält ihr Begleiter sie für indiskret.

»Das werde ich häufiger gefragt.« Entgegen Berthes Befürchtung folgt Eugènes Antwort sofort und wie selbstverständlich. »Es gibt wohl mehrere Gründe. Vielleicht weil mir die Vorbilder fehlen? Die Ehen meiner Freunde sind in meinen Augen nichts als freudlose Zweckgemeinschaften. Ist Leidenschaft im Spiel, handelt es sich um wilde Ehen. Zu solch einer Lebensform bin ich, offen gestanden, zu konservativ. Ich halte sie auch nicht für erstrebenswert.«

»Sie haben aber doch die Ehe Ihrer Eltern und die Ihres Bruders als Vorbild«, wendet Berthe ein und hält plötzlich inne. Außer mit Edma hat sie noch nie so vertraulich mit einem Menschen gesprochen.

»Mein Vater war deutlich älter als meine Mutter, er starb vor zwölf Jahren. Meine Eltern wurden jeweils von ihren Eltern miteinander verheiratet. Sie haben einander respektiert, aber nicht geliebt. Als Édouards jüngerer Bruder bin ich vermutlich nicht objektiv, deswegen maße ich mir über seine Ehe kein Urteil an.«

Berthe nickt verständig. Die Ehe ihrer Eltern verlief ähnlich, gegenseitiger Respekt ersetzte die Liebe. Was seinen Bruder angeht, spricht Eugène diskret und diplomatisch, das gefällt ihr.

»Sie haben aber doch sicherlich Frauen kennengelernt, bei denen Sie sich eine Symbiose aus Liebe und Respekt hätten vorstellen können.«

»Möchten Sie die Zahl wissen?«

»Nur, wenn Sie bereit sind, sie mir zu nennen.«

»Keine.«

Verblüfft setzt Berthe die Teetasse ab. »Das erstaunt mich. Haben Sie dafür eine Erklärung?«

»Ich weiß nicht, wie ich mich ausdrücken soll … Gegen ein angenehmes Äußeres habe ich keinesfalls etwas einzuwenden, doch das genügt mir nicht. Ich habe mir immer eine Frau vorgestellt, die willensstark, geradlinig und unbeugsam ist. Eine Frau, die sich nicht beirren lässt, die zu ihren Werten steht, diese verteidigt und zugleich eine gegenteilige Meinung respektiert. Mit anderen Worten, eine Frau, die Eigenschaften besitzt, die gemeinhin als männlich gelten.« Er hält inne und beobachtet Berthe mit gerunzelter Stirn, wie um sich zu vergewissern, dass sie seinen Ausführungen zu folgen vermag. »Aber ich erzähle so viel von mir ... Sagten Sie nicht einmal, dass sie als Einzige von vier Geschwistern unverheiratet sind? Welchen Grund haben Sie?«

Nun muss Berthe überlegen, wie sie ihre Situation erklären soll. »Wenn Sie erlauben, möchte ich Ihnen zuvor einige Gegenfragen stellen, Eugène. Erstens: Haben Sie je davon gehört, dass es einem Mann untersagt wurde, Maler, Ehemann und Vater zu sein? Zweitens: Haben Sie je von einer Frau gehört oder gelesen, die Malerin, Ehefrau und Mutter ist? Und drittens: Haben Sie je darüber nachgedacht, dass eine Frau, im Gegensatz zum Mann, nur eine Möglichkeit hat: entweder Malerin oder aber Ehefrau und Mutter zu sein? Können Sie eine oder mehrere dieser Fragen mit Ja beantworten?«

»Nein.«

»Dann wissen Sie jetzt, warum eine Malerin, die Malerin bleiben will, niemals eine Ehe eingehen kann.«

Am Tag darauf spannt sich ein wolkenloser, azurblauer Himmel über der normannischen Küste. Von Westen her weht ein milder Wind. Segelboote kreuzen vor der Küste auf und ab, die Feriengäste strömen an den Strand, um zu baden, einige nehmen sogar minutenlange Wartezeiten in Kauf, bis ein Pferdegespann sie im Badekarren ins Wasser zieht.

»Werden Sie sich Müßiggang vorwerfen, wenn wir heute, anstatt die Staffelei aufzustellen, einen Spaziergang machen?«

Zuerst ist Berthe von Eugènes Vorschlag überrascht, dann belustigt. »Ich werde mir ganz sicher Müßiggang vorwerfen, doch das wird mich nicht von einem Spaziergang abhalten. Als Kinder sind wir oft an den Strand gegangen und haben Muscheln gesammelt.«

»Geben Sie mir fünf Minuten, ich bringe rasch die Malkoffer in mein Pensionszimmer.«

Kurz darauf kommt Eugène mit einer Taschenuhr in der Hand zurück und wirkt sehr vergnügt. »Es waren sogar nur drei Minuten. Ich wollte Sie nicht so lange warten lassen.« Plötzlich verspürt Berthe Lust, am Arm dieses Mannes, der mal ernst, mal spöttelnd ist, der Einfühlungsvermögen zeigt und nichts fordert, am Wasser entlangzulaufen. Sie sehen Kinder, die Sackhüpfen spielen, mit einem Stock Figuren in den Sand zeichnen oder Muschelschalen in einem Eimer sammeln, und Eltern, die das Tun ihres Nachwuchses von einer der Hütten für die wartenden Badegäste aus beobachten.

»Sind Sie schon einmal mit bloßen Füßen ins Meer gegangen?«, fragt Eugène und duckt sich gerade noch rechtzeitig, bevor ihn ein Ball am Kopf trifft.

»Nein, das war uns verboten. Mein Bruder hat sich allerdings darüber hinweggesetzt und ist jedes Mal mit nassen Hosenbeinen vom Strand zurückgekommen. Trotzdem hat es für ihn nie Konsequenzen gegeben. Das fand ich ungerecht.«

»Waren Sie ein glückliches Kind, Berthe?«

Abrupt bleibt sie stehen. Diese Frage hat ihr noch nie jemand gestellt, und sie muss eine Weile über die Antwort nachdenken.

»Nein, ich habe immer meinen Bruder beneidet. Er durfte tun, wovon ich als Mädchen nur träumen konnte.«

Eugène blickt sie an, warm und verständig. Dann aber verzieht er den Mund zu einem spöttischen Lächeln und löst ihren Arm von seinem. Ehe Berthe begreifen kann, was dieser plötzliche Rückzug zu bedeuten hat, beugt er sich hinunter, zieht Schuhe und Socken aus und krempelt die Hosenbeine bis zu den Knien hoch. »Hören Sie auf zu träumen, Berthe, machen Sie mit.«

Ohne zu zögern, rafft Berthe ihren Rock und schnürt den Stoff unterhalb der Hüfte mit ihrem Halstuch zusammen. Dann steht auch sie barfuß im Sand. Das kühle Wasser umspült sanft ihre Knöchel, und sie empfindet ein nie gekanntes Gefühl von Freiheit und Glück. Untergehakt gehen sie weiter, in der Hand die Schuhe, und reden freimütig miteinander und ohne auf die befremdlichen Blicke anderer Spaziergänger zu achten.

Fécamp, den 15. August 1874
Liebste Edma!
Seit einem Monat sind wir am Meer. Maman und Papas Cousine haben sich viel zu erzählen, oft diskutieren sie über Ideen für Babettes nächsten Roman, so dass ihnen die Zeit nie lang wird. Ich hatte in meinem letzten Brief erwähnt, dass Eugène Manet vor drei Wochen in Fécamp angekommen ist und in der Pension L'Albatros wohnt. Wir sehen uns jeden Tag. Mir gefällt seine dunkle, warme Stimme, aber noch viel mehr, dass er zuhören kann. Er ist der taktvollste und einfühlsamste Mann, den ich

kenne. Ich finde es großartig, wenn wir draußen in der Natur unsere Staffelei aufstellen und malen. Wie wir es in unserem Sommer bei Yves gemacht haben, kurz nach Deiner Verlobung.
Und nun, fünf Jahre später, bist Du Mutter von zwei entzückenden Mädchen. Du hast mir immer von dem Wunder erzählt, ein Kind zu gebären und in den Armen zu halten, und dass Du Dir kein schöneres Leben als das an der Seite von Adolphe vorstellen kannst. Auch wenn ich manchmal Zweifel habe, ob Du wirklich so empfindest, wie Du sprichst. Der Grund ist vermutlich, dass ich mir ein Leben wie Deines nie habe vorstellen können. Mein Leben besteht darin, mit dem Pinsel vor der Leinwand zu stehen. Ich muss den Geruch von Farbe atmen und dem, was ich mit dem Herzen fühle, Gestalt verleihen.
Maman und Babette lassen Dich herzlich grüßen. Ich umarme Dich und hätte Dich gern bei mir.
Deine Berthe
PS: Du hast mir doch immer die Wahrheit gesagt, nicht wahr, Edma? Niemand kennt mich besser als Du. Glaubst Du, dass ich in einer Ehe dasselbe Glück empfinden könnte wie Du? Ich laufe jetzt zum Postamt und gebe diesen Brief auf. Bitte schick mir umgehend ein Telegramm mit Deiner Antwort, es ist dringend. Vor zwei Stunden hat Eugène Manet mir einen Heiratsantrag gemacht.

Berthe weiß nicht, wie sie dem Wirrwarr ihrer Gedanken Einhalt gebieten soll. Sie zieht sich mit einem Buch in ihr Zimmer zurück, ohne lesen zu können. Dann setzt sie sich mit ihrer Staffelei in den Garten, ohne auch nur ein einziges Mal den Pinsel in Farbe zu tauchen. Sie hat nicht länger das Gefühl, sie selbst zu sein. Sie ist zu einer Beobachterin geworden, die einer unsicheren, ziellos umherlaufenden Person ihres Aussehens zusieht. Da eilt Babette aufgeregt zu ihr.

»Sieh nur, Berthe, ein Telegramm für dich.«

Endlich hat sie die Antwort, auf die sie drei Tage lang voller Ungeduld gewartet hat. Mit fahrigen Händen öffnet sie den Umschlag und liest. Liest immer wieder, um sicher zu sein, dass sie richtig gelesen hat.

Tu es nicht, Berthe, heirate nicht. Du wirst alles verlieren, was Dir im Leben wichtig ist. Du wirst die Malerei aufgeben müssen, Du wirst Dich aufgeben müssen.

Gespräch unter Brüdern

»Störe ich, Édouard?«

»Nicht, wenn du mir aus dem Licht gehst und dich in den Sessel neben der Staffelei setzt. Wieso bist du schon zurück in Paris, Eugène? Wolltest du nicht länger in der Normandie bleiben?«

»Es gab Ereignisse, die mich vorzeitig aufbrechen ließen.«

»Ereignisse, soso ... Dann hast du also etwas auf dem Herzen. Schließlich kommt es nicht alle Tage vor, dass mein Bruder mir die Ehre gibt, mich in meinem Atelier aufzusuchen.«

»Wie ich sehe, arbeitest du gerade an einer Caféhausszene. Hast du ein neues Modell aufgetan?«

»Diese Frau habe ich in einer Brasserie auf dem Montmartre angetroffen. Sie saß ganz allein an einem Tisch in der hintersten Ecke und trank ein Glas Absinth.«

»Sie sieht traurig aus ... und hilflos.«

»Ich weiß nichts über sie. Mich interessiert allein die Art, wie sie das Kinn auf die Hand stützt.«

»Eine verlorene Seele ... Eine traurige, einsame, verlorene Seele.«

»Wie sentimental du manchmal bist. Aber du möchtest mit mir bestimmt nicht über die mutmaßliche Seelenlage meiner Modelle reden, habe ich recht?«

»Ich möchte dir etwas mitteilen.«

»Dann muss es etwas Wichtiges sein, sonst wärest du nicht ohne Vorankündigung hergekommen.«

»Ich habe die Absicht zu heiraten.«

»Ein überaus vernünftiger Gedanke, Eugène. Schließlich bist du nicht mehr der Jüngste.«

»Erlaube, ich bin achtunddreißig und fast zwei Jahre jünger als du. Außerdem gelte ich als gute Partie. Da wäre zum einen meine gesellschaftliche Stellung, ich besitze mehrere Liegenschaften, zum anderen sehe ich recht passabel aus ... so sagt man mir zumindest.«

»Bei der Aufzählung deiner Vorzüge hast du etwas Wichtiges vergessen: Du hast einen berühmten Bruder.«

»Du meinst also, ich hätte diesen Umstand als ersten anführen müssen? Uneitel warst du noch nie, Édouard. Möchtest du den Namen dieser Frau gar nicht wissen?«

»Ich brenne darauf, ihn zu erfahren. Also, welche von dir Auserwählte wird mich zum Schwager bekommen?«

»Berthe Morisot.«

»Ein famoser Scherz. Du gestattest, dass ich lache. Doch nun sag schon, wer ist deine Zukünftige?«

»Berthe Morisot. Ich liebe sie, und ich will sie heiraten.«

»Ah, ich verstehe, du willst sie heiraten ... Das wollten allerdings schon viele Männer vor dir. Aber du wirst sie nicht heiraten und auch kein anderer. Weil eine Berthe Morisot niemals heiraten wird, hörst du? Niemals.«

»Wieso bist du dir da so sicher?«

»Ich habe sie porträtiert, fast ein Dutzend Mal. Da drüben hat sie gesessen, auf der Chaiselongue neben dem Paravent, und dort hinten, in dem Sessel von unserem Großvater ... Ich habe sie beobachtet, habe das Feuer in ihren Augen gesehen, das Verlangen zu malen, sich zu beweisen und Anerkennung zu finden. Ihr zweiter Vorname ist Ehrgeiz. Ihre Versuche bleiben Versuche, sosehr sie sich auch müht. Such dir ein hübsches Mädchen aus einer Adelsfamilie. Deren Töchter sind gut erzogen und wissen, was sich für eine Frau schickt.«

»Hat man dir schon einmal gesagt, wie überheblich du urteilst? Denkst du, der große Édouard Manet, der Einzelgänger, der sich keiner Künstlergruppe anschließt, weil er sich für etwas Besonderes hält, sei der Maßstab aller Dinge? Wer nicht malt wie du, besitzt keine Qualitäten, so denkst du doch.«

»Du kannst neuerdings Gedanken lesen? Respekt!«

»Oder siehst du in Berthe womöglich eine Konkurrentin? Eine Frau, die sich das herausnimmt, was für dich als Mann ganz selbstverständlich ist. Die dich mit ihrem Können vielleicht eines Tages übertreffen wird. Hast du davor Angst?«

»Das ist absurd, einfach lächerlich! Eine Frau ist nicht dazu geschaffen, Malerin zu sein. Es genügt, wenn sie einen Maler inspiriert.«

»Tatsächlich? Und warum hast du vor geraumer Zeit eine Schülerin angenommen?«

»Du meinst Eva Gonzalès? Weil sie mich inspiriert hat. Ich wollte sie in dem Glauben lassen, dass sie eine Malerin werden kann und dass sie mich dazu als Lehrer braucht. Dabei hat sie gar nicht bemerkt, dass in Wirklichkeit ich sie brauche ... Doch nun lass mich in

Ruhe weiterarbeiten. Ich will den Hintergrund an einigen Stellen aufhellen und danach ins Café gehen. Komm mit mir, wenn du magst. Ein unbeschwerter Abend unter Männern wird dich auf andere Gedanken bringen.«

»Ich sagte es bereits, ich liebe Berthe.«

»Du alter Sturkopf. Aber wenn du keine Vernunft annehmen willst, bitte, dann frag sie doch. Frag sie, ob sie dich heiraten will. Aber sei nicht enttäuscht, wenn du ihre Antwort hörst. Und sag hinterher nicht, ich hätte dich nicht gewarnt.«

»Ich habe sie gefragt.

»Ah, jetzt verstehe ich ... dann bist du also deswegen gekommen. Weil sie dich abgewiesen hat und du deine Wunden lecken willst. Du Ärmster, wie ich dich bemitleide.«

»Berthe und ich haben uns verlobt, die Hochzeit findet am Jahresende statt.«

Kapitel 35

Beim ersten Jour fixe nach den Sommerferien gibt es in der Rue Franklin nur ein einziges Thema: die Verlobung der jüngsten Morisot-Tochter.

»Ach, wenn mein geliebter Edmé das noch hätte erleben können«, seufzt Marie Morisot mit tränenfeuchten Augen und nimmt huldvoll die Gratulationen der Gäste entgegen. Und auch Berthe wird allenthalben beglückwünscht. Sie reagiert freundlich, bleibt aber distanziert. Im Mittelpunkt zu stehen hat ihr noch nie behagt, außer, es ging um ihre Malerei. Mehrmals blickt sie hinüber zur Uhr auf dem Kaminsims. Sie hat sich einen Plan zurechtgelegt und hofft inständig auf einen bestimmten Gast. Was aber, wenn sie vergeblich hofft?

Während sie den Gästen mit Karamell gefüllte Windbeutel reicht und Kaffee einschenkt, wird hinter ihrem Rücken ein Murmeln vernehmbar. Einige der Damen um sie herum recken das Kinn und prüfen rasch den Sitz ihres Haars und ihrer goldfunkelnden Colliers. Sie braucht sich nicht umzuschauen, um zu wissen, dass ihr Wunsch in Erfüllung gegangen ist.

»Wer hätte je gedacht, dass wir einmal eine Familie werden?«, hört sie ihre Mutter säuseln. Sie spürt eine leise Berührung an der Schulter und wendet sich dem Gast zu, den sie erwartet hat.

»Guten Tag, Monsieur Manet, hatten Sie einen angenehmen Sommer?«

Édouard Manet beugt sich tief vor und haucht einen Luftkuss über ihre Hand. Sie spürt seinen Atem dicht auf ihrer Haut.

»Meine liebe Mademoiselle Berthe, eigentlich müsste ich Ihnen böse sein, dass Sie mich mit Ihrer Heimlichtuerei an der Nase herumgeführt haben. Mit keinem Wort haben Sie erkennen lassen, was sicher von langer Hand geplant war. Doch ich bin entzückt, Sie schon bald zur Schwägerin zu haben. Darf ich Sie zur Wahl Ihres Bräutigams beglückwünschen? Ich kenne ihn fast mein ganzes Leben lang, und dennoch, muss ich gestehen, habe ich ihm so viel Geschmack gar nicht zugetraut.«

Berthe erkennt ein Flackern in seinen Augen, in seiner Stimme schwingt etwas Gekünsteltes mit. Oder täuscht sie sich? Sie weiß es nicht, und es interessiert sie auch nicht. Denn jetzt kann sie die Gelegenheit nutzen und geschickt ihren Plan einfädeln. »Ich bin Ihnen noch etwas schuldig, Monsieur Manet.«

Voller Erstaunen blickt er sie an, zuckt mit den Schultern und schüttelt den Kopf. »Leider kann ich mich nicht erinnern, was es sein könnte.«

Berthe setzt ihr gewinnendstes Lächeln auf. »Ich bin Ihnen noch ein Porträt schuldig. Sprachen Sie bei unserer letzten Begegnung nicht davon, dass wir unsere erfolgreiche Zusammenarbeit fortsetzen sollten?«

»Ja, aber …«, verunsichert zieht er ein Taschentuch aus dem

Jackett und tupft sich über die Stirn, »das war vor vier Monaten ... jetzt ist die Situation eine völlig andere. Sie sind verlobt, und daher wäre es unziemlich, wenn ich, wenn wir beide gemeinsam ...«

Berthe weidet sich an seiner Verlegenheit, und bevor sie sich ihrer niederen Gefühle wegen schämt, legt sie ihm sacht die Rechte auf den Unterarm. »Seien Sie unbesorgt, Monsieur Manet. Mein Verlobter schätzt Ihre Arbeit sehr und bestärkt mich ausdrücklich darin, Ihnen Modell zu sitzen. Ich möchte das Porträt meinem künftigen Ehemann zur Hochzeit schenken. Sagen Sie mir, an welchem Tag wir mit dem Bild beginnen können.«

Nie hat Berthe sich freier gefühlt als bei den Sitzungen zu ihrem letzten Porträt aus der Hand von Édouard Manet. Vor den Ferien hatte er ihr dringend abgeraten, sich als einzige Frau einer Gruppe unabhängiger Maler anzuschließen. Ja, er hatte sogar seinen Freund Puvis de Chavanne gebeten, sie von diesem Vorhaben abzubringen. Das hatte sie tief getroffen, als Malerin und als Frau. Deshalb hatte sie sich geschworen, Édouard Manet nie mehr Modell zu sitzen. Aber davon weiß nur sie allein. Wenn sie jetzt ihren eigenen Prinzipien widerspricht, dann, um sich persönliche Genugtuung zu verschaffen.

Diesmal, bei ihrem zwölften Porträt, ist sie es, die das Motiv bestimmt. Ungefragt und wie selbstverständlich nimmt sie auf der Chaiselongue die Körperhaltung ein, die Édouard Manet auf der Leinwand festhalten wird. Ihr Blick geht zur Seite, die Schulter ist sowohl dem Betrachter als auch ihrem Porträtisten zugewandt. Das dunkle Haar ist am Hinterkopf mit einer Schleife locker zusammengebunden und fällt in wilden, ungebändigten Locken über Schultern und Rücken. Seit jeher ist das Haar ein Symbol für Stärke und Kraft, und das ist es, was Berthe in ihrem Innern verspürt und was sich auch auf der Leinwand widerspiegeln soll.

Sie trägt ein schwarzes Kleid mit einem Oberteil aus filigraner Spitze, unter dem ihre nackte, elfenbeinfarbene Haut durchschimmert. In der rechten Hand hält sie einen aufgeklappten Fächer, die Fingerspitzen der linken Hand berühren sacht die Lamellen, der kleine Finger ist abspreizt. Das Augenmerk wird auf einen Ring gelenkt, der sich im Schnittpunkt beider Bilddiagonalen befindet, einen Goldring mit einem schwarzen Diamanten. Den Ring, den der Bruder des Mannes, der sie soeben porträtiert, ihr angesteckt hat: Eugène Manet, ihr Verlobter.

»Die rechte Schulter eine halbe Handbreit höher«, vernimmt sie von der anderen Seite der Leinwand.

Ruhig wendet sie den Kopf Richtung Staffelei und lächelt. »Mir gefällt die jetzige Haltung besser, Monsieur Manet. Sie werden mir später recht geben.«

Ihre Gedanken wandern zu Eugène, der sie ermutigt hatte, sich der neuen Malergruppe anzuschließen und sich auszuprobieren. Mag man sie nach der Hochzeit auch als Madame Eugène Manet ansehen, sie wird weitermalen und ihre Bilder signieren wie bisher: Berthe Morisot. Das ist die Vereinbarung, die sie und Eugène gemeinsam getroffen haben.

An einem sonnigen Nachmittag im Oktober, an dem der Bois de Bologne mit seiner herbstlichen Farbenpracht die Besucherscharen anlockt und die Platanen, Akazien und Kastanien auf den großen Boulevards die ersten Blätter verlieren, lädt Madame Manet zum Tee. Sie möchte ihre zukünftige Schwiegertochter kennenlernen. Zum ersten Mal betritt Berthe, begleitet von ihrer Mutter, die private Manet-Wohnung in der Rue de Saint-Pétersbourg. Sie liegt nur wenige Schritte von dem Atelier entfernt, in dem sie zwölfmal porträtiert wurde.

Madame Eugénie Désirée Manet ist eine kühle, beherrschte Frau mit grauen Haaren und einer blassen Gesichtshaut, die von deutlichen Falten durchzogen ist. Die gesamte Familie Manet einschließlich Léon, der Patensohn Édouards und zugleich der zwanzig Jahre jüngere Bruder seiner Ehefrau Suzanne, hat sich heute im Salon versammelt. Berthe fallen die dicken Teppiche und die dunklen Eichenmöbel auf, denen die französische Leichtigkeit fehlt und die vermutlich aus der Heimat der holländischen Schwiegertochter Suzanne stammen. Die Wohnung strahlt Gediegenheit und Schwerfälligkeit aus. Gemildert wird dieser Eindruck durch eine Vielzahl an Blumensträußen auf Kommoden und Beistelltischchen.

Madame Manet spricht leise und bewegt dabei kaum die Lippen. »Herzlich willkommen, Mademoiselle Morisot, ich freue mich, Sie kennenzulernen, nachdem ich bereits die Bekanntschaft Ihrer Mutter machen durfte.«

Im nächsten Moment spürt Berthe einen kräftigen Händedruck. »Ich freue mich ebenfalls. Sie ahnen es vermutlich, ich bin

Gustave, der jüngste Manet.« Ihr Schwager in spe ist kleiner und schmaler als seine beiden Brüder, doch die Familienähnlichkeit ist unübersehbar. Auch er hat dunkles lockiges Haar und trägt einen kräftigen Vollbart. Seine hellbraunen Augen erinnern an Édouard, sein gewinnendes Lächeln an Eugène.

»Wie gern hätte ich Sie heute auf der Terrasse bewirtet, aber trotz der Sonne erschien es mir dort zu frisch. Mein Rheuma macht mir seit einigen Tagen wieder zu schaffen«, entschuldigt sich Madame Manet und weist ihren Gästen an einem gedeckten runden Tisch in der Salonmitte die Plätze zu.

Ein Dienstmädchen serviert Tee und verschiedene Sorten Nussgebäck. Schon bald entsteht eine kultivierte, wenngleich unverbindliche Konversation. Léon, den Berthe von ihrer ersten Begegnung im Atelier Édouards als ungelenk und schüchtern in Erinnerung hat, ist ein lebhafter junger Mann geworden.

»Hat man Ihnen erzählt, dass ich in einem Bankhaus arbeite, das dem Vater Ihres Malerfreundes Monsieur Degas gehört?«, wendet er sich ungezwungen an Berthe. »Der Handel mit Aktien und Gemälden hat vieles gemeinsam. Beide Güter sind begehrt und zeigen ihren Wert oft erst nach Jahren.«

»Léon ist Édouards bester Finanzberater, aber er hätte ebenso ein erfolgreicher Galerist werden können«, verrät Suzanne und blickt stolz auf ihren Bruder.

Mit jeder Tasse Tee wird die Unterhaltung gelöster. Édouard berichtet, dass er in der Umgebung nach Räumlichkeiten für ein größeres Atelier sucht. Gustave erzählt von seinen Reisen nach Italien und Griechenland, wo ihn insbesondere die antiken Stätten faszinieren. Die beiden Mütter diskutieren über das gemeinsame Schicksal, ihr Leben als Witwe verbringen zu müssen.

»Ich habe gehört, Sie konnten Ihre Bilder im *Salon* ausstellen, Mademoiselle Morisot«, wendet sich Madame Manet an Berthe. »Dann können Sie demnächst stolz auf diese Phase in Ihrem Leben zurückblicken.«

Berthe schluckt und fragt sich, ob sie die Bemerkung richtig verstanden hat. Geht ihre künftige Schwiegermutter davon aus, dass ihre Malerei bald der Vergangenheit angehört? Sie ist unsicher – und schweigt aus Höflichkeit.

»Wir sollten vielmehr auf die Zeit blicken, die vor uns liegt und in der Berthe viele weitere Bilder malen und ausstellen wird«, kommt Eugène ihr zu Hilfe. »Und Sie, Maman, dürfen dann stolz auf Ihre zweite, künstlerisch begabte Schwiegertochter sein.«

Madame Manet zieht die Brauen in die Höhe, ihr rechter Mundwinkel zuckt. Mit einem Augenzwinkern blickt Eugène zu seiner Schwägerin hinüber, die ihm gegenübersitzt. »Würden Sie uns wohl etwas von Schumann vorspielen, liebe Suzanne? Etwas Heiteres in Dur, das passt am besten zu dem Anlass, weswegen wir heute zusammenkommen sind.«

Suzanne lächelt geschmeichelt und setzt sich an den Flügel. Ihr Spiel ist meisterhaft, stellt Berthe nach nur wenigen Takten fest. Sie selbst müsste viele Monate üben, um eine solche Perfektion zu erreichen. Aus dem Augenwinkel sieht sie, wie ihre Mutter, die selbst gern Pianistin geworden wäre, aufmerksam zuhört und nickt. Sie sieht aber auch den Blick, den Édouard Eugène zuwirft und der keinesfalls brüderliches Einvernehmen widerspiegelt. Plötzlich spürt sie, wie unter dem Tisch eine Hand nach der ihren greift – es ist die von Eugène. Sie antwortet mit einem kräftigen Druck. Auf diese Weise dankt sie ihm für seine Worte, mit denen er deutlich gemacht hat, dass sie als seine Ehefrau immer auch Malerin sein wird.

Die Hochzeit von Berthe Marie Pauline Morisot mit Eugène Manet findet am 22. 12. 1874 in der Église Notre-Dame de Grâce de Passy statt. Trauzeugen sind Edma Pontillon, die ältere Schwester der Braut, und Gustave Manet, der jüngere Bruder des Bräutigams. Zwar endet das Trauerjahr für den verstorbenen Brautvater Edmé Morisot erst in vier Wochen. Dennoch hat die Familie beschlossen, diesen Termin kurz vor Weihnachten zu wählen, da der Priester, der alle vier Morisot-Kinder getauft und auch die Töchter Yves und Edma getraut hat, am Jahresende in Pension geht und fortan in einem Kloster im Baskenland leben wird. Man ist sicher, dass diese Entscheidung im Sinne des Verstorbenen gewesen wäre. Wegen der noch bestehenden Trauerfrist werden die Hochzeitsfeierlichkeiten in bescheidenem Rahmen im Kreis beider Familien und einiger naher Bekannter begangen.

Kapitel 36

»Guten Morgen, meine Schöne, wie war die Nacht?«

Schlaftrunken reibt Berthe sich die Augen und nimmt den feinblumigen Duft frisch aufgebrühten Darjeelings wahr. Eugène hilft ihr sich aufzurichten, steckt ihr das Kopfkissen hinter den Rücken und reicht ihr die Teetasse. »Heute ist unser erster Hochzeitstag, vor vier Wochen haben wir geheiratet. Ich meine, wir sollten diesen Tag monatlich begehen.« Er schiebt den Halsausschnitt ihr Nachtkleides zur Seite und küsst sie auf die Schulter.

»Einverstanden. Was also steht mir bevor, nachdem ich den Tee ausgetrunken habe?«

»Das Tagesprogramm überlasse ich dir, du wirst sicher an deiner Hafenszene von Fécamp weiterarbeiten wollen. Für den Abend habe ich Theaterkarten besorgt. Nach fünfzehn Jahren Bauzeit haben wir Pariser endlich ein repräsentatives Opernhaus, ja, wir haben sogar den größten Theaterbau der Welt. Du magst doch Ballett?«

»Was für eine wunderbare Idee, Eugène. Ich erinnere mich, dass vor einigen Tagen im *Figaro* die neue Primaballerina in der Rolle der Giselle geradezu gefeiert wurde. Ich bin schon sehr gespannt.«

Berthe ist überwältigt von dem imposanten Bauwerk mit seinem marmornen Treppenhaus, den Säulen und kunstvoll verzierten Kapitellen, den Skulpturen, Deckengemälden, dem ganz in Rot und Gold gehaltenen Zuschauerraum, den leuchtenden Kristall-Lüstern. Festlichkeit und Luxus, wohin das Auge blickt. Das Publikum hat sich in Schale geworfen, die Herren im Frack und die Damen in vornehmen Seidenroben, dazu kostbarer Schmuck. Der Duft schwerer, süßlicher Parfums liegt in der Luft.

Am Arm ihres Mannes flaniert Berthe durch das große Foyer, wo für die Besucher vor allem zählt, zu sehen und gesehen zu werden. Sie ist das erste Mal im Theater, kann sich nur an einige Zirkusbesuche mit den Eltern in Kindertagen erinnern.

»Ich gebe zu, ich genieße soeben die Blicke der anderen Männer. Sie neiden mir die schöne Frau an meiner Seite«, bekennt Eugène fröhlich und geleitet Berthe zu ihrer Loge nahe der Bühne. Berthe erfährt das traurige Schicksal des Winzermädchens Giselle. Sie bewundert den graziösen Spitzentanz der Ballerinen und die kraftvollen Sprünge der Tänzer. Doch sie bedauert Giselle, die um ihre Liebe kämpft und an gebrochenem Herzen stirbt.

Nach und nach lernt Berthe an der Seite ihres Ehemannes ein Paris kennen, das sie bisher nur aus Erzählungen oder aus den Reportagen des *Figaro* kannte. Mit der Verdi-Oper *La Traviata* im Théâtre Italien, Racines *Iphigénie* in *der* Comédie Française, wo die legendäre Sarah Bernhardt die Titelrolle spielt, oder einer Varietévorstellung im *Bataclan,* das mit Akrobatik, Tanz und Gesang ein internationales Publikum begeistert. Eugène wiederum ist glücklich, eine Begleiterin an seiner Seite zu haben, die seine kulturellen Interessen teilt und neugierig auf alles ihr Unbekannte ist.

Nach dem Theater dinieren sie gewöhnlich in einem der angesagten Restaurants. Gelegentlich treffen sie Freunde Eugènes, mit denen sie in einem Café oder einer kleinen Brasserie lebhafte Diskussionen führen. Orte, die Berthe bisher nur von Gemälden ihres Malerkollegen Edgar Degas oder ihres Schwagers Édouard kennt – weil sie als Männer sich völlig selbstverständlich in diesem Milieu bewegen können. Danach schlendern Eugène und sie über die abendlichen, von Tausenden Gaslaternen hell erleuchteten Boulevards, auf denen sich die Nachtschwärmer versammeln.

»Mit dir zusammen lerne ich Paris zu Fuß kennen. Ich sollte künftig auf bequeme Schuhe achten«, stellt Berthe fest und hakt sich humpelnd bei Eugène unter.

»Eine elegante Frau ohne elegantes Schuhwerk? Das lasse ich nicht zu. Ich werde dich auf Händen tragen«, scherzt er und zieht sie enger zu sich heran.

Auch nachdem Eugène aus seiner Junggesellenwohnung unter dem Dach in die Rue Franklin gezogen ist, ändert sich nur wenig am Tagesablauf im Hause Morisot. Nach dem gemeinsamen Frühstück zieht es Berthe ins Atelier. Bevor sie zu malen beginnt, zeigt sie Eugène, was sie am Tag zuvor geschaffen hat. Sie diskutieren gewissenhaft und kritisch miteinander. Doch nie verlässt Eugène das Atelier, ohne eine zärtliche Umarmung und ohne ein

Lob ausgesprochen zu haben. Sei es für den Sonneneinfall in einem Rosenbeet oder für den liebevollen Blick, mit dem ein junges Mädchen ein Hündchen auf seinem Schoß betrachtet.

Meist arbeitet Berthe mehrere Stunden, bis das Hausmädchen ein leichtes Mittagessen serviert. An manchen Tagen malt sie ununterbrochen bis zum Abend, dann stellt Eugène ihr ein Tablett mit Käsecanapés und einer Kanne Tee ins Atelier. Anschließend verschwindet er wortlos, um sie bei der Arbeit nicht zu stören und um eigenen Geschäften nachzugehen. Aufgrund seiner juristischen Kenntnisse verwaltet Eugène den umfangreichen Grund- und Immobilienbesitz der Familie Manet, was ein hohes Maß an bürokratischen Aufgaben zur Folge hat. Jeden Donnerstagnachmittag trifft er sich mit Freunden in einem der Cafés nahe der Oper, um über Literatur und Musik zu diskutieren.

»Babette hat mich eingeladen, die Ferien bei ihr zu verbringen«, verkündet Marie Morisot eines Morgens beim Frühstück. »Wir sind beide nicht mehr die Jüngsten und haben unsere Wehwehchen … wer weiß, wie viele Sommer uns noch gemeinsam vergönnt sind.«

»Fécamp ist mir seit vielen Jahren vertraut. Ich mag es, am Strand zu stehen und aufs weite Meer zu schauen.« Fragend blickt Berthe zu ihrem Ehemann. »Sollen wir mitfahren, Eugène, wie denkst du darüber?«

»Ich liebe das Meer. Ohne Wind, Wellen und Strand kann ich mir einen Urlaub überhaupt nicht vorstellen.« Eugène schenkt Berthe Tee und seiner Schwiegermutter und sich selbst Kaffee nach. »Allerdings habe ich noch einen anderen Vorschlag. Ein alter Schulfreund von mir hat eine Ferienwohnung auf der Isle of Wight, die er uns überlassen würde. Sie liegt in Cowes, in der Nähe des Hafens. Von dort kann man sogar aufs Festland schauen. Seine Frau und er erwarten im August ihr erstes Kind, deswegen können sie in diesem Sommer nicht verreisen. Im Anschluss könnten wir für einige Tage nach London fahren.«

»Ich war noch nie in England«, bekennt Berthe. »Mit der Sprache werde ich wohl kein Problem haben. Unser langjähriges Kindermädchen stammte aus Wales.«

Eugène hat recht. Fécamp kennt sie seit Kindertagen. Wäre es nicht viel reizvoller, sich auf unbekanntes Terrain zu begeben? Eine andere Landschaft und auch ein anderes Lebensgefühl kennenlernen? An der Seite ihres Ehemannes, mit dem sie sich so frei und ungezwungen in der Öffentlichkeit bewegen kann, wie es ihr zuvor als unverheiratete Frau nie möglich war. Noch dazu könnte sie ohne schlechtes Gewissen reisen. Die Mutter würde bei Babette eine ihr vertraute Umgebung vorfinden und hätte zudem eine verständige Gesprächspartnerin.

Berthe fühlt ihr Herz schneller schlagen. Ja, sie möchte das Leben neu entdecken.

Kapitel 37

Die an der Südküste Englands gelegene Isle of Wight zeigt eine ähnliche Landschaft wie die normannische Küste, mit hellen Kreidefelsen und steil abfallenden Klippen. Die Ankunft von Berthe und Eugène in Cowes fällt auf den Beginn der jährlichen Regattawoche, die Tausende von Besuchern aus dem In- und Ausland anlockt. Die fahle, windige Insel wird zum Schauplatz einer feinen, prunkvollen Gesellschaft, die die Wettfahrt Hunderter Segelboote rund um die Insel mit Ferngläsern beobachtet.

Die Ferienwohnung befindet sich unmittelbar an der Promenade, mit unverstelltem Blick auf das Meer. Als Berthe, ausgestattet mit ihrem Skizzenheft, am nächsten Tag in Begleitung Eugènes zum Yachthafen gehen will, geraten sie in eine Menschenmenge, die sie Richtung Pier schiebt. Jeder sucht nach einem Platz, von wo aus er die Rennstrecke am besten beobachten kann. Zwischen die Erwachsenen drängen sich Kinder und Hunde, ein vielsprachiges Stimmengewirr erfüllt die Luft.

»Bei einem solchen Trubel kann ich keine Boote zeichnen und nicht einmal den Pier skizzieren«, stellt Berthe mit Bedauern fest. Eugène zuckt mit den Schultern und zeigt eine schuldbewusste Miene.

»Ich hatte bei unserer Reise den Termin für die Regatta nicht bedacht. Kann ich dich mit einer Einladung zum Fünf-Uhr-Tee von deinem Kummer ablenken? Mein Freund erwähnte ein zauberhaftes Café ganz in der Nähe des Yachthafens.«

»Ich lasse mich sogar gern ablenken, Eugène. Seit unserem Sommer in der Normandie habe ich eine Vorliebe für feine Tees entwickelt und sogar dem Kräutertee meiner Kindheit abgeschworen.«

Bei Grey's Tea, Sandwiches, Scones mit Erdbeermarmelade, Clotted Cream und knusprigen Keksen verbringen sie den Nachmittag. Entspannt plaudern sie über Dies und Das. Über die ausgesuchte Höflichkeit der Engländer, über deren Vorliebe für kleine Hunde, die gern durch Kläffen in hohen Tonlagen auf sich aufmerksam machen, und schließlich über die jeweiligen Vor- und Nachteile von Fotografie und Malerei. Berthe beobachtet Eugène, der leicht vorgebeugt und konzentriert spricht. Wie er sich gelegentlich mit der Hand über das Haar streicht und wie sich Fältchen um die Augenwinkel zeigen, wenn er sie anlächelt. Ein Mann, der auf den zweiten Blick zu überzeugen weiß, dann aber umso nachhaltiger.

Ausgehfertig und bereit für weitere Unternehmungen begibt sich Eugène am nächsten Morgen zur Haustür und blickt sich nach seiner Ehefrau um. Die aber hat ihren Malerkittel übergestreift und bereits die Staffelei aufgestellt. »Lass uns den Spaziergang auf den Nachmittag verschieben, Eugène, ich habe eine bessere Idee. Setzt du dich auf den Stuhl vor dem Fenster und schaust aufs Meer? Wenn ich vor lauter Schaulustigen kein Motiv in der Natur entdecken kann, dann suche ich mir hier eines, in unserer Ferienwohnung.«

»Vermute ich richtig, dass heute ich das Motiv deiner Wahl bin?« Eugène zieht Berthe dicht an sich heran. Zärtlich steckt er ihr eine widerspenstige Haarsträhne hinter das Ohr. »Was für ein Glück für mich, dass ausgerechnet in dieser Woche ein Segelwettbewerb stattfindet«, scherzt er und nimmt die Körperhaltung ein, die Berthe ihm vorgibt. Er rückt den Stuhl dicht an die Fensterbank und wendet sich nach links. Sein Blick gleitet über den Vorgarten mit blühenden Stauden und die Uferpromenade hinweg aufs Meer.

In wenigen Sekunden hat Berthe die Umrisse auf die Leinwand gezeichnet und beginnt mit dem Farbauftrag. Zum ersten Mal porträtiert sie einen Mann. Ihren Mann. Mit jedem Pinselstrich, mit dem sie sein Gesicht, den kreisrunden Strohhut, das helle Leinenjackett und seine rechte Hand auf die Leinwand bringt, verspürt sie ein beinahe ungläubiges Staunen, mit diesem Menschen verbunden zu sein, von ihm verstanden und respektiert zu werden.

Eine Mutter mit ihrer etwa zehnjährigen Tochter tritt in ihr Blickfeld. Die beiden flanieren über die Promenade und machen unmittelbar vor dem Fenster halt. Sie blicken auf die Segelboote im Hafen und werden dabei von Eugène betrachtet – Berthe wiederum beobachtet die Szene von der Staffelei aus. Durch den subtil kalkulierten Bildaufbau schafft sie eine Verbindung vom Innenraum zu dem, was außerhalb dieser privaten Sphäre liegt.

Mit dem Ende der Regattawoche ist auch ihr Bild fertig. Gemeinsam mit Eugène steht sie vor der Staffelei und tupft eine letzte rote Blüte in die Topfpflanzen auf der Fensterbank. Eugène nimmt ihr den Pinsel aus der Hand und presst seine Lippen auf ihren Handrücken.

»Du hast eine wunderbare Stimmung eingefangen, Berthe. In diesem Bild sehe ich Ruhe und Heiterkeit, und genau das habe ich empfunden, während du mich gemalt hast.«

In der darauffolgenden Woche leert sich die Insel. Die Schaulustigen sind abgereist, übrig geblieben sind nur die Bewohner und die alljährlichen Sommerfrischler. Endlich kann Berthe ihre Staffelei unter freiem Himmel aufstellen, um den Dreiklang von Wolken, Licht und Wasser festzuhalten. An manchen Tagen aber ist der Wind so stark, dass er ihr den Hut vom Kopf bläst. Dann begnügt sie sich damit, sich mit ihrem Skizzenheft einen Platz im Windschatten zu suchen und die Szenen später in ihrem Feriendomizil zu aquarellieren.

Für den abschließenden Aufenthalt in London hat Eugène ein kleines Hotel in Marylebone ausgesucht mit stilvollen Mahagoni-Möbeln, Gemälden und ovalen, goldgerahmten Spiegeln aus der Zeit von King George III. Das Ehepaar Manet-Morisot beginnt den Tag mit einem Spaziergang durch den Regent's Park. Mit seinen üppigen Blumenbeeten, den Brücken über sich schlängelnden Wasserläufen und dem Zoo ist er ein beeindruckendes Beispiel englischer Gartenkunst. Die Nachmittage gehören dem Besuch von Museen und Theatern. All diese Eindrücke saugt

Berthe in sich auf und stellt beglückt fest, dass für sie die Welt an der Seite eines weltoffenen und großzügigen Ehemannes weiter und vielfältiger geworden ist.

Marylebone (London), den 12. September 1875
Liebste Edma!
London würde Dir gefallen. Die Häuser und Straßen sind ähnlich wie die in Paris, die Menschen sind freundlich und scheinen es weniger eilig zu haben als bei uns, aber: Kutschen und Pferdeomnibusse fahren auf der linken Seite. Eugène ist immer in Sorge, ich könnte unbedacht auf die Straße treten und von einem Fuhrwerk überrollt werden. Stell Dir vor, hier gibt es, wie auch in New York, schon seit Jahren eine Untergrundbahn. Währenddessen diskutieren unsere Stadtväter, ob sie in Paris eine Untergrundbahn oder eine Hochbahn bauen sollen, ohne zu einem Ergebnis zu kommen.
Die Engländerinnen unterscheiden sich in ihrer Kleidung nur wenig von den Französinnen. Allerdings scheinen hier alle Frauen einen gemeinsamen Feind zu haben: die Sonne. Schon beim ersten Sonnenstrahl klappen sie den Schirm auf, als fürchten sie jeden kleinsten Hauch Farbe auf den Wangen. Ihre Gesichter sind hell gepudert, was manche distinguiert, andere aber krank aussehen lässt.
Eugène und ich waren in der National Gallery am Trafalgar Square und konnten uns nicht sattsehen an den großartigen Bildern großartiger Künstler. Ich nenne Dir nur Namen wie Leonardo da Vinci, Rembrandt, Holbein, Hogarth … Du kannst Dir vorstellen, dass wir vor jedem Gemälde über Stunden hätten diskutieren können. Als ich Eugène sagte, ich würde am liebsten eine Wohnung unter dem Dach des Museums

besitzen und dann, wenn die Besucher gegangen sind, durch die Säle schlendern und alle Bilder für mich ganz allein haben, musste er lachen und meinte, er würde mit mir dort einziehen. Außerdem sei er sicher, dass an diesem Ort einmal Bilder von mir ausgestellt sein würden. In diesem Moment musste ich lachen.

Das South Kensington Museum, gegründet von Prinz Albert, dem verstorbenen Gemahl von Queen Victoria, ist eine riesige Schatztruhe für Kunst und Handwerk. Hier findet man Porzellan, Keramik, Möbel und Schmuck in kostbarster Ausführung. Eine Freude für Augen und Seele.

Gestern trafen wir einen Freund von Eugène. Die beiden haben sich während ihres Jura-Studiums an der Sorbonne kennengelernt. Fabius Bouval lehrt Rechtswissenschaften am Kings College, und er begleitete uns ins British Museum, wo er für uns eine Spezialführung zur Gerichtsbarkeit im Mittelalter gab. Details über die Art der Strafen möchte ich Dir ersparen, ich selbst hätte gern auf die Aufklärung verzichtet.

Ich freue mich so über die Neuigkeit, die Du mir in Deinem Brief vor unserer Abeise mitgeteilt hast. Adolphe ist vom Innenministerium zum Präfekten des Departement des Yvellines ernannt worden. Was bedeutet: Ihr werdet demnächst nach Maurecourt ziehen! Nur gut drei Stunden Kutschfahrt von Paris entfernt. Wir können uns in Zukunft viel häufiger sehen, und das ist großartig.

Sei vielmals umarmt und auf bald. Eugène lässt euch alle herzlich grüßen.

Deine Berthe

Kapitel 38

Wie jeden Morgen ist Eugène bereits beim Frühstück gut aufgelegt. Berthe würde am liebsten wortlos ihren Gedanken nachhängen, während sie ein Croissant mit Honig und eine Tasse Tee zu sich nimmt. Doch Eugène plaudert munter mit seiner Schwiegermutter, befragt sie nach ihrem Befinden und welche Pläne sie für den Tag hat. Marie Morisot antwortet ausschweifend und erwähnt manche Details auch mehrfach, was Eugène mit einem souveränen Lächeln übergeht. Berthe hat manchmal das Gefühl, als sei nach dem Tod des Vaters das Mitteilungsbedürfnis ihrer Mutter noch größer geworden. Was sie bei ihrer Tochter jedoch nicht ausleben kann.

Als Berthe die Tür zu ihrem Atelier öffnet, nimmt sie zuerst den Duft von Rosen wahr. Dann bemerkt sie einen üppig gebundenen Blumenstrauß aus burgunderfarbenen Rosen, Lilien und Eukalyptusblättern. Sie weiß sofort, dass diese Blütenpracht ein Vermögen gekostet haben muss, denn in der Winterzeit gedeihen solche Blumen nur in Treibhäusern. Sie geht hinüber zu der Kommode mit der Blumenvase und streicht sacht mit den Fingerspitzen über die Lilienknospen. Eugène ist ihr gefolgt und legt den Arm um ihre Taille. Im diesem Moment wird ihr bewusst, was sie vollkommen vergessen hat, weil sie Tag für Tag an einem Bild gearbeitet hat, das sie Eugène zu Weihnachten schenken möchte, eine Ansicht des Themse-Ufers mit der London Bridge, über die sie im Sommer viele Male spaziert sind.

Sie schlingt die Arme um Eugènes Hals und küsst ihn zärtlich und lange. »Vor genau einem Jahr haben wir geheiratet, und du hast daran gedacht.«

»Wie könnte ich diesen Tag vergessen?«, murmelt er an ihrer Schläfe und vergräbt sein Gesicht in ihrem Haar. Er greift in seine Jackentasche, zieht eine Schachtel hervor und öffnet langsam den Deckel. Auf dunkelblauem Samt liegt eine schmale und umso edler wirkende Kette mit grün leuchtenden Smaragden und Brillanten. Berthe hält sich die Hand vor den Mund und bringt kein Wort heraus. Im Wechsel blickt sie zwischen Eugène und dem Collier hin und her – und weiß immer noch nicht, was sie sagen soll.

»Darf ich deine Sprachlosigkeit als Wunsch deuten, dass ich dir die Kette anlegen soll?«, fragt Eugène mit gespieltem Ernst. Sie nickt, wendet ihm den Rücken zu und hält ihr offenes, schulterlanges Haar mit beiden Händen hoch. Nach mehreren Versuchen gelingt es Eugène, das Collier zu schließen. Berthe wendet sich ihm zu, und Eugène tritt einen Schritt zurück.

»Wunderschön. Und damit meine ich nicht nur die Kette«, stellt er zufrieden fest. Sie drängt sich in seine Arme und schmiegt ihre Wange an seine, fühlt ihr Herz an seiner Brust schlagen.

»Entschuldige, Eugène, ich glaube, ich verhalte mich gerade sehr kindisch. Ich bin … verwirrt und überwältigt … Du musst wissen, ich bin noch nicht so lange verheiratet. An solche Überraschungen muss ich mich erst gewöhnen«, gesteht sie mit leiser Ironie und küsst seinen Haaransatz und die Stirn.

»Dann solltest du auf keinen Fall aus der Übung kommen. Zwar braucht eine schöne Frau keinen Schmuck, aber Schmuck braucht eine schöne Frau, die ihn trägt.«

Das Jahr endet, wie Berthe es sich erträumt hat. Die Schwestern Yves und Edma kommen mit ihren Ehemännern und den Kindern Paule, Marcel, Jeanne und Blanche zu Besuch. Tiburce muss zum Bedauern aller in der Languedoc bleiben, weil seine Frau Bernadette erkrankt ist. Fröhliche Kinderstimmen dringen durch das Haus, so wie früher, wenn die vier Geschwister das Weihnachtsfest begangen haben. Angesichts des Glücks, das Berthe bisher an der Seite Eugènes erleben durfte, bleibt ihr für das kommende Jahr nur ein Wunsch. Sie möchte Mutter werden.

Kapitel 39

»Ich traf heute unsere Freunde Monet und Renoir im Café«, berichtet Eugène beim Abendessen. »Die Gruppe der Impressionisten plant für dieses Jahr eine zweite Ausstellung. Paul Durand-Ruel wird die Räume in seiner Galerie zur Verfügung stellen. Ich soll dir ausrichten, dass sie fest mit deiner Teilnahme rechnen, Berthe. Du wirst ihnen doch zusagen, oder? Da ich mich schon einmal als unverzichtbare Hilfe erwiesen habe, hat man mir erneut die Organisation übertragen«, erklärt er schalkhaft.

»Wenn mich der Kurator so liebenswürdig bittet, sage ich nicht Nein. Ich erinnere mich noch gern an unsere Zusammenarbeit vor zwei Jahren, vor allem aber die Fortsetzung auf privater Ebene«, lacht Berthe.

Eugène zieht ihre Hand zu sich heran und presst sie gegen seine Lippen. »Ich erinnere mich ebenfalls. Von mir aus kann die Fortsetzung ewig andauern.«

Gemeinsam wählen sie die Bilder aus, die Berthe in der Gruppenausstellung zeigen wird. Eine junge Frau in einem Ballkleid, ein Gemälde, für das die Schwester ihrer Nachbarin Albertine Modell gesessen hat, Frauen, die auf einer Wiese Wäsche aufhängen, Segelboote im Yachthafen von Fécamp und Landschaftsansichten von der Isle of Wight, Ölbilder, Aquarelle und Gouachen, insgesamt zwanzig Bilder, doppelt so viele wie in der ersten Ausstellung zwei Jahre zuvor.

In der Woche darauf klagt Eugène eines Morgens beim Aufwachen über heftige Kopfschmerzen. Er will noch eine Weile liegen bleiben und bittet Berthe, die Vorhänge geschlossen zu halten. Um ihre Mutter nicht zu beunruhigen, erzählt sie, Eugène habe bis in die Nacht einen Vertrag für den Vermieter der Ausstellungsräume geprüft und müsse ausschlafen. Als ihr Mann am Mittag immer noch nicht aufgestanden ist, sieht sie im Schlafzimmer nach. Eugène hat sich die Bettdecke über den Kopf gezogen hat und schläft tief.

Sie mag ihn nicht wecken, ist jedoch beunruhigt und kann sich nicht auf ihre Arbeit konzentrieren. Am Nachmittag hält sie es nicht länger aus. Sie bereitet eine Tasse Kräutertee zu und schleicht sich ins Schlafzimmer. »Eugène, wie geht es dir? Ich habe dir etwas zu trinken gebracht.« Sacht streicht sie ihm über das Haar und befühlt seine Stirn. Fieber scheint er zumindest nicht zu haben, stellt sie erleichtert fest. Doch was mag ihn so erschöpft haben? Vorsichtig setzt sie sich zu ihm auf die Bettkante.

»Ich will meine Ruhe.« Seine Stimme klingt gereizt, schroff wehrt er ihre Hand ab. »Geh.«

Verstört zieht Berthe sich zurück, grübelt, rätselt und weiß nicht, was sie denken oder tun soll. Was quält ihren Mann, warum sagt er nicht, was ihm fehlt? Zu ihrer großen Erleichterung ist Eugène beim Abendessen zugegen, plaudert liebenswert und heiter, wie sie es bisher von ihm gewohnt war. Nur mit Blicken verständigen sie sich darauf, seine Unpässlichkeit gegenüber Marie Morisot nicht zum Gesprächsthema zu machen. Als diese auf ihr Zimmer gegangen ist, setzt Berthe zu sich ihm auf den Schoß und blickt ihn nachdenklich an.

»Was ist mit dir, Eugène? Du verbringst doch sonst nicht den ganzen Tag im Bett.«

»Ich bekam urplötzlich entsetzliche Kopfschmerzen. Hier rechts über der Stirn. Alles um mich herum war verschwommen, und dann wurde mir übel. Mir fehlten wohl ein paar Stunden Schlaf.«

Sie streicht ihm über die Wange. »Ich habe mir Sorgen gemacht und bin zu dir gekommen, weil ich wissen wollte, ob ich etwas für dich tun kann. So ungehalten wie vorhin habe ich dich noch nie erlebt.«

Er küsst sie auf die Nasenspitze. »Das war nicht so gemeint. Und jetzt vergessen wir die ganze Sache.«

»Bist du sicher, dass es dir wieder gut geht?«

»Ich bin mir sogar ganz sicher. Darf ich dich zur Wiedergutmachung morgen ins Theater und danach in ein Restaurant einladen?«

Einige Tage vor der offiziellen Eröffnung der Impressionisten-Schau führt Eugène Ehefrau und Schwiegermutter durch die Ausstellung, und wieder erleben sie ihn als einen engagierten

Kunstkenner, der jedes einzelne Werk seiner Malerkollegen würdigt. Dem es aber nie in den Sinn käme, sich selbst zu wichtig zu nehmen.

Beim Hinausgehen stoßen sie fast mit einem Mann zusammen, der mit breiten Ellenbogen und weit ausladenden Schritten in die Galerie stürmt. Sein Blick ist lauernd, sein Äußeres hat etwas Affektiertes. Der Anzugstoff ist zu weich und zu glänzend, der Gehstock zu golden und zu verschnörkelt. Er trägt sein kurzes dunkles Haar mit viel Pomade eng am Kopf anliegend, der hohe Seitenscheitel ist wie mit dem Lineal gezogen. Der Mann scheint in einer Wolke aus Zedernholz, Patschuli und Moschus geradezu zu schweben.

»Wissen Sie, wer dieser unangenehme Mensch war, der uns vorhin in die Quere kam?«, fragt Marie Morisot ihren Schwiegersohn, als sie in der Kutsche sitzen.

»Das war Albert Wolff, früher war er ein erfolgloser Zeichner beim *Charivari*, jetzt schreibt er für den *Figaro*«, weiß Eugène zu berichten. »Er ist seit Kurzem französischer Staatsbürger, stammt aber aus Deutschland, und darin sieht er offenbar einen Makel. Die Erinnerung an den Krieg mit Preußen ist für die Pariser noch frisch … Ihm geht es vor allem darum, sich beim *Figaro* einen Namen zu machen, indem er für die Zeitung neue Leser gewinnt. Und die schätzen, wie wir wissen, nichts so sehr wie eine spitze Feder.«

Madame Morisot holt ihr Riechfläschchen aus der Handtasche und hält es sich unter die Nase. Seit einiger Zeit klagt sie neben diversen körperlichen Beschwerden auch über Kurzatmigkeit.

Nach mehreren tiefen Atemzügen steckt sie das Fläschchen wieder zurück. »Dann dürfen wir uns schon jetzt auf eine Fülle an Giftpfeilen aus dem Köcher dieses Herrn Redakteurs einstellen«, vermutet sie.

Madame Morisots Vorahnung soll sich mit dem Tag der Ausstellungseröffnung bestätigen. Sie lässt es sich nicht nehmen, aus dem *Figaro* vorzulesen, so wie es früher ihr verstorbener Mann Edmé bei der Morgenlektüre zu tun pflegte.

»Unerhört, was dieser pomadisierte Schreiberling von sich gibt: ... *Bei dem Galeristen Durand-Ruel wurde eine Ausstellung eröffnet, die angeblich Bilder enthalten soll. Ahnungslose Passanten treten ein, und ihren entsetzten Blicken bietet sich ein grausames Schauspiel: Fünf oder sechs von Ehrgeiz Umnachtete haben sich zusammengetan und eine Ausstellung ihrer Werke organisiert. Einige Leute wälzten sich vor diesen Bildern vor Lachen* ... Von Umnachteten zu sprechen ist übelste Verleumdung! Zählen hat dieser Herr offenbar nicht gelernt, sonst hätte er bemerken müssen, dass viel mehr Künstler ausgestellt haben. Außerdem würde niemand, der eine Galerie betritt, sich auf dem Boden wälzen. Dort ist es viel zu schmutzig.«

Berthe muss schmunzeln, weil ihre Mutter sich so erbost zeigt. Seitdem ihre Tochter mit einem Maler verheiratet ist und obendrein einen Maler zum Schwager hat, steht Marie Morisot entschlossen aufseiten der Künstler, die zu neuen Formen finden wollen. Zudem wird sie nie müde, den Schwiegersohn wegen seiner Liebenswürdigkeit und seines Engagements für die zeitgenössische französische Kunst auf ihren Soiréen zu loben.

Entrüstet greift Marie Morisot zu ihrer Kaffeetasse, nimmt einige Schlucke und richtet ihr Monokel. »Es kommt noch schlimmer … *Mir blutete das Herz bei dem Anblick. Diese selbsternannten Künstler nennen sich Revolutionäre, ›Impressionisten‹. Sie nehmen ein Stück Leinwand, Farbe und Pinsel, werfen auf gut Glück einige Farbkleckse hierhin und dorthin und setzen ihre Namen unter das Ganze. Wie in allen solcher Gruppen gibt es auch eine Frau. Sie heißt Berthe Morisot und ist wahrlich ein Kuriosum, schafft sie es doch, bei allem Wahnsinn im Geiste, ein gewisses Maß an weiblicher Anmut durchschimmern zu lassen.*« Marie Morisot lässt die Zeitung sinken, ihr Gesicht wird bleich, sie ringt um Luft. »Das ist … das ist wirklich …«, stottert sie, dann versagt ihr die Stimme.

Eugènes Gesicht läuft rot an, er springt auf und schlägt mit der Faust auf den Tisch. »Ich werde den Verleumder persönlich zur Rechenschaft ziehen!«

Ruhig und gefasst steht Berthe auf und legt ihrer Mutter den Arm um die Schultern. »Beruhigen Sie sich Maman, dieser Stümper verdient so viel Aufregung nicht.«

»Er hat dich beleidigt … Du musst ihn verklagen …«, stammelt sie.

»Aber nein, er hat sich nur als das zu erkennen gegeben, was er ist. Ein Dilettant und Hohlkopf.« Sie greift nach der Hand ihres Ehemannes und drückt sie fest. »Gib ihm nicht die Aufmerksamkeit, die er nicht verdient, Eugène. Offensichtlich muss dieser bedauernswerte Redakteur andere abwerten, um daraus seinen Selbstwert zu beziehen. Kunstkritiker sind Männer, die sich allmächtig fühlen. Sie können nicht malen, wissen aber alles besser.«

Noch lange ereifern sich Eugène und Marie Morisot über den vernichtenden Zeitungsartikel. Währenddessen zieht Berthe sich in ihr Atelier zurück und setzt ihre Arbeit vom Vortag fort, das Porträt einer jungen Frau, die in einem blühenden Sommergarten sitzt und in ein Buch vertieft ist. Sie ist über sich selbst erstaunt, mit welcher Gelassenheit sie soeben die Ablehnung eines aufgeblasenen Kritikers zur Kenntnis genommen hat. In diesem Moment wird ihr etwas verständlich, das bisher noch nicht in ihr Bewusstsein gedrungen ist. In den Anfangsjahren war sie, wenn sie vor einer Leinwand stand, oftmals zaghaft und unsicher gewesen. Dann mochte sie nichts essen, konnte kaum schlafen, bestand fast nur noch aus Zweifeln. Seitdem sie jedoch als einzige Frau an den Impressionisten-Ausstellungen teilnimmt, hat sie Selbstsicherheit entwickelt. Die wertschätzende Kritik und Unterstützung ihres Ehemannes haben sie zusätzlich bestärkt.

Obwohl sie in dem Artikel des *Figaro* persönlich verunglimpft wurde, fühlt Berthe sich nicht angegriffen. Ihr ist, als trüge sie einen unsichtbaren Schutzschild, an dem diese Beleidigungen abprallen. Sie weiß, was sie kann, und auch, dass derartige Worte nichts über ihre Fähigkeiten als Malerin aussagen, sehr wohl aber über den, der sie geschrieben hat. Weswegen sie für Albert Wolff nur Mitleid empfinden kann.

In der Woche darauf lädt Eugène die Freunde Monet und Degas in das Café *La Rochelle* ein, um mit ihnen ein Resümee der zu Ende gegangenen zweiten Ausstellung impressionistischer Maler zu ziehen. Zum ersten Mal ist Berthe an einem Ort, an dem die

Bohème und die Handlanger sich treffen, die Wohnungslosen und die Straßenmädchen. Die Luft ist durchdrungen vom Geruch gebratener Omeletts und Zwiebeln, von Schnaps, Bier und Likör. Dichter Zigarettenqualm lässt Berthes Augen brennen, sie verspürt ein Kratzen im Hals. Die Atmosphäre ist düster und drückend.

Eugène macht dem Serviermädchen ein Handzeichen und bestellt für die Männer eine Runde Bier und eine Limonade für Berthe. »Die Ausstellung als Erfolg zu bezeichnen wäre vermessen. Doch man weiß in Paris spätestens jetzt, dass es neben dem *Salon* ein weiteres Forum gibt, in dem eine ernsthafte Auseinandersetzung mit Kunst stattfindet. Auch wenn ich einem bestimmten Redakteur etwas gewünscht habe, das ich hier lieber nicht in Worte fassen will.«

Claude Monet stopft sich eine Pfeife, zündet sie mit einem Streichholz an und nimmt bedächtig die ersten Züge. »Nicht doch, lieber Freund, wir befinden uns in bester Gesellschaft. Schließlich wurden auch Goya und Delacroix verunglimpft. Hat das ihrem Ruhm etwas anhaben können?«

Berthe nimmt von der Limonade und bedenkt ihren Mann mit einem liebevollen Blick. Er hat sich gemerkt, was ihr schmeckt, und seine Aufmerksamkeit gefällt ihr an ihm. »Hätten die Kritiker uns gelobt, würde unsere Gruppe weitaus weniger Aufmerksamkeit erhalten. Man spricht über uns, und das haben wir Männern wie Monsieur Wolff zu verdanken.«

Degas zieht ein Notizbuch aus der Tasche und blättert die Seiten um. »Ich habe in den letzten Tagen … wo habe ich es denn aufgeschrieben? … vier Anfragen von Malern bekommen, die bei uns mitmachen wollen, sollten wir für das nächste Jahr eine weitere Ausstellung planen. Die Académie verliert an Autorität, wir unabhängigen Maler sind auf einem guten Weg.«

Die Debatte geht weiter, mal einvernehmlich, mal kontrovers. Zwei Stunden später steht Berthe vom Zigarettenrauch benommen auf der Straße und atmet tief die frische Luft ein. Dank Eugène, der sie ohne Vorbehalte in ein Lokal mit zweifelhafter Kundschaft mitgenommen hat, konnte sie einen Eindruck von der Szenerie gewinnen, die für manche ihrer Malerkollegen ein beliebtes Motiv darstellt. Allerdings hat sie nicht vor, ihnen zu folgen. Lieber will sie weiterhin eine Welt malen, in der sie Leichtigkeit und Licht findet.

Kapitel 40

Den Sommer verbringt Berthe wechselweise bei ihren Schwestern Yves und Edma. Die meiste Zeit ohne Eugène, da dieser sich um seine Geschäfte kümmern und nach einem Haus für sie beide suchen will. Mit einem Garten, einem größeren Atelier und mehreren Gästezimmern. Berthe geht auf in der großen Familie, in der Kinder fröhlich und unbekümmert für Trubel sorgen. In dieser Zeit vermisst sie auch nicht ihre Staffelei, doch ihr Skizzenheft hat sie immer zur Hand, um eine heitere, ungezwungene Situation festzuhalten. Yves ist zum dritten Mal schwanger. In manchen Stunden fühlt Berthe in sich Traurigkeit und Leere, weil ihr Wunsch, ein Kind zu bekommen, sich bisher nicht erfüllt hat.

Bei der Rückkehr nach Paris findet Berthe ihre Mutter hinfällig und abgemagert vor, ihre Sprache ist verlangsamt. Doch Marie Morisot klagt nicht, und obwohl diese Zusammenkünfte sie zunehmend anstrengen, würde sie niemals eine Soirée absagen. Dennoch ertappt sich Berthe manchmal bei dem Gedanken, dass die wässrig trüben Augen und die blassgraue Gesichtshaut Hinweise sein könnten, dass ihre Mutter nicht mehr lange zu leben hat. An manchen Tagen entdeckt Berthe einen kleinen Strauß selbst gepflückter Herbstastern oder ein Schälchen Macarons im Atelier. Die Aufmerksamkeiten sind oft wie beiläufig an einer Stelle platziert, wo sie ihr erst auffallen, wenn sie zwischendrin eine Arbeitspause einlegt. Eugène versteht es, ihr seine Zuneigung auf eine leise, unaufdringliche Art zu zeigen.

»Der Name Manet wird demnächst wieder in den Klatschspalten zu finden sein«, weiß er eines Morgens nach der gewohnten Diskussion vor der Staffelei zu berichten. »Édouard malt eine junge Frau, die nur Mieder und Unterrock trägt. Sie steht in ihrem Boudoir vor dem Spiegel und pudert sich die Nase. Dabei wird sie von einem Mann beobachtet, den man als Freier deuten kann. Das Modell ist die Schauspielerin Henriette Hauser, die mit dem Prinzen von Oranien-Nassau liiert ist. Alles Zutaten, die einen Skandal versprechen.«

Seit Vollendung ihres Porträts mit dem Verlobungsring hat Berthe sich nicht mehr im Atelier ihres Schwagers Édouard eingefunden. Sie ist auch nicht neugierig darauf, die neue Malerwerkstatt in der Rue d'Amsterdam kennenzulernen. Nur noch vage erinnert sie sich an den Zauber, den sie einst in seinem früheren Atelier verspürt hatte. Sie war einer Illusion erlegen, einem Traum, der längst schon ausgeträumt ist. Bei den Gelegenheiten, zu denen sie und Édouard einander begegnen, sei es eine Einladung zum Tee bei Madame Manet oder der Jour fixe in der Rue Franklin, ist Berthe befremdet von seiner Reserviertheit. Als habe sie etwas getan, was ihn beleidigt oder erzürnt hat.

Vielleicht auch beides.

Einige Tage vor Weihnachten kommt Eugène mitten am Vormittag zu Berthe ins Atelier, nimmt sie behutsam in den Arm und streicht ihr über das Haar. Er muss nichts sagen, sie weiß, was seine Geste bedeutet. Ihre Mutter Marie Joséphine Cornélie Morisot geborene Thomas ist an diesem 15. Dezember 1876 im Alter von fünfundsechzig Jahren gestorben.

Nach der Trauerfeier, an der ihre Kinder, Schwiegerkinder, Enkel und zahlreiche Bekannte und Freunde teilnehmen, begeht die Familie gemeinsam das Weihnachtsfest. In die Trauer über den Verlust mischt sich die Hoffnung auf ein neues Leben. Yves bleibt mit ihren beiden Kindern Paule und Marcel in Paris, um dort ihr drittes Kind zur Welt zu bringen.

Kapitel 41

Die Geburt verläuft ohne Komplikationen. Eine halbe Stunde nach Ankunft der Hebamme kommt am 18. Januar 1877 Jeannie, die zweite Tochter von Yves und Théodore Gobillard, zur Welt. Als Berthe das winzige Bündel mit dem zarten Blondhaar auf dem Arm hält, kann sie nur mit Mühe die Tränen zurückhalten. Offenbar hat das Schicksal für sie vorgesehen, dass sie zwar mehrfache Tante, nicht aber Mutter sein soll.

Um der Schwester noch einige Tage Ruhe zu ermöglichen, verbringt sie mit ihrer ältesten Nichte viele Stunden am Tag im Atelier. Eugène hat für die Neunjährige aus alten Holzrahmen eine Staffelei gebaut, und es gibt nichts Schöneres für Paule, als neben Berthe vor einer Leinwand zu stehen und zu malen: ihre kleine Schwester in der Wiege oder auch sich selbst mit Zöpfen, die Berthe ihr geflochten hat.

Unterdessen geht Eugène mit dem fünfjährigen Marcel im Garten auf Schatzsuche. Mal entdecken sie einen in Gold bemalten Stein, mal eine Schriftrolle mit rätselhaften Hinweisen auf die nächsten Fundorte und dann ein Säckchen mit Murmeln. Als Eugène vorschlägt, zum Schlittschuhlaufen in den Bois de Boulogne zu gehen, ist nicht nur Marcel Feuer und Flamme.

»Jaaa. Maman hat uns erzählt, dass sie früher oft Schlittschuh gelaufen ist. Aber du musst auch mitkommen und uns auf der Eisbahn zeichnen, Tante Berthe«, entscheidet Paule, und diese packt lachend ihr Heft und mehrere Stifte ein.

Berthe beobachtet erstaunt, mit welcher Selbstverständlichkeit Eugène die beiden Kinder an die Hand nimmt und mit ihnen die ersten Runden dreht. Geduldig zeigt er ihnen, wie sie die Füße nebeneinander und nicht voreinander setzen, wie sie in Kurven das Gewicht verlagern und rechtzeitig einem Hindernis ausweichen und bremsen müssen. Bald wollen die beiden allein laufen. Berthe steht am Rand der Eisbahn und füllt in ihrem Heft Seite um Seite. Marcel liefert sich mit einem etwa gleichaltrigen Jungen ein Wettrennen, und Paule wagt sogar einige Sprünge und Pirouetten.

Nach drei Stunden werden Berthe trotz der Wollhandschuhe, die ihre Mutter für sie zum Geburtstag gestrickt hatte, die Finger klamm. Allerdings zeigen die Kinder so viel Ausdauer, dass sie nur mit der Aussicht auf süße Waffeln und einen Becher heiße Schokolade an einem der zahlreichen Verkaufsstände von der Eisfläche zu locken sind.

Zurück in der Rue Franklin erzählen sie der Mutter aufgeregt von ihren Erlebnissen. »Wir wollen nicht wieder nach Hause, wir wollen in Paris bleiben, Maman. Dann können wir jeden Tag Schlittschuh laufen«, schlägt Paule vor. Sofort nach dem Abendessen fallen die beiden todmüde und glücklich ins Bett.

Auch Eugène fällt ins Bett – und verbringt dort die nächsten achtundvierzig Stunden. Seine Kopfschmerzen sind zurückgekehrt. Berthe muss die Vorhänge im Schlafzimmer geschlossen lassen, er beklagt sich über die lauten Stimmen der Kinder und dass Berthe ihm zu essen und zu trinken bringt. Er will in Ruhe gelassen werden, nichts anderes.

Woher kommen die Kopfschmerzen, und was lässt ihren Mann plötzlich so gereizt und unbeherrscht werden? Ihre Schwester Yves mag sie nicht mit ihren Sorgen belangen, die nunmehr dreifache Mutter hat Rücksichtnahme und Schonung verdient. Zwei Tage später nimmt Eugène wieder am Familienleben teil, kauft für Berthe und seine Schwägerin Macarons bei Ladurée, dem besten Pâtissier der Stadt, und für die Kinder Lakritze. Als Berthe ihn auf sein neuerliches Unwohlsein ansprechen will, wiegelt er ab.

»Mach dir keine Gedanken, *ma chère*. Mir geht es gut, mir fehlt nichts.«

Berthe versucht, ihm zu glauben. Weil sie ihm glauben will. Schließlich ist er ihr Ehemann.

Théodore Gobillard lässt es sich nicht nehmen, seine Familie persönlich abzuholen. Als Yves mit ihrem Mann und den drei Kindern abgereist ist, braucht Berthe mehrere Tage, um sich an die plötzliche Stille zu gewöhnen. Sie vermisst das Lachen, Toben und Singen.

»Degas hat mir von einem Haus in der Rue Villejust erzählt, das zum Verkauf ansteht«, berichtet Eugène beim Frühstück. Dies nehmen sie aus Gründen der Bequemlichkeit neuerdings an einem Tischchen in Berthes Atelier ein. »Es liegt im westlichen Teil der Straße, nahe dem Bois de Bologne. Ich bin gestern dort vorbeigegangen und habe das Haus gezeichnet.« Er zieht eine Skizze aus seinem Notizbuch, die Berthe neugierig betrachtet. Seit dem Tod der Mutter hat sie mehr denn je das Gefühl, dass ein Abschnitt in ihrem Leben zu Ende gegangen ist und etwas Neues beginnen muss. Sie sieht ein mit feinen Kreidestrichen gezeichnetes Stadthaus mit vier Stockwerken, Mansardendach und einer schmiedeeisernen Balkonbrüstung in der Beletage. Davor steht eine Platane.

»Mir gefällt das Haus schon jetzt, Eugène. Am liebsten würde ich es sofort besichtigen.«

»Dann werde ich mein Möglichstes tun, um dir diesen Wunsch zu erfüllen«, verspricht Eugène, greift nach ihrer Hand und schmiegt sie gegen seine Wange. »Ich weiß den Namen des Besitzers und werde ihn bitten, uns für eine Stunde den Schlüssel zu geben.«

Zwei Tage später gehen beide die Rue Villejust entlang bis zu der schon von Weitem sichtbaren Platane, zwischen deren zartgrünen Blättern die ersten kugelförmigen Blüten heranwachsen. Vor einer hellen Eichenholztür mit Schnitzereien und Messingbeschlägen bleiben sie stehen und nicken einander zu. Als Eugène die Tür aufschließt, hält Berthe den Atem an. Was werden sie im Inneren vorfinden? Räume, in denen man sich wohlfühlen kann oder eine kalte, abweisende Architektur, die nicht zum längeren Verweilen einlädt? Gemeinsam gehen sie von Etage zu Etage, und schon nach wenigen Minuten hat Berthe das Gefühl, dass dieses Haus auf sie gewartet hat. Mit seinen hohen Räumen, den tiefen Fenstern, stuckverzierten Decken und Wänden strahlt es Leichtigkeit und Behaglichkeit aus. In Gedanken sieht sie sich schon mit Eugène beim Tee im Rosenpavillon sitzen. Ihr künftiges Atelier wird in einen Wintergarten übergehen und fast doppelt so groß sein wie das jetzige. Das Haus bietet ausreichend Platz, wenn die Geschwister mit ihren Familien zu Besuch kommen, und die Kleinen können in dem großen Garten hinter Hibiskus-Sträuchern und den Stämmen alter Obstbäume Verstecken spielen.

Auch ohne Fachkenntnisse erkennt Berthe aber, dass das Haus renovierungsbedürftig ist. Fensterrahmen, Stuckdecken und Fußböden müssen erneuert werden, in jeder Etage soll ein Badezimmer entstehen, so ist sie sich mit Eugène schnell einig. Sofern es bei den Handwerksarbeiten keine Verzögerung gibt, können sie am Ende des Jahres einziehen, hofft Eugène.

»Wir dinieren morgen im Restaurant *Duchesse* an der Opéra zu einer Vorbesprechung für die dritte Ausstellung. Ich glaube, jeder in Paris hat mittlerweile den Begriff *Impressionisten* schon einmal gehört. Du kommst hoffentlich mit mir?«, fragt Eugène und zupft den Malerkittel seiner Frau zurecht, der ihr über die Schulter gerutscht ist. Er streicht eine Haarsträhne zur Seite und küsst sie zart hinter das Ohr. »Abgesehen von deinen fachlichen Ratschlägen, sonne ich mich gern in dem Gefühl, mit dem schönsten und charmantesten Mitglied dieser Vereinigung verheiratet zu sein.«

Bei geröstetem Brot, Kalbsschnitzeln mit Morcheln und einem leichten Weißwein gerät die Runde schnell in eine angeregte Diskussion. Neben Edgar Degas, Claude Monet und Auguste Renoir hat sich ein Neuling eingefunden. Gustave Caillebotte, ein dreißigjähriger Maler mit scharf geschnittenen Gesichtszügen und hellwachen Augen, zu dessen bevorzugten Themen Pariser Stadtansichten und sommerliche Landschaften gehören.

»Wie kann ich Sie überreden, sich diesmal an der Ausstellung zu beteiligen, mein lieber Eugène? Sie wissen, wie sehr ich Ihre Arbeit schätze.« Edgar Degas wirft Berthe einen Blick zu, in dem die unausgesprochene Bitte um Unterstützung für seinen Vorschlag liegt. Doch Berthe überlässt die Antwort ihrem Mann, er allein kann am besten für sich sprechen.

»Ihre Einschätzung ehrt mich, Edgar, wie Sie jedoch wissen, ist der Name Manet in der Malerei bereits belegt. Durch die vorangegangenen beiden Ausstellungen habe ich in organisatorischen Dingen einige Übung. Für die stelle ich mich gern ein weiteres Mal zur Verfügung.«

Die diesjährige Ausstellung der impressionistischen Malergruppe soll im April in einem leer stehenden Gebäude in der Rue Le Peletier stattfinden, gegenüber der Galerie von Paul Durand-Ruel. Wegen der gewachsenen Zahl an Teilnehmern und Werken wird beschlossen, dass Eugène Unterstützung von Caillebotte erhält. Dieser will sich um Verhandlungen mit den Künstlern und die Miete kümmern, Eugène übernimmt erneut den Katalogtext und die Hängung.

»Bleibt zu hoffen, dass die Herren Kritiker den Weg in unsere

Ausstellung finden und nicht in wenigen Hundert Metern Entfernung vor dem Schaufenster des Kunsthändlers Giroux am Boulevard des Capucines stehen bleiben«, erklärt Eugène mit ironischem Unterton. »Mein Bruder wird dort ein Gemälde ausstellen, das die Jury der Académie abgelehnt hat. Wenn ich Ihnen verrate, dass es sich um eine junge Frau in Mieder und Unterrock in ihrem Boudoir handelt und die Dargestellte Henriette Hauser heißt, ahnen Sie vermutlich, dass das Interesse der Öffentlichkeit groß sein wird.«

Die vier Maler werfen sich vielsagende Blicke zu und nicken ahnungsvoll.

»Als Schauspielerin soll sie vor allem in tragischen Rollen überzeugt haben«, weiß Monet zu berichten.

»Eine hübsch anzusehende Frau, leider habe ich sie noch nicht porträtieren dürfen«, bedauert Renoir.

»Der Prinz von Oranien-Nassau ist sicher nicht begeistert, wenn seine Mätresse sich derart freizügig der Öffentlichkeit präsentiert. Ich sehe schon das aufgebrachte Publikum mit erhobenen Gehstöcken und dem Ruf nach der Polizei in Scharen vor dem Fenster stehen«, prophezeit Degas und zieht sein Skizzenbuch aus der Jackentasche, um eine alte Frau am Nachbartisch zu zeichnen, die müde und traurig ein Glas Absinth zum Mund führt.

Sacht streicht Berthe über den Arm ihres Mannes. Eugène hat soeben eine Karaffe Wein für die Runde bestellt und für sie die geliebte Zitronenlimonade. Wie der Speisekarte zu entnehmen ist, wird das Getränk nach einer Rezeptur des Restaurantchefs hergestellt, mit frischer Minze und einer essbaren Orchidee, die den Glasrand dekoriert. Zuversichtlich blickt sie in die Runde. »Wir dürfen sicher sein, dass die sachkundigen Redakteure auch unserer Gruppe einige Zeilen widmen, und seien sie mit den üblichen Giftpfeilen gespickt.«

Édouard Manets junge Frau in dem blauen Mieder beherrscht die Schlagzeilen. Ähnlich wie schon vierzehn Jahre zuvor seine Darstellung der *Olympia*, eine nur mit Halsband, Armreifen und Seidenpantoffeln bekleidete Frau auf einem Diwan, die den Betrachter mit kühlem und selbstsicherem Blick mustert. Der Maler erhält diesmal viel Lob und viel Kritik, vor allem aber – Aufmerksamkeit.

Die Gruppe der Impressionisten erhält erstmals positive Kritiken. Dies führt zu Zwistigkeiten unter den Mitgliedern, die sich gegenseitig den Erfolg neiden, berichtet Eugène beim Frühstück und schüttelt verständnislos den Kopf. Er hat mehrere Tageszeitungen gekauft und will alle Berichte über die Ausstellung in einer Mappe zusammentragen. Von den zwölf Gemälden, Pastellen und Aquarellen, die Berthe beigetragen hat, wird die Ansicht einer jungen Frau vor dem Spiegel besonders gelobt. Ihr duftiges Kleid scheint ebenso in Bewegung zu sein wie die hellen, leicht gebauschten Vorhänge. Als würde ein zarter Windhauch durch ein offen stehendes Fenster in ihr Zimmer strömen.

Mit einem Mal wird Eugène lebhaft. »Hör dir nur an, was Paul Mantz in *Le Temps* schreibt, er ist einer der wenigen

Kritiker, der verstanden hat, was Impressionismus bedeutet …
In der Gruppe der Revolutionäre gibt es nur einen Impressionisten, und der heißt Berthe Morisot. Ihre Bilder haben die ganze Frische der Improvisation …«

Die Handwerkerarbeiten in ihrem neuen Haus in der Rue Villejust nehmen mehr Zeit in Anspruch als vorhergesehen. Zuerst können die Wasserhähne für die Badewannen nicht beschafft werden, dann müssen einige Fensterrahmen ausgetauscht werden, weil der Zimmerer die falschen Maße genommen hat. Schließlich fällt der Stuckateur über eine auf dem Boden liegende Leiter und bricht sich den Unterarm. Von seinen drei Lehrjungen hat noch keiner genügend Kenntnisse, um diese Arbeiten zu übernehmen.

Berthe verbringt die Tage zwischen ihrem Atelier und dem Kaufhaus *Le Printemps* am Boulevard Haussmann, um dort Vorhangstoffe, Teppiche, Spiegel und Leuchten auszusuchen. Das große Kaufhaus wurde vor mehr als zwanzig Jahren eröffnet und ist ein Anziehungspunkt auch für Kunden aus dem Ausland. Tag für Tag befördern Hunderte von Transportkutschen Waren über die Straßen von Paris und in die Umgebung. Eugène lässt seiner Frau bei der Auswahl freie Hand und kümmert sich währenddessen um die Renovierung.

Komm uns über den Sommer besuchen, die Kinder fragen oft nach Dir … schreiben Edma und Yves. Und so verbringt Berthe mehrere Wochen bei ihren Schwestern. Eugène kommt für eine Stippvisite in Cambrai bei den Gobillards und in Maurecourt bei den

Pontillons zu Besuch und berichtet von den Fortschritten in der Rue Villejust.

»Wenn unser Haus in Paris fertig ist, könnt ihr alle gleichzeitig kommen. Wir haben dann genug Platz. Ich habe euren Onkel gebeten, dass er ein Baumhaus und eine Schaukel für den Garten baut«, verspricht Berthe bei ihrer Abreise.

»Jaaa«, jubelt die mittlerweile zehnjährige Paule mit großen Augen, »und wenn wir mit dem Spielen und Malen fertig sind, gehen wir zum Schlittschuhlaufen in den Bois de Bologne.«

»Wir ziehen bei dir ein und bleiben in Paris, Tante Berthe«, beschließt ihr jüngerer Bruder Marcel.

Wenige Tage vor Weihnachten steht Berthe mit ihrem Mann Hand in Hand im Salon ihres neuen Zuhauses. Sie braucht eine Weile, um Worte für das zu finden, was sie bei diesem Anblick empfindet. »Genau so habe ich mir unser Heim vorgestellt, Eugène. Die hellen Nussbaummöbel und die resedafarbenen Sitzbezüge passen perfekt zusammen, das Haus bekommt dadurch eine warme Atmosphäre. Die großen Fenster und die leichten Vorhänge lassen viel Licht herein. Und das Atelier mit dem Wintergarten ist beinahe so groß wie ein Ballsaal. Ich freue mich schon auf den Sommer, wenn die Rosen und Clematis blühen …«

»Sagtest du soeben Ballsaal?« Blitzschnell umfasst Eugène ihre Taille, pfeift eine Walzermelodie, und schon tanzen sie im Dreivierteltakt durch den Salon. Mitten in einer Linksdrehung öffnet er die Tür zum Atelier, und sie schwingen weiter durch den noch leeren Raum, der erst nach dem Jahreswechsel mit Möbeln, Staffeleien, Paravents und Regalen für Farben und Pinsel ausgestattet werden soll. Berthe lehnt ihre Wange gegen Eugènes Schulter und tanzt mit geschlossenen Augen weiter. Sie fühlt sich schwerelos und glücklich.

Kapitel 42

Das Trauerjahr nach dem Tod von Marie Morisot ist vorüber, der Umbau des neuen Hauses in der Rue Villejust ist abgeschlossen, jetzt ist es an der Zeit, wieder gesellschaftlichen Verpflichtungen nachzukommen. Derartiges erwartet man von Familien aus dem gehobenen Bürgerstand wie den Manets und den Morisots. Berthe und Eugène sind sich schnell einig, sie wollen das Jahr 1878 mit einem Empfang beginnen. Die Malerfreunde, alte Bekannte und Freunde beider Familien und ebenso die Nachbarn sind eingeladen. Margot, das langjährige Hausmädchen aus der Rue Franklin, ist zu ihrer gleichfalls unverheirateten Schwester nach Marseille gezogen und will dort den Ruhestand verbringen. Ihre Nachfolgerin ist Nathalie, eine vierzigjährige, rundliche Frau mit fehlendem Schneidezahn und einem hellen, fröhlichen Lachen. Sie ist eine entfernte Cousine Margots und hat bis vor Kurzem bei einem ehemaligen Bibliothekar gearbeitet, der vor einem Monat verstarb.

»Ich darf also meinen Einstand bei Ihnen mit einem Fest geben, Madame Manet? Das ist mir nur recht. Bei meiner vorigen Stelle ist es für meinen Geschmack allzu ruhig und behäbig zugegangen. Dann will ich die Ärmel hochkrempeln und zeigen, was in mir steckt.«

Mit einem Mal befallen Berthe, die noch nie ein so großes Fest allein ausgerichtet hat, Zweifel. Schließlich macht es einen Unterschied, ob man zu einem Empfang eingeladen oder selbst Gastgeberin ist. Als sie schon darüber nachsinnt, mit welcher Ausrede sich eine solche Festlichkeit absagen ließe, ohne einen von ihrer verstorbenen Mutter so gefürchteten Skandal heraufzubeschwören, erhält sie unerwartet Unterstützung von ihrer früheren Begleitdame Géraldine La Borde. Diese hat in den Jahren, die sie zusammen mit ihrem Mann in Bordeaux verbrachte, jedes Jahr einen Empfang gegeben. Sie weiß alles über die Formulierung eines Textes auf der Einladungskarte, über die Art der Speisen und Getränke, die gereicht werden, über die Kunst des Serviettenfaltens, die verschiedensten Gläser und Karaffen und wie und wo Blumenschmuck dekoriert werden sollte.

Entgegen Berthes anfänglicher Befürchtung wird der Abend ein großer Erfolg, wie die schriftlichen Danksagungen der Gäste in den nachfolgenden Tagen zeigen werden. Eine Vielzahl an Serviermädchen in gestärkten weißen Schürzen und Hauben liest den Gästen jeden Wunsch von den Augen ab, und als Höhepunkt des Abends spielen die Gastgeber einige Walzer und Mazurkas von Chopin am Flügel – vierhändig.

Als kurz vor Ostern in den Gärten und Parks die ersten Primeln, Hyazinthen und Narzissen blühen, erhält Berthe eine Nachricht, die sie froh und zugleich traurig werden lässt. Edma erwartet ihr drittes Kind »*... aber Du darfst die Hoffnung nie aufgeben, liebste Berthe. Ich wünsche Dir so sehr, dass Dein großer Wunsch in Erfüllung geht ...*«, steht in dem Brief, dem Edma eine Fotografie der ganzen Familie beigelegt hat. Ernst blicken die Eltern und die beiden kleinen Töchter in die Kamera, alle gekleidet wie für einen Kirchgang. Ein unkritischer Betrachter würde sogar vermuten, dass sie, Berthe, auf dem Foto zu sehen ist. Die Ähnlichkeit zwischen den Schwestern ist dieselbe wie zu Kinderzeiten.

Berthe stürzt sich in diesem Frühjahr in die Arbeit, porträtiert junge Frauen inmitten blühender Gärten, beim Lesen auf einem Kanapee oder beim Klavierspiel. Ihre Auftragslage war nie besser, insbesondere Frauen aus bürgerlichen Kreisen verlangen nach ihren Werken und hängen diese in ihr Boudoir oder in den Salon. Jetzt hat sie ihr großes Ziel erreicht: Sie verdient Anerkennung – und Geld. Zumal sie in Eugène einen exzellenten Mittelsmann hat, der mit Käufern und Galeristen die für sie besten Konditionen aushandelt.

In den Zeitungen liest man nur noch über ein Thema: die Weltausstellung. Sie soll von Anfang Mai bis Ende Oktober 1878 auf dem Champ de Mars und dem Chaillot-Hügel stattfinden und der Welt zeigen, dass Frankreich sich von der Niederlage gegen die Deutschen erholt hat. 48 Länder, davon 12 Kolonien, haben sich zur technischen und kunsthandwerklichen Leistungsschau angemeldet. Das Deutsche Reich ist von der Teilnahme ausgeschlossen. Die Wunden, die der einstige Kriegsgegner in den Herzen der Franzosen hinterlassen hat, sind längst noch nicht verheilt.

Hundertausende Nationalflaggen in den Farben Blau, Weiß,

Rot wehen an den Fenstern der Stadt, man rechnet mit mehreren Millionen Besuchern aus dem In- und Ausland. Als entscheidendste Neuerung wird eine Erfindung des amerikanischen Elektroingenieurs Thomas Alva Edison angekündigt: die Glühbirne. Elektrisches Licht wird die Beleuchtung in sämtlichen Arten von Innenräumen revolutionieren, prophezeien die Berichterstatter.

Am Tag nach der Eröffnung wollen Berthe und Eugène sich einen ersten Überblick verschaffen, stellen aber bald fest, dass sie mehrmals herkommen müssen, um alle Pavillons und Sehenswürdigkeiten auf dem riesigen Areal zu besichtigen. Plötzlich weist Eugène aufgeregt in eine Richtung.

»Sieh nur, dort hinten, der Kopf der Freiheitsstatue. Sie soll einmal die größte Statue weltweit sein, über fünfundvierzig Meter hoch.« Bereitwillig folgt Berthe ihrem Mann, der sich, wie die meisten Männer, für technische Innovationen begeistern kann. Die Statue, ein Symbol für Libertas, die antike Göttin der Freiheit, ist ein Geschenk der Franzosen an das amerikanische Volk und soll an dessen Unabhängigkeit erinnern. Geplant ist, die Statue in Frankreich anzufertigen und in Einzelteile zerlegt nach New York zu verschiffen. Dort soll sie auf einem Sockel im Hafeneingang von New York stehen, in der erhobenen Hand eine Fackel. Ein verkleinertes Modell, das das zukünftige Aussehen der Statue demonstriert, beeindruckt Eugène so sehr, dass er Stift und Skizzenheft hervorholt, um dieses technische Meisterwerk festzuhalten.

Berthes Begeisterung wird an anderer Stelle entflammt. Bei den Jardins du Trocadéro ist ein unterirdisches Aquarium entstanden, das in mehreren voneinander getrennten Becken Süßwasserfische zeigt. Sie ist fasziniert von der Vielfalt der Unterwasserwelt, sieht Karpfen, Aale, Barsche, Forellen, Hechte, Zander und Fische, deren Namen sie bisher nie gehört hat. Stundenlang könnte sie hier verbringen und den geschickten Schwimmern zusehen. Dazu wird sie vermutlich sogar bald die Gelegenheit haben, wenn ihre Schwestern mit den Kindern zu Besuch kommen.

Als sie wieder zu Hause sind, ist Berthe froh, ihre angeschwollenen Beine hochlegen zu können. Seit einigen Wochen verspürt sie beim Gehen leichte Rückenschmerzen, doch nach diesem langen Tag von einem Ausstellungspavillon zum nächsten, weiß sie nicht, wie sie sitzen oder liegen soll. Keinesfalls will sie, so wie Eugène, Schmerzen herunterspielen oder gar leugnen. Sie beschließt, gleich morgen einen Arzt aufzusuchen.

»Ich gratuliere Ihnen, Madame Manet, Sie sind guter Hoffnung.«

Sprachlos steht Berthe vor dem Arzt und weiß nicht, ob sie sich verhört hat oder gerade träumt, ob sie lachen oder weinen soll oder alles gleichzeitig. Sie legt ihre gefalteten Hände auf den Bauch, schließt für einen Moment die Augen und horcht in sich hinein. Nein, dieses Gefühl kann sie nicht in Worten ausdrücken, sie muss es malen.

Eugène versteht sofort, als sie ihm am Abend das Aquarell, das nur aus Licht und Farben besteht, neben den Essteller legt. Er sieht sie erst ungläubig an, dann zieht er sie zu sich auf den Schoß und presst sie fest an sich, küsst sie, bis sie kaum noch Luft bekommt. »Ich weiß nicht, was ich zu dieser Überraschung sagen soll, Berthe ...«, stammelt er und wischt sich eine Freudenträne aus dem Auge.

»Dann ergeht es dir so wie mir«, stellt Berthe fest und muss lachen, weil Eugène genau das in Worte gefasst hat, was sie bei der Mitteilung des Arztes gedacht hat. Mit dem Zeigefinger tippt sie auf das Aquarell. »Du musst nichts sagen, du darfst mir deine Antwort malen.« Sie schlingt die Arme um seinen Hals und schmiegt ihr Haar gegen seine Wange. Am liebsten würde sie noch Stunden so sitzen bleiben und seinen Herzschlag an ihrem Herzen spüren.

Paris, den 22. Juni 1878
Liebste Edma!
Noch immer kann ich mein Glück kaum fassen. Ich glaube, das Schicksal hat es gewollt, dass wir, die wir so vieles gemeinsam erlebt haben, auch einmal zur selben Zeit ein Kind erwarten. Eugène verwöhnt mich mit Blumen und Macarons und achtet streng darauf, dass ich mich an die Anweisungen des Arztes halte. Ich soll nicht lange stehen, keine weiten Spaziergänge unternehmen, am besten auch nicht ins Theater oder zu Gesellschaften gehen, beim kleinsten Schwächegefühl soll ich mich hinlegen – was mir nicht schwerfällt, ich bin fast immer müde.
Wäre Eugène doch nur so achtsam mit sich selbst. Mich beunruhigen seine plötzlichen Kopfschmerzen, wenn ihm gleichzeitig übel wird und er sich für einen oder zwei Tage ins abgedunkelte Schlafzimmer zurückzieht. Er mag dann nichts essen, nur etwas trinken. Wenn die Attacke vorüber ist, ist er wieder der fürsorglichste Ehemann, den man sich vorstellen kann. Allerdings darf ich ihn nicht auf seine Beschwerden ansprechen und ihm

von meinen Sorgen um ihn erzählen. Darin erinnert er mich an Papa, der sich nie eine körperliche Schwäche eingestanden hätte.
Weil ich kaum noch das Haus verlasse, verbringe ich viel Zeit mit Lesen, was ich früher als Zeitverschwendung angesehen hab. Lesen hält vom Malen ab. Meist sitze ich in unserem Rosenpavillon, mache es mir in einem Sessel gemütlich und entdecke mit einem Mal die Gedichte von Baudelaire, Rimbaud, Verlaine und Mallarmé. Dazu wird mir nach der Geburt sicher die Muße fehlen.
Ich denke jeden Tag an Dich und das Kind, das Du in Dir trägst. Seid alle umarmt und herzlich gegrüßt.
Deine Berthe

Vor dem Einschlafen streicht Eugène sacht über die Wölbung unter Berthes Nachthemd. »Du wirst mit jedem Tag, an dem dein Bauch runder wird, schöner«, murmelt er an ihrem Ohr und schmiegt sich eng an ihren Körper. »Ich weiß nicht, wie ich es bis November aushalten soll. Am liebsten würde ich das Kind schon jetzt auf dem Arm halten.«

Tagsüber berichtet er seiner Frau das, was seine Malerfreunde ihm erzählen und was derzeit Stadtgespräch ist. »Édouard nutzt seine Arbeitsstätte jetzt als Bühne. Die Leute besichtigen die Weltausstellung und drängen danach in sein Atelier, um sich die neuesten Werke zeigen zu lassen und um Champagner zu trinken. Man kann illustre Gäste dort antreffen, Industrielle, Bankiers, Politiker mitsamt ihren schmuckbehängten Begleiterinnen. Die Rue d'Amsterdam ist derzeitig der Ort, wo hingeht, wer gesehen werden will.«

Das Telegramm aus Maurecourt enthält die Nachricht, die Berthe schon ungeduldig erwartet hat: Am 13. September 1878 hat ihre Schwester Edma ihr drittes Kind zur Welt gebracht, einen Sohn. Er soll den Namen Edmé tragen nach ihrem und Edmas verstorbenem Vater.

Nur noch wenige Wochen, dann wird auch sie Mutter sein. Zum ersten Mal. Und sie hat auch schon ein Kindermädchen angestellt. Angèle, eine zwanzigjährige, sommersprossige junge Frau aus Le Havre, die erst vor einem Monat mit ihrer Familie nach Paris gezogen ist, weil ihr Vater die Schusterwerkstatt seines Onkels übernommen hat.

Kapitel 43

Ihr Körper hat sich aufgelöst, alles hat sich aufgelöst, Raum und Zeit, Wärme und Kälte, Erinnerung und Bewusstsein. Irgendetwas rauscht. Das Meer, der Wind? Also kann sie hören. Doch hört sie wirklich, oder ist alles ein Traum? Nein, es muss das Blut sein, das in ihren Ohren rauscht. Mit unendlicher Mühe gelingt es Berthe, die Augen zu öffnen. Um sie herum ist Nebel. Das Gesicht einer Frau taucht schemenhaft über ihr auf. Wer ist diese Frau? Was will sie? Berthe will die Beine bewegen, die Arme, doch auf ihrem Körper lastet ein bleischweres Gewicht.

Die Frau legt ihr ein weiß umhülltes Bündel in die Arme. »Meinen Glückwunsch, Madame Manet, das haben Sie großartig gemacht.«

Langsam wendet Berthe den Kopf zur Seite und sieht ein winziges Gesicht mit runzeliger Haut. Augen und Lippen sind fest zusammengekniffen. Dann aber öffnet sich das Mündchen, und ein Schrei dringt an ihr Ohr so laut, wie sie es diesem kleinen Wesen gar nicht zugetraut hätte. Vorsichtig streicht sie mit dem Finger über die zarten Augenbrauen und über das Näschen. Eine winzige Hand mit winzigen Fingern greift nach ihrem Daumen, und plötzlich schießen Tränen aus Berthes

Augen. Tränen der Dankbarkeit und des Glücks über dieses Wunder.

»Was ist es?«, fragt sie mit zitternder Stimme die Frau, an die sie sich nunmehr erinnert – sie ist die Hebamme.

»Eine Tochter. Ein gesundes und bildschönes Mädchen. Die Kleine hat Ihren Mund und die Nase des Vaters. Ruhen Sie sich jetzt aus, Madame Manet. Sie haben Schwerstarbeit geleistet. Die Amme wird sich um die Kleine kümmern.«

Behutsam nimmt die Hebamme ihr die Tochter ab, und kurz darauf taucht Berthe ab in ein tiefes Dämmern.

»Meine Schöne, ich bin so stolz auf dich ... auf euch ...« Eugène beugt sich über sie und streicht ihr das schweißnasse Haar aus der Stirn. Hat sie geschlafen? Wie lange hat sie geschlafen?

»Welchen Tag haben wir heute? Wie spät ist es?« Sie fährt sich mit der Zunge über die trockenen Lippen. Eugène hilft ihr, sich aufzurichten, und reicht ihr ein Glas Wasser, das das neue Hausmädchen Nathalie auf dem Nachtschränkchen bereitgestellt hat. In einem Zug trinkt Berthe das Glas leer.

»Heute ist der vierzehnte November. Es ist neun Uhr abends. Unsere Tochter kam um zwölf Uhr mittags zur Welt.«

Vorsichtig setzt Eugène sich zu ihr auf die Bettkante und nimmt sie vorsichtig in den Arm. »War es sehr schwer?«

»Ja ... das heißt, ich weiß nicht ... Ich kann mich gar nicht mehr an alles erinnern.« Sie gibt Eugène das Glas zurück.

»Möchtest du noch etwas trinken?«

»Nein, ich will schlafen, nur schlafen.«

Jeden zweiten Tag kommt der Doktor und sieht nach seiner Patientin. »Sie sind von der Geburt noch sehr geschwächt, Madame Manet. Ich verschreibe Ihnen verschiedene Tees zur Stärkung. Nehmen Sie von jeder Sorte morgens, mittags und abends eine Tasse. Halten Sie weiterhin Bettruhe und vermeiden Sie jede Aufregung.«

Julie entwickelt sich zu einem gesunden und munteren Säugling, ihr Gesicht ist glatt und rosig geworden, doch Berthe fühlt sich weiterhin erschöpft. Mehrmals am Tag, wenn Julie satt und schläfrig ist, bringt die Amme ihr die Kleine. Berthe kann sich nicht sattsehen an den fein gebogenen Wimpern, dem Leberfleckpünktchen unter dem Kinn und den Händchen mit den vollkommenen Fingernägeln. Jetzt weiß sie, was ihre Schwestern meinten, als sie von dem Glück sprachen, ein Kind zu haben. Was sie damals aber noch nicht nachempfinden konnte. Sobald Berthe nur eine halbe Stunde auf den Beinen ist, um gemeinsam mit Eugène zu frühstücken oder am Nachmittag eine Tasse Tee zu trinken, ist ihr zumute, als hätte sie einen langen und anstrengenden Spaziergang hinter sich.

In diesem Jahr werden ihre Geschwister das Weihnachtsfest bei sich zu Hause verbringen, denn sie fühlt sich zu schwach für ein großes Familientreffen. Zu ihrem Kummer kann sie ihnen auch nicht die kleine Nichte und Cousine präsentieren, sondern nur ihre Zeichnungen schicken. Berthe ist niedergeschlagen und verzagt, was ihrem Mann nicht entgeht.

»Du wirst wieder zu Kräften kommen, hab mehr Geduld mit dir«, versucht er sie aufzumuntern. »Unsere Kleine gedeiht prächtig. Im Sommer stellen wir deine Staffelei in den Garten, und dann malst du Julie in ihrem Kinderwagen.«

Am Weihnachtstag, den sie ganz für sich und dank Nathalies Kochkünsten mit geräuchertem Lachs, Entenbrust, Kartoffelgratin und kandierten Maronen verbringen, führt Eugène seine Frau nach dem Essen in ihr Atelier. Er zieht einen Paravent zur Seite, und Berthe blickt auf ein Tischchen mit einer dunkelroten Damastdecke, auf dem mehrere Schachteln mit Pastellkreide liegen und außerdem etwas Hölzernes, dessen Funktion sie aber nicht erkennt.

Eugène legt ihr den Arm um die Schultern. »Ich habe mir Folgendes überlegt: Wenn dich das Stehen oder Sitzen an der Staffelei noch zu sehr anstrengt, kannst du anstatt Ölbildern ebenso gut Pastelle malen. Du musst keine Farbtuben ausdrücken, brauchst keine Palette, auf der du die verschiedenen Töne anmischst, keinen Malstock, keine Pinsel ... in den Schachteln ist eine Auswahl verschieden pigmentierter Kreiden in unterschiedlicher Konsistenz. Und dort drüben liegen mehrere Stapel Zeichenpapier in unterschiedlicher Färbung.«

Gerührt küsst sie ihn auf die Wange. »Weißt du, dass du mir mit diesem Geschenk nicht nur Freude, sondern auch Mut machst? Manchmal fühle ich mich so kraftlos, dass ich denke, ich werde nie mehr malen können.«

»Du wirst dein Atelier wieder zu deinem Lebensraum machen, etwas anderes ließe ich gar nicht zu. Jedoch brauchst du für diese Art von ... nennen wir es Trockenmalerei ... ein Hilfsmittel. Und zwar …« Eugène geht zu dem Tischchen und richtet die Holzteile auf. Jetzt erkennt Berthe eine kleine zusammenklappbare Staffelei, allerdings ohne Beine.

»Beachte bitte die herausragende Konstruktion, *ma chére*, angefertigt von Meisterhand. Also von meiner. Du kannst die Staffelei auf ein Knietablett mit Kissen stellen und bequem auf dem Kanapee oder in einem Sessel malen. Ich habe zusätzlich Scharniere eingebaut, damit du die Neigung verstellen kannst.«

»Ach, Eugène, du bist …« Berthe stockt, denkt nach und stockt wieder. »Du bist …«

»Sollten dir die Worte fehlen, darfst du mir deine Meinung auch gern malen«, schlägt Eugène scherzhaft vor.

Berthe lacht laut auf und tippt ihm mit dem Finger auf die Stirn. »Jetzt weiß ich es. Du bist genial.«

Eugène kann sich ein Grinsen nicht verkneifen. »Wenn das mein älterer Bruder wüsste …«

An manchen Tagen glaubt Berthe, dass sie wieder die ist, die sie einmal war, dann plötzlich fühlt sie sich so ermattet, dass sie am liebsten gar nicht aufstehen möchte. Aber zu sehen, wie Julie größer und schwerer wird, wie sie lächelt, sobald Berthe sie auf den Arm nimmt, und wie die Kleine interessiert ihre Umgebung beobachtet, lässt sie in diesem Moment alle sorgenvollen Gedanken vergessen.

Zum ersten Mal findet eine Impressionisten-Ausstellung ohne die Teilnahme Berthes statt. Doch Eugène ist ihr zuverlässiger Berichterstatter.

»So viele Besucher am Eröffnungstag hatten wir bisher noch nie. Diesmal stellen sogar zwei Frauen aus. Mary Cassatt stammt aus Amerika und lebt seit fünf Jahren in Paris. Sie hat unserem Freund Degas einige Male Modell gestanden. Die zweite heißt Marie Braquemond, ihr Mann Félix ist Porzellanmaler und Graphiker.«

»Dann bin ich beim nächsten Mal nicht mehr allein«, freut sich Berthe. »Hoffentlich begreift das Publikum, dass es auch Malerinnen gibt, die den Männern ebenbürtig sind.« Was nicht allein für das Publikum, sondern ebenso für manchen Maler gilt. In Berthes Erinnerung taucht das Bild des einen auf, der ihr bisher jede Form von Anerkennung verweigert hat – ihr Schwager Édouard, den sie jeden Tag in ihrem Ehemann wiederfindet. Jedoch nur in seinem Äußeren. In ihrem Wesen könnten die beiden Brüder nicht unterschiedlicher sein. Eugène muntert Berthe auf, er diskutiert mit ihr die Pastelle und lobt sie für das Ergebnis. Er gibt ihr Zuversicht, wenn sie befürchtet, nie mehr die Energie zu haben, an einer Staffelei zu arbeiten.

Eugène glaubt an sie.

Kapitel 44

Zunächst fällt es Berthe gar nicht auf, aber eines Nachmittags stellt sie fest, dass sie schon seit zwei Stunden im Garten sitzt und Julie in ihrem Kinderwagen beobachtet. Den oberen Teil hat sie mit einem durchschimmernden Tuch abgedeckt, um die kleine Tochter vor Insekten zu schützen. Auch in den Tagen danach spürt sie, dass etwas zurückgekommen ist, was sie glaubte verloren zu haben. Die Freude an der Natur um sie herum, die Lust, sich im Freien zu bewegen, den Duft von Rosen einzuatmen und den Flug von Schmetterlingen zu beobachten.

Eugène sitzt ihr ebenso Porträt wie Zaza, die Amme, und Nathalie, das Hausmädchen. Berthe hat sich an das Malen mit Pastellkreide gewöhnt, mit der sich sowohl ein deckender als auch ein zarter Farbauftrag erzielen lässt. Auch lassen sich bestimmte Kreidearten großflächig verwischen, was ihnen die Anmutung eines Aquarells verleiht. Den Geruch von Terpentin und Ölfarben hat sie noch gar nicht vermisst.

An einem sonnigen Morgen im August steht das Kindermädchen plötzlich aufgeregt vor ihr. »Madame Manet, Julies Köpfchen fühlt sich heiß an. Und sie musste vorhin so merkwürdig husten.«

Sofort läuft Berthe mit Angèle ins Kinderzimmer und sieht ihre Tochter mit verquollenen Augen und schwer atmend in der Wiege liegen.

»Meine Kleine, was fehlt dir denn?« Sie nimmt Julie auf und presst den heißen Kinderkörper an sich. »Sagen Sie meinem Mann, er soll den Doktor rufen, Angèle. Und bringen Sie mir eine Schüssel mit Wasser und frische Tücher.«

Vorsichtig legt Berthe die Tochter zurück und richtet sie ein wenig auf, damit ihr das Atmen leichterfällt. Mit einem feuchten Tuch betupft Berthe Wangen und Stirn. Julie windet sich, wimmert und hustet, ein Geräusch, das Berthe die Tränen in die Augen treibt. Warum muss dieses kleine Wesen krank sein, viel lieber wäre ihr, sie würde anstelle ihres Kindes leiden.

Docteur Moréas ist ein Hüne mit breitem Backenbart und buschigen Brauen. Er hat sich auf die Behandlung von Kindern spezialisiert. Mit einer Zartheit, die man diesem massigen Mann kaum zutrauen würde, tastet er Stirn, Ohren und Hals des Kindes ab. Er legt ein Stethoskop auf Julies Brust und Rücken und nickt ahnungsvoll.

»Ihre Tochter leidet an einer Bronchitis, Madame Manet, verbunden mit einer Entzündung der Augen. Das Fieber verstärkt die Beschwerden. Sie muss viel trinken, machen Sie ihr Arm- und Wadenwickel, sobald Sie das Gefühl haben, dass das Fieber steigt. Tränken Sie ein weiches Tuch mit lauwarmem Kamillentee und reinigen Sie damit vorsichtig die Augen. Wischen Sie immer von außen nach innen, Richtung Nase.«

»Eine Bronchitis ... aber sie ist doch noch so klein, Monsieur le Docteur.« Ihre Stimme zittert, sie kommt sich verloren und hilflos vor.

»Krankheiten machen vor keinem Alter halt. Ihre Tochter kommt mir gut genährt und kräftig vor. Das ist eine gute Voraussetzung, um schnell wieder gesund zu werden. Quarkwickel auf der Brust können zusätzlich helfen, die Entzündung aus dem Körper zu ziehen. Sorgen Sie für frische Luft beim Schlafen. Sie können mich jederzeit rufen, wenn Sie etwas beunruhigt.«

Der Arzt kommt noch viele Male. Julie hustet und fiebert, liegt schwach und apathisch da und reagiert kaum auf Worte oder Berührungen. An manchen Tagen sitzen Berthe und Eugène gemeinsam an der Wiege, nehmen ihre Tochter abwechselnd auf den Arm, wenn ein Hustenanfall den kleinen Körper schüttelt, und leiden mit jedem Röcheln und Wimmerton. Tröstende Briefe von Yves und Edma gehen ein, die Schwestern wissen, wie ihnen zumute ist, schließlich haben sie selbst oft genug um ihre erkrankten Kinder gebangt. Berthe mag kaum essen und besteht bald nur noch aus Verzagtheit.

Als Eugène sich erneut wegen heftiger Kopfschmerzen in das abgedunkelte Schlafzimmer zurückzieht, zwingt Berthe sich in Erinnerung zu rufen, dass diese Attacken vorübergehen und ihr Mann danach wieder der Alte ist. Sorgen bereitet ihr allein die kranke Tochter. Sollte das Schicksal es von ihr fordern, würde Berthe sofort für immer den Pinsel aus der Hand legen, wenn nur Julie wieder gesund wird.

»Sieh nur, sie lächelt«, vernimmt sie mit einem Mal die Stimme Eugènes. »Julie lächelt.«

Wie in Trance erhebt sich Berthe von dem Sofa, auf dem sie erschöpft eingeschlafen war, und geht an die Wiege. Eugène hat die Kleine auf den Arm genommen und streicht zärtlich über das feine Kinderhaar.

»Sie wird wieder gesund. Meine kleine Julie, wir sind so froh«, flüstert Berthe und küsst abwechselnd die Wange ihrer Tochter und die ihres Ehemannes. Dabei schickt sie unzählige Dankesgebete zum Himmel. Eilig zieht sie ein Taschentuch aus der Rocktasche und trocknet ihre Tränen der Erleichterung.

Julie erholt sich schnell, nahezu mit jedem Tag wird ihr Gesicht wieder rosiger und voller, und immer öfter streckt sie die Ärmchen vor, wenn sie aus der Wiege geholt wird.

»Wollen wir drei den Winter im Süden verbringen? Das milde Klima wird uns allen guttun. Ich glaube, Nizza wäre genau das Richtige in dieser Jahreszeit«, schlägt Eugène vor. Ohne auch nur eine Sekunde nachzudenken, stimmt Berthe ihm zu. Nachdem sie so viele dunkle und schwere Stunden durchlebt hat, sehnt sie sich nach Wärme und Licht, nach Erholung für Körper und Geist.

»Wenn wir Julie noch vor unserer Reise taufen lassen, gibt es nichts mehr, was mich dann noch in Paris halten kann.«

Nach monatelanger Unpässlichkeit fühlt Berthe sich noch zu schwach, um eine Vielzahl von Personen in ihrem Haus zu beherbergen oder ein Fest vorzubereiten. Deshalb soll die Taufe Julies nur in Anwesenheit der in Paris lebenden Familie Manet stattfinden. Bereits vor der Geburt hatten Eugène und sie sich darauf geeinigt, dass seine Brüder Édouard und Gustave die Paten des Kindes sein sollen. Berthe verspricht ihren Geschwistern, im Sommer mit ihnen ein großes Fest zu feiern.

Am ersten Sonntag im Dezember findet die Taufe in derselben Kirche statt, in der Berthe und ihre Geschwister getauft wurden und in der sie und ihre Schwestern auch geheiratet hatten. Der vormalige Priester lebt mittlerweile aus Altersgründen in einem Kloster im Baskenland. Sein Nachfolger ist ein etwa dreißig Jahre alter Geistlicher mit rötlichem Vollbart, der noch ein wenig unsicher wirkt und bei manchem Gebet seinen Blick zu der mit Fresken verzierten Kuppel hinaufschickt, als erwarte er von dort oben göttlichen Beistand. Julie lässt die Zeremonie ohne einen Laut über sich ergehen, und als der Priester ihr Wasser über den Kopf träufelt, verzieht sie nur kurz den Mund. Das Taufkleid hatten alle Morisot-Kinder getragen und stammt aus dem Besitz ihrer verstorbenen Mutter Marie, die dieses Kleid zu ihrer Taufeier getragen hatte. Berthe nimmt sich vor, Pastelle von der Zeremonie anzufertigen und diese ihren Geschwistern zu senden.

Nach dem Kirchgang findet sich die Familie Manet in der Rue Villejust zu einem ihrer seltenen gemeinsamen Treffen zusammen. Madame und Suzanne Manet würden die Kleine am liebsten fortwährend auf dem Arm halten. Léon, Suzannes Bruder, ahmt den Ruf eines Käuzchens nach, was Julie glucksend lachen lässt. Sobald er verstummt, blickt ihn die Kleine erwartungsvoll an und wartet auf eine Zugabe. Erst jetzt fällt Berthe etwas auf, was ihr bisher entgangen war. Nicht nur die drei Manet-Brüder ähneln einander, auch Léon hat Ähnlichkeit mit ihnen.

»Sollte das Kind nach Ihnen kommen, liebe Schwägerin, werde ich eine Schönheit zur Patentochter haben«, schmeichelt Gustave, und Berthe schenkt ihm ein freudiges Lächeln. Auch wenn sie sich bisher nur wenige Male gesehen haben, spürt sie doch eine innere Verbindung zu diesem Schwager.

Édouard zeigt ihr gegenüber eine sonderbare Reserviertheit, die sie das erste Mal nach ihrer Verlobung an ihm festgestellt hatte. Das Gehen ist ihm schwer geworden, er macht keinen Schritt mehr ohne seinen Gehstock. Seiner Miene ist zu entnehmen, dass ihn diese Beeinträchtigung verärgert, was er aber damit zu überspielen versucht, dass er weitschweifig und mit zahlreichen Anekdoten gespickt von seinen verschiedenen Gehstöcken erzählt, die er sich passend zu jedem Mantel hat anfertigen lassen.

Mittlerweile sind Julie die Augen zugefallen, und das Kindermädchen bringt sie auf ihr Zimmer. Die Erwachsenen sitzen noch eine Weile plaudernd beisammen, vorzüglich bekocht von Nathalie, die von dem früheren Hausmädchen Margot das Rezept für Coq au Vin übernommen hat, das Lieblingsgericht des verstorbenen Edmé Morisot. Berthe bemerkt eine eigenartige Spannung zwischen den Brüdern Eugène und Édouard, doch darüber will sie sich jetzt keine Gedanken machen. In einer Woche wird sie zum ersten Mal das Mittelmeer sehen, zusammen mit ihrem Mann und ihrer Tochter.

Kapitel 45

Berthe ist begeistert von den milden Temperaturen und beeindruckt von der mondänen Stadt an der Côte d'Azur, wo jeden Tag an der Strandpromenade ein Schaulaufen der Berühmten und Betuchten stattfindet. Nizza ist ein Ort mit prachtvollen Villen, exotischen Gärten und eleganten Hotels. Überall wird gebaut, und in drei Jahren, wenn hier die Weltausstellung 1883 stattfindet, soll die ganze Stadt elektrisch beleuchtet sein. Das zurzeit einzige Areal ohne Gerüste und Bauzäune ist der Burgberg. Dort, wo König Louis XIV. einst eine Militärfestung abreißen ließ, bieten sich heute den Touristen herrliche Ausblicke und Spazierwege.

Eugène und sie haben schon am ersten Tag diesen Hügel für sich entdeckt. Am liebsten sitzen sie auf einer Bank im Schatten hoher Bäume und blicken auf die Engelsbucht. Berthe schaut ihrem Mann zu, wie er eine Familie mit zwei jungen Mädchen skizziert, die einem schwarz-weiß gefleckten Hund ein Stöckchen zuwerfen. Der Hund apportiert das Holzstück und wartet unruhig tänzelnd darauf, das Spiel fortzusetzen. Sie selbst hat entschieden, während ihres Aufenthalts keine Kreide und auch keinen Stift in die Hand zu nehmen, sondern sich darauf zu konzentrieren, durch viel Schlaf und Bewegung an frischer Luft ihre verlorene Kraft endgültig zurückzugewinnen. Allein beim Beobachten prägt sie sich Erinnerungsbilder ein, die sie später, wenn sie zurück in Paris sind, auf die Leinwand bringen will. Dann endlich wird sie wieder in ihrem Atelier stehen und eine Welt aus Farben, Licht und Wärme schaffen.

»Weißt du, wie man die Gäste nennt, die mit dem schlechten Wetter in den Süden kommen?«, fragt sie Eugène. Der zuckt mit den Schultern und schraffiert unterdessen eine Wolke. »Unsere Vermieterin erzählte mir gestern, dass die Einheimischen diese Touristen als ›Schwalben‹ bezeichnen.«

Eugène schmunzelt und zeichnet weiter. Dann deutet er mit dem Stift auf die Skizze. »Was siehst du neben der Wolke?«

»Zwei Schwalben.«

»Gut, und was fällt dir daran auf?«

»Hm, die eine ist eine große und die andere eine kleine Schwalbe.«

»Richtig, das sind du und Julie, meine beiden Schwalben, die mich in den Süden begleitet haben.«

Als sie Ende März nach Paris zurückkehren, hat auch dort der Frühling Einzug gehalten. Im Garten entfalten Anemonen, Tulpen, Narzissen und Primeln ihre Blütenpracht. Julie entdeckt die Welt. Zuerst läuft sie noch ein wenig wackelig, dann aber immer sicherer durch das Atelier und schaut ihrer Mutter neugierig bei der Arbeit zu. Manchmal will sie auf den Arm genommen werden, dann legt Berthe Pinsel und Palette beiseite und dreht sich mit ihr einige Male im Kreis.

Im Wintergarten hat Eugène für seine kleine Tochter eine Spielecke eingerichtet. In einem Korb liegen Tierfiguren aus Holz, die er selbst bemalt und lackiert hat, außerdem Bälle und Puppen. Nathalie, die ganz vernarrt in die Kleine ist, hat Puppenkleider genäht und winzige Schals und Mützen gehäkelt. Als Eugène eines Tages zusammen mit Julie eine Spanholzschachtel auspackt, muss Berthe unwillkürlich lachen. In der Schachtel befindet sich eine Lokomotive aus Blech. Wenn Eugène mit einem Schlüssel den Uhrwerkantrieb aufzieht und die Lokomotive sich wie von Zauberhand in Bewegung setzt, hockt Julie mit großen Augen auf dem Boden und klatscht in die Hände.

»Mehr, mehr!«, ruft sie, sobald die Lokomotive stehen bleibt. Belustigt sieht Berthe ihnen zu und erinnert sich, wie Eugène bei ihrem Besuch in London mehrere Male vor einem Spielwarenladen in der Orange Street stehen geblieben war und interessiert die Auslage studiert hatte. Manchmal kommen Nachbarskinder vorbei und wollen die rollende Lokomotive sehen. Wenn Berthe darüber sinniert, wie aufgeweckt ihre Tochter ist, die noch vor einem halben Jahr krank in der Wiege gelegen hat, und wenn sie die fröhlichen Kinderstimmen um sich herum vernimmt, weiß sie, dass das Schicksal es gut mit ihr meint.

Auch die fünfte Impressionisten-Ausstellung ruft die Kritiker auf den Plan. Renoir und Monet, die sich mit einigen ihrer Malerkollegen zerstritten haben, stellen lieber im offiziellen *Salon* aus. Berthes Bilder werden als zu skizzenhaft, charmant und dekorativ gerügt, was sie jedoch als Beleg dafür sieht, dass ihre Malerei sich weiterentwickelt hat. Ihre beiden großen Themen sind Farbe und Licht. Das ist es, was sie in sich fühlt und was sie zum Ausdruck bringen will.

»Du hast Erfolg beim Publikum, mehr als die Hälfte deiner Bilder sind bereits verkauft«, berichtet Eugène eine Woche nach der Eröffnung. »Vielleicht sollten die Herren Redakteure einmal selbst zum Pinsel greifen und ein nach ihren Vorstellungen vollkommenes Kunstwerk schaffen. Ich wäre sofort bereit, eine Kritik zu verfassen.«

Gemeinsam besuchen sie die Ausstellung, und Berthe ist fasziniert von einem außergewöhnlichen Werk, wie sie es in einer solchen Kompromisslosigkeit noch nie gesehen hat. Edgar Degas zeigt diesmal nicht nur Gemälde mit seinem Lieblingsmotiv, den Ballettratten der Opéra Garnier, sondern eine ein Meter hohe Tänzerinnenskulptur aus Wachs. Mieder und Röckchen sind aus Stoff, ebenso die Ballettschuhe. Ihr echtes Haar ist im Nacken zum Zopf geflochten und mit einem Seidenband geschmückt. In ihrem Gesicht ist die Erschöpfung vom harten Training, das die jungen Balletteusen täglich absolvieren müssen, deutlich zu erkennen. Berthe ist tief berührt und möchte sofort dem Malerkollegen ihre Bewunderung aussprechen.

»Mademoiselle Morisot, Sie sehen mich am Boden zerstört. Nie wieder werde ich eine Skulptur öffentlich zeigen. Die Kritik für meine Tänzerin ist derart vernichtend, dass ich mich diesem Sturm der Entrüstung nicht noch einmal aussetzen werde«, hört sie auf einmal die Stimme Degas', doch bevor sie etwas sagen kann, strebt dieser schon mit einem der Journalisten, der eifrig in sein Notizbuch schreibt, dem Ausgang zu.

Als sie sich nach ihrem Mann umschaut, ist auch der verschwunden. Allein schlendert Berthe an den Bildern der ihr bekannten Maler vorbei, wie Caillebotte und Pissaro. Schließlich kommt sie zu der Wand, an der ihre eigenen Werke hängen. Sie bleibt vor einer Ansicht stehen, die zwei junge Frauen im Bois de Bologne zeigt. Die eine sitzt auf einem Klappstuhl und ordnet einzelne Blüten zu einem kleinen Strauß, die andere beugt sich hinunter, um weitere Blumen zu pflücken. Berthe erinnert sich noch gut an den heißen Sommertag, als die Luft flirrte, sie für ihre Staffelei ein schattiges Plätzchen suchte und mit den beiden Mädchen scherzte.

»Sehr erfreut, auch Sie hier anzutreffen, Berthe. Mein Bruder lief mir bereits über den Weg.« Édouard Manet steht unvermittelt da, stützt sich mit beiden Händen schwer auf seinen Stock und deutet mit dem Kinn auf die Leinwand. »Sehr hübsch, Ihre beiden Protagonistinnen. Die offene Bildkomposition ist Ihnen durchaus gelungen. Wie ich sehe, bevorzugen Sie neuerdings die Flüchtigkeit des Augenblicks.«

Berthe sieht seine fahle Gesichtshaut, die Furchen um die Augenpartie, die Geheimratsecken, die weiter nach oben gerutscht sind. Gleichzeitig spürt sie etwas, das sie als Feindseligkeit deuten würde, wäre dieser Mann neben ihr in der auffallend exquisiten Kleidung nicht ihr ehemaliger Porträtist und jetziger Schwager. Aus seiner Bemerkung hört sie einen unterschwelligen Vorwurf heraus. Also gibt sie sich bewusst freundlich und diplomatisch.

»Guten Tag, Édouard, Sie haben meine Absicht genau erfasst. Ich male ausschließlich das, was ich fühle.«

Er kräuselt die Lippen zu einem Lächeln. Zeigt es Spott oder den Schmerz, den ihm seine schlechte körperliche Verfassung bereitet?

»Sie verwenden eine reduzierte Anzahl von Farben.«

»So ist es, bei diesem Bild habe ich meine Palette auf Blau, Grün und Weiß beschränkt.«

Schweigend stehen sie eine Weile nebeneinander vor dem Bild, das in seiner Leichtigkeit und Beschwingtheit so eindeutig Morisot ist und niemals mit einem Gemälde von Édouard Manet verwechselt werden könnte.

»Ihr Bemühen um Reduktion ist ohne Zweifel lobenswert, liebe Berthe. Ich frage mich allerdings, warum Sie die einzelnen Bildelemente nicht klar voneinander abgegrenzt haben. Der Betrachter sieht eine ineinanderfließende, undefinierbare Substanz. Nirgends ist zu erkennen, wo eine Figur aufhört und wo der Hintergrund anfängt. Die Welt besteht nicht nur aus Farben, sie besteht auch aus Formen. Doch die leugnen Sie bedauerlicherweise.«

Berthe fühlt ihr Herz rasen, sie ringt um Luft. Genau das ist es, was sie hasst. Wenn jemand meint, sie ungefragt belehren zu wollen. Weil er sie nicht respektiert. Weil er sie abwerten will. Weil er sich selbst als kompetenter darstellen will … Weil sie eine Frau ist.

Nur mit größter Anstrengung gelingt es ihr, Haltung zu bewahren und ihrer Stimme einen verbindlichen Klang zu verleihen. »Vielen Dank für Ihre Einschätzung, Édouard. Allerdings brauche ich keinen weiteren Kritiker, der mir sagt, was er zu sehen wünscht. Ich habe den besten Experten und Berater an meiner Seite, den ich mir vorstellen kann – meinen Mann. Ich folge ausschließlich seinen Anregungen.«

Im selben Moment steht Eugène neben ihr. Berthe hakt sich bei ihm unter und wirft ihrem Schwager ein siegesgewisses Lächeln zu. Plötzlich hat Édouard hat es eilig.

»Ihr entschuldigt mich, ich habe noch eine Verabredung.« Er wendet sich um und geht schwerfällig aus der Ausstellungshalle.

Mit gerunzelter Stirn blickt Eugène ihm hinterher. »Verspürte mein Bruder den Wunsch, dir ungefragt einen persönlichen Ratschlag mit auf den Weg zu geben?«

Sie lehnt den Kopf gegen seine Schulter und drückt seinen Arm. »Das erzähle ich dir, wenn wir zu Hause sind.«

Paris, den 29. April 1880
Meine liebe Edma!
Ich vermisse Dich. Gerade heute hätte ich Dir so viel zu erzählen gehabt. Als wir am Nachmittag die Impressionisten-Ausstellung in der Rue des Pyramides besucht haben, trafen wir auch auf Édouard. Vermutlich kannst Du Dir bereits ausmalen, was dann geschehen ist.
Der Zufall wollte es, dass Édouard und ich allein vor meinem Bild mit den jungen Mädchen im Bois de Bologne standen. Eugène war unterdessen in ein Gespräch mit Caillebotte verwickelt. Édouard meinte, wie ich es von ihm kenne, mich belehren zu müssen. Diesmal ging es ihm um meine angebliche Flüchtigkeit und um fehlende Konturen. Zwar habe ich mich

ihm gegenüber unbeeindruckt gezeigt, aber hinterher habe ich gezittert und gespürt, wie sehr ich mich verletzt fühlte.

Wenn die Redakteure von Le Temps *und vom* Figaro *mich herabwürdigen, kümmert mich das wenig. Ich weiß, sie sind Journalisten und können nicht malen. Édouard aber kann malen, und deswegen trifft mich seine Kritik besonders hart. Aber darf ich überhaupt solche Gedanken hegen? Schließlich kann auch Eugène malen, und er würde sich nie, nie diese Überheblichkeit herausnehmen. Weder mir noch anderen gegenüber.*

Doch jetzt ist genug mit Wehklagen und trüben Gedanken. Julie zu beobachten, wie sie immer selbstständiger und selbstbewusster wird, erfüllt mich jeden Tag mit Freude und Dankbarkeit. Ich habe einmal nachgezählt – mit ihren anderthalb Jahren kennt sie siebzig Worte und spricht Drei-Wort-Sätze. Grammatikalisch korrekt!

Bald sehen wir uns wieder, liebste Edma, und ich wünsche mir, dass unsere Kinder und auch die von Yves sich später einmal gern an unsere gegenseitigen Besuche erinnern.

Ich umarme euch alle.

Deine Berthe

Gespräch unter Brüdern

»Eugène, was verschafft mir die Ehre? Du hast deinen Besuch nicht angekündigt.«

»Ich möchte mit dir reden, Édouard.«

»Nimm im Besuchersessel Platz. Dich stört hoffentlich nicht, wenn ich weitermale?«

»Keineswegs ... Oh, wie ich sehe, hast du das Porträt von Berthe mit dem Veilchenstrauß noch in deinem Atelier.«

»Stimmt.«

»Du hast sie oft gemalt.«

»Mag sein.«

»Ein Dutzend Mal.«

»Möglich.«

»Mehr als jede andere Frau?«

»Ich habe nicht nachgezählt.«

»Sie war zweifelsfrei deine Muse. Würdest du sie heute erneut malen?«

»Vielleicht.«

»Und warum tust du es nicht?«

»Weil ... weil sie sich weigert!«

»Warum reagierst du so heftig?«

»Seit eurer Hochzeit hat sie mir kein einziges Mal mehr Modell gesessen.«

»Höre ich aus deinen Worten ein gewisses Bedauern?«

»Wie kommst du darauf? Es gibt genug Frauen, die sich darum reißen, von mir gemalt zu werden.«

»Weißt du, Édouard, ich erinnere mich gut daran, wie überschwänglich du anfangs von Berthe gesprochen hast. Kurz nachdem du sie kennengelernt hattest. Insgeheim habe ich dich darum beneidet, dass du diese schöne und geheimnisvolle Frau malen durftest. Ich habe ihre Porträts damals genau studiert. Jedem deiner Pinselstriche konnte ich ansehen, was du empfunden hast. Du warst in sie verliebt, rasend verliebt. Und du bist es immer noch, habe ich recht?«

»Das ist doch absurd! Darauf muss ich dir keine Antwort geben.«

»Stimmt, ich weiß die Antwort auch so. Du bist eifersüchtig, weil du Berthe nicht haben konntest. Du hast sie gemalt – aber ich habe sie geheiratet. Das hast du mir nie verziehen – und ihr auch nicht.«

»Du redest Unsinn. Sie hat eine schöne Hülle, doch in ihrem Innern ist sie kalt und spröde. Berthe weist jeden zurück, der ihr näher als einen halben Meter kommt. Sie versteht es, eine unsichtbare Mauer um sich herum aufzubauen. Ich frage mich, wie ihr überhaupt ein Kind bekommen habt.«

»Ich kann es dir erklären, lieber Bruder. Welche speziellen Details möchtest du wissen? Du selbst bist schließlich nie Vater geworden, es sei denn ...«

»Was willst du damit andeuten?«

»Du hast dieses Thema immer abgewehrt, und es geht mich auch nichts an. Aber unsere Mutter hat mir anvertraut, dass Léon und Suzanne keinesfalls Bruder und Schwester sind, wie ihr andere immer noch glauben machen wollt. Man beachte den Altersunterschied von über zweiundzwanzig Jahren. Léon ist Suzannes Sohn! Das kam heraus, als er im Jahr zweiundsiebzig zum Militär eingezogen wurde, nicht wahr? Der Junge hat nicht nur Ähnlichkeit mit Suzanne, er hat auch Ähnlichkeit mit dir. Ist es nicht ein eigenartiger Zufall, dass Léon ausgerechnet ein Dreivierteljahr nach der Zeit geboren wurde, als du in Holland warst?«

»Du bist doch nicht gekommen, um mich als verschmähten Verehrer deiner Ehefrau zu entlarven oder um Spekulationen über meine Zeugungsfähigkeit anzustellen. Was willst du wirklich von mir, Eugène?«

»Dass du respektvoll von meiner Frau sprichst. Ich dulde nicht, dass du ihr Können und ihre Erfolge abwertest. Wie du es vor einigen Tagen während der Ausstellung in der Rue des Pyramides getan hast. Du meintest, ihr Ratschläge geben zu müssen, was sie deiner Ansicht nach an dem Bild mit den Mädchen im Bois de Bologne verändern soll. Berthe ist eine großartige Malerin, und das weißt du, auch wenn du es niemals zugeben würdest. Wenn es an deiner Ehre als Mann nagt, dass eine Frau dir ebenbürtig ist, dann bitte ich dich, lieber zu schweigen. Es verletzt nicht nur Berthe, wenn du dich abfällig über ihre Arbeit äußerst, es verletzt auch mich.«

»Ich benenne die Dinge gern so, wie ich sie sehe.«

»Deine abwertenden Worte Berthe gegenüber sind ein Beweis für deine Überheblichkeit und deine egoistische Gesinnung. Du hast dich seinerzeit duelliert, als du glaubtest, Edmond Duranty hätte deine Arbeit zu Unrecht angeprangert. Obwohl du dich angeblich nie für die Meinung von Kritikern interessiert hast. Dabei ging es dir einzig und allein um deine verletzte Eitelkeit. Für mich gäbe es nur einen einzigen Grund, mich zu duellieren: wenn jemand Berthe beleidigte.«

»Das hieße nichts anderes, als die Waffe aus verletztem Besitzerstolz zu ziehen. Würde jemand deine Frau beleidigen, würde er zugleich dich beleidigen. Das ist der eigentliche Grund, in Wahrheit geht es nur um dich. Und ausgerechnet du nennst mich einen Egoisten? Oder wolltest du mir soeben ein Angebot zu einem Duell machen?«

»Du wirst zynisch, wenn du dich ärgerst und dir die Argumente ausgehen.«

»Das muss ich mir nicht länger anhören ...«

»Du hast recht, ich wollte ohnehin gehen. Vergiss nicht, Berthe ist meine Frau! Ich erwarte, dass du sie respektvoll behandelst.«

Kapitel 46

In der Rue Villejust entwickelt sich ein fester Jahresrhythmus. Im Frühjahr befasst sich Eugène drei bis vier Wochen mit den Vorbereitungen für die Impressionisten-Ausstellung, unterstützt von einem der teilnehmenden Malerkollegen. Im Sommer besuchen sie Edma und Yves, und an Weihnachten kommen die Geschwister mit ihren Familien nach Paris. Tiburce und Babette, die ganz offensichtlich eine glückliche Ehe führen, sind bisher kinderlos. Die drei Schwägerinnen machen Babette Mut, die Hoffnung auf Nachwuchs nicht aufzugeben. Höhepunkt für die Kinder und auch die Erwachsenen sind Schlittenfahrten mit Pferden durch den verschneiten Bois de Bologne.

Als Berthe einmal in ihrem Atelier nach einer Zeichnung von Julie und Eugène sucht, die sie Edma zeigen möchte, nimmt Tiburce sie zur Seite. »Ich wollte dich längst schon etwas fragen, Berthe. Wie kommt es, dass du mir nicht nur zu einem Schwager, sondern auch zu einer Nichte verholfen hast, die übrigens eine bezaubernde kleine Person ist? Geschah dies, weil dir mein brüderlicher Schutz fehlte? Muss ich mir etwa Vorwürfe machen?«

Spielerisch tippt Berthe ihm gegen die Brust. »Keineswegs, Tiburce, es geschah, weil das Schicksal es gut mit mir meint.«

Berthe nimmt die Tradition des Jour fixe auf und veranstaltet dienstags ihre Soiréen, wie schon zuvor ihre verstorbene Mutter Marie Morisot. Zu ihren Gästen zählen vor allem die Maler, mit denen sie sich seit Jahren verbunden fühlt. Bisweilen entzündet sich ein Disput über die Frage nach geeigneten Teilnehmern an der Impressionisten-Ausstellung. So wird behauptet, einige verdiente Maler seien ausgeladen, untalentierte hingegen eingeladen worden. Die Gemüter sind erhitzt, man ergreift Partei, überschüttet sich gegenseitig mit Vorwürfen und versöhnt sich wieder. Wenn aber Berthe für ihre Gäste Chopin-Walzer aufspielt und Julie sich währenddessen unter den Flügel hockt und mit einem unsichtbaren Taktstock dirigiert, gehen die Gäste danach beschwingt nach Hause.

Für den Sommer hat die kleine Familie eine Reise in den Süden geplant. Ein weiteres Mal ist ihr Ziel Nizza, das durch seine geschützte Lage in einer Bucht zu einem der wärmsten Orte an der Côte d'Azur zählt. Diesmal ist Berthe entschlossen, nicht nur innere Bilder von ihrer Ferienreise mitzubringen wie zwei Jahre zuvor, als Julie ihre ersten Schritte machte, sondern vor Ort zu malen. Aquarelle und Pastelle, auf denen keine Spaziergänger, jedoch die üppige Natur und im Hintergrund das Meer zu sehen sind.

Sie begeistert sich für die Vegetation, das Klima, das Dolce Vita, eine Lebensform, die die Bewohner und Feriengäste von dem nur wenige Kilometer entfernten Italien übernommen haben. In dieser Stadt findet das Leben im Freien statt, in Parks mit Aloe Vera, Orangen-, Feigen- und Olivenbäumen und am Hafen mit seinen typischen Geräuschen und Gerüchen. Wenn die dreieinhalbjährige Julie an einem Bootssteg Brotstückchen ins Wasser wirft und von allen Seiten Fische herbeigeschwommen kommen und um diese Beute kämpfen, springt sie vor Freude in die Luft. Und Berthe hat zwei neue Motive: die hüpfende Tochter und die silbrig schimmernden Fischleiber dicht unter der Wasseroberfläche.

Jeden Morgen liest Eugène die Zeitung, um sich über das Geschehen in der Heimat zu informieren. Hier im Süden erscheinen die großen Pariser Tageszeitungen mit einem Tag Verspätung. Eines Morgens liest er Berthe eine Meldung vor, die ihm ein verächtliches Schnauben entlockt. »Unser verehrter Herr Chefredakteur Wolff war natürlich bei der Eröffnung des *Salons,* den wir in diesem Jahr verpassen. In der gestrigen Ausgabe vom dritten Mai schreibt er über Édouards *Bar in den Folies-Bergère*: ... *Man wird Monsieur Manet einst mehr für das bewundern, was er versucht, als für das, was er geschaffen hat* ... Ich habe Édouards Bild gesehen, es ist großartig. Das muss ich uneingeschränkt zugeben. Ich bin nicht unbedingt der größte Anhänger meines Bruders, doch dieser Zyniker tut ihm Unrecht.«

»Wer weiß, vielleicht schreibt einmal jemand über ihn: *Man wird Monsieur Wolff einst mehr für das verachten, was er geschaffen hat, als für das, was er versucht hat*«, kommt Berthe in den Sinn, und Eugène nickt anerkennend.

»Eine wahrlich treffende Formulierung.« Dann hält er inne, und seine Stimme klingt bedrückt. »Ich sorge mich um Édouards

Gesundheit. Seine Kuren, die er in den vergangenen Jahren gemacht und über die er kaum gesprochen hat, haben nur mäßigen Erfolg gebracht. Sein linkes Bein ist gelähmt, er vermeidet jetzt, zu Fuß unterwegs zu sein, was er früher so gern getan hat. Er macht alles per Kutsche, und selbst das fällt ihm schwer.«

Berthe sieht die Gelegenheit gekommen, ein Thema anzusprechen, das ihr Mann nur zu gern abwiegelt. »Du sorgst dich um Édouards Gesundheit, Eugène, aber wie ist es um deine eigene bestellt? Willst du nicht einmal einen Arzt wegen deiner Kopfschmerzen aufsuchen? Nach unserer Ankunft hier in Nizza hast du dich über Stunden im Bett verkrochen und wolltest niemanden sehen und hören – wieder einmal.«

Er nimmt Berthes Hand und presst sie gegen seine Lippen. »Das wäre Zeitverschwendung, *ma chère*. Was sollte ein Arzt mir verschreiben? Armwickel, Tees, frische Luft? Meine Attacken kommen, und nach spätestens zwei Tagen sind sie vorüber. An diesem Ablauf hat sich seit Jahren nichts verändert, und ich habe mich daran gewöhnt. Ich verspreche dir, dass ich einen ärztlichen Rat einhole, sollten die Anfälle häufiger kommen oder länger andauern.«

»Bist du sicher, dass du dich dann an deine Worte von heute erinnern wirst?«, fragt Berthe zweifelnd.

Liebevoll streicht er ihr über die Wange. »Ich bin mir sogar ganz sicher.«

Dennoch kann und will sie sich mit derartigen Beteuerungen nicht zufriedengeben. Wenn Eugène weiterhin uneinsichtig bleibt, muss sie selbst, sobald sie zurück in Paris sind, mit einem

Arzt reden und ihm die Symptome schildern. Möglicherweise kann Docteur Moréas, der Julie vor drei Jahren wegen ihrer Bronchitis behandelt hat, ihr einen Rat geben.

Beim Frühstück stopft Julie sich ein großes Stück Croissant mit Honig in den Mund. »Hm, das schmeckt soo lecker.« Vorsichtig greift sie zu der Tasse mit heißer Schokolade, hält sie mit beiden Händen fest und nimmt einige Schlucke. Langsam setzt sie die Tasse zurück, wischt sich mit dem Handrücken über den Mund und blickt an sich hinunter. »Kein Flecken. Nathalie muss nicht waschen«, freut sie sich.

Lobend streicht Eugène ihr über das dunkle seidige Kinderhaar. »Meine kleine, große Tochter, das hast du sehr gut gemacht.«

»Gehen wir heute wieder Fische füttern? Bitte, Papa.«

Als Julie mit Kulleraugen und Kussmund ihren Vater anschaut, kann Berthe kaum ernst bleiben. Sie staunt über die geschickte Taktik ihrer noch so jungen Tochter und weiß, dass Eugène dem Charme dieser Dreieinhalbjährigen hoffnungslos erlegen ist.

»Gut, aber dann sollten wir die Fische auch nicht länger warten lassen«, entscheidet Eugène.

Eine halbe Stunde später macht sich die Familie auf den Weg zum Hafen. Eugène trägt den Malkoffer, Julie einen Korb mit Brotstückchen und Berthe eine von Julies Puppen, die das kindernärrische Hausmädchen Nathalie mit einem selbstgenähten Strandkleid ausgestattet hat.

»Wo möchtest du heute die Staffelei aufstellen?«, will Eugène wissen.

Unschlüssig lässt Berthe die Blicke schweifen. Das Meer mit seinen mannigfaltigen Wellen und seinen Booten hat sie zu vielen Tageszeiten und während unterschiedlichster Wetterbedingungen gemalt. Bei gleißender Mittags- oder milder Abendsonne, mit Wolken, die die eben noch glitzernde Wasseroberfläche in den Schatten legen, oder mit dunkel drohenden Gewitterwolken. Bei all diesen Ansichten ist ihr Standort am Ufer. Hinter ihr liegt die Stadt und vor ihr das Meer. Keine einzige Darstellung zeigt die Silhouette von Nizza, denn dazu müsste sie die Perspektive wechseln und vom Meer aus auf die Stadt blicken.

»Am liebsten würde ich auf dem Wasser malen«, erklärt sie spaßhaft.

»Dann solltest du das unbedingt tun«, entscheidet Eugène und wirkt nicht im Geringsten überrascht. »Warte hier mit Julie, ich bin gleich zurück.«

Berthe sieht, wie ihr Mann zu einem der Fischer am Quai geht und mit ihm diskutiert. Das Gespräch scheint einvernehmlich zu verlaufen. Dann aber schüttelt der Fischer energisch den Kopf, macht eine abwehrende Handbewegung und schickt sich an, die Ruderpinne seines Bootes zu prüfen. Die Diskussion geht weiter, und als Eugène in seine Jackentasche greift und dem Fischer etwas in die Hand drückt, nickt der Mann. Eugène winkt ihnen zu, und so nimmt Berthe ihre Tochter an die Hand und geht hinüber zum Quai.

»Kapitän Quentin wird dich zu einer Küstenfahrt mitnehmen. Julie und ich sorgen in der Zwischenzeit dafür, dass die Fische im Hafen endlich einmal satt werden.« Eugène reicht dem Fischer zuerst den Malkoffer, dann hilft er Berthe in das Boot, das heftig hin- und herschaukelt. Mit der einen Hand rafft sie ihr Kleid, mit der anderen klammert sie sich an Eugènes Arm und sieht sich schon kopfüber ins Hafenbecken stürzen. Nur mit Mühe kann sie das Gleichgewicht halten und ist sich mit einem Mal keineswegs sicher, dass sie tatsächlich die Stadt von der Wasserseite malen möchte.

»Machen Sie es sich am Heck gemütlich, Madame. Ich hoffe, Sie sind seefest«, grinst der Fischer und deutet zum anderen Ende des Bootes. Auf allen vieren krabbelt Berthe über Netze, Leinen und Fender und ist heilfroh, als sie auf einem unbequemen, harten Holzbrett sitzt.

»Jetzt heißt es Leinen los und Segel setzen«, ruft der Schiffer ihr zu. Langsam gleitet das Boot durch das Hafenbecken und nimmt Kurs auf den Leuchtturm. Sie kommen an einem großen weißen Fährschiff vorbei, der *Impératrice Eugénie*. Die Passagiere stehen an der Reling und warten darauf, nach Korsika oder Sardinien überzusetzen. Kinder winken dem kleinen Fischerboot fröhlich zu, einige Matrosen, die in die Takelage geklettert sind, um die Segel zu entrollen, pfeifen Berthe von oben laut und anerkennend hinterher. Nach mehreren Wenden und Halsen, bei denen sie mehr als einmal fürchtet, über Bord zu fallen, befinden sie sich auf dem Meer, das tiefblau in der spätmorgendlichen Sonne glitzert.

Ein kräftiger Ostwind treibt das Boot voran, sie segeln parallel zur Promenade. Bald erscheinen die Spaziergänger nur noch als winzige Punkte, und die großen, luxuriösen Hotels und Casinos erinnern an die Spielzeughäuser aus Julies Holzbaukasten. Längst hat Berthe erkannt, dass sie keinen Versuch unternehmen muss, die Staffelei aufzustellen. Das Boot schwankt fortwährend, und der Platz inmitten des nachlässig verteilten Tauwerks reicht nicht im Geringsten aus. Also legt sie einen Pastellmalblock auf den Schoß und greift zu der Schachtel mit den Kreiden. Der Blick über die leicht gekräuselten Wellen hinweg auf den Strand und die Promenade mit den hellen Gebäuden und den dahinterliegenden grün bewachsenen Hügel ist atemberaubend.

Rasch und sicher führt sie den Kreidestift über die raue Papieroberfläche, sie mischt und verwischt, fügt hier einen Lichtreflex auf dem Meer ein und verändert da eine Kumuluswolke. Wie ungewöhnlich, das Element Wasser im Bildvordergrund und die bebaute Uferzone in einer horizontalen Linie oberhalb der Bildmitte darstellen zu können. Und wie großzügig von Eugène, dass er ihr diese Erfahrung ermöglicht hat.

Noch zwei weitere Male fährt Berthe mit dem Fischer hinaus, bangt um ihr Gleichgewicht, weil sie sich nirgends festhalten kann, und ist gleichzeitig fasziniert von der ungewohnten Perspektive, die sich ihrem Auge bietet. Anschließend bespricht sie mit Eugène jedes ihrer Bilder. Sie liebt diese Diskussionen, bei denen es ausschließlich um ihre Malerei geht und darum, wie sie die Art, ihre Gedanken und Empfindungen durch Farben, Proportionen und Perspektive auszudrücken, verbessern kann.

»Mir gefällt, wie du durch den schiefen Horizont die Schräglage des Bootes nachahmst. Als Betrachter glaubt man, man säße selbst in einem schaukelnden Kahn«, stellt Eugène fest und breitet mehrere Bilder nebeneinander auf dem Fußboden ihres Hotelzimmers aus. »Bei der Stadtsilhouette dort drüben ...«, er deutet auf ein Blatt am Ende der Reihe, »... empfinde ich ein Ungleichgewicht. Ich meine, du solltest einen Schwerpunkt in die rechte Bildhälfte setzen. Etwa den Bug eines Fischerbootes, das sich ins Blickfeld schiebt.«

»Ein Boot würde mir nicht gefallen. Aber ich könnte doch zwei oder drei Palmen an der Promenade hinzufügen«, schlägt Berthe vor.

Eugène runzelt die Stirn, dann schüttelt er den Kopf. »Meiner Ansicht nach werden die senkrechten Linien durch die Gebäude ausreichend betont. Palmen würden diesen Eindruck zu sehr verstärken. Es fehlt ein Akzent in der Wasserpartie unterhalb der Bildmitte. An dieser Stelle muss die Waagerechte hervorgehoben werden, am besten mit dunklen Farbwerten. Damit baust du Spannung auf und schaffst gleichzeitig einen harmonischen Ausgleich.«

Berthe beugt sich vor und betrachtet die Stadtansicht mit zusammengekniffenen Augen. Langsam macht sie einige Schritte zurück und dann wieder vor. Sie ist unschlüssig, zögert, und schließlich nickt sie. Eugène hat recht. Sein geschulter Blick ist unbestechlich und sein Urteil unangreifbar. Noch nie hat er sich geirrt, er hat ein feines Gespür dafür, wie sie aus einem anfänglichen Entwurf die bestmögliche Version herausarbeitet. Aus jedem seiner Worte hört sie die Hingabe zu ihrem gemeinsamen Beruf. Zärtlich betrachtet sie ihn von der Seite, sieht sein Profil mit der hohen Stirn, der leicht geschwungene Nase und den Fältchen um die Augen.

Einige Tage später sitzen sie nach einem ausgedehnten Spaziergang auf einer Bank an der Promenade, während Julie mit einem gleichaltrigen Mädchen einen Kranz aus Gänseblümchen flicht. Eugène beobachtet Berthe, wie sie in ihrem Skizzenbuch die Szenen der vergangenen Tage aufblättert und kräuselt die Lippen.

»Was amüsiert dich, Eugène?«

»Ich amüsiere mich darüber, dass ich so oft auf deinen Bildern erscheine.«

Berthe gibt sich arglos. »Was Männer angeht, bist du mein Lieblingsmodell.«

»Malst du etwa noch andere?«, fragt er mit gespielter Entrüstung.

»Aber nein, du bist mein einziges männliches Modell. Ist dir diese Rolle unangenehm?«

Lachend rückt Eugène ein Stück näher heran und legt ihr die Hand auf den Arm. »Unangenehm? Im Gegenteil, mir gefällt, wenn du mich malst. Dann komme ich mir edel vor.«

Kapitel 47

Zurück in Paris setzt Berthe die Arbeit mit ihren beiden Lieblingsmodellen fort. Sie malt Ehemann und Tochter im Garten beim Vorlesen, im Bois de Bologne beim Entenfüttern oder auf dem See in einem Ruderboot. An kühlen und regnerischen Tagen, wenn ein Aufenthalt im Freien unkomfortabel wird, vollendet sie die Bilder, die sie in Nizza begonnen hat. Und sie tut das, was sie sich während der Ferien vorgenommen hat: mit einem Arzt über Eugènes rätselhafte Kopfschmerzen sprechen.

Docteur Moréas hat seine Praxis in der nahe gelegenen Rue de Passy, in der Beletage eines neu erbauten Stadthauses mit einem zweiflügeligen Eingangstor aus grün lackiertem Holz und verschnörkelten Balkonbrüstungen. Die Einrichtung ist schlicht, mit hellgrau getünchten Wänden, Sitzmöbeln aus der Zeit vor der Jahrhundertmitte und Vitrinenschränken, die von medizinischen Büchern überquellen. Auf dem Schreibtisch steht, den Besuchern zugewandt, eine zwei Handbreit hohe weibliche Bronzefigur im antiken Gewand, um deren Arm sich eine Schlange windet – das Symbol für Hygieia, die antike Göttin der Gesundheit.

Nachdem sich der Arzt nach dem Befinden von Julie, seiner

früheren kleinen Patientin, erkundigt hat, lässt er sich von Berthe den Grund für ihr Kommen erzählen. Aufmerksam hört er zu, unterbricht sie kein einziges Mal. Dann nickt er und blickt sie über den Rand seiner kreisrunden Brille hinweg verständig und aufmunternd an.

»Was Sie mir schildern, Madame Manet, ist ein Phänomen, das seit der Frühgeschichte der Menschen in verschiedenen Kulturen beschrieben wurde. Wir Mediziner bezeichnen diesen Augen-Kopfschmerz als Migräne. Lindernd wirken meist nur strikte Bettruhe, verdunkelte Fenster und Frischluft. Jeder Außenreiz würde die Beschwerden verstärken. Leider kennt bis heute niemand die Ursache für diese Attacken.«

Allein durch die warme, volltönende Stimme und das vertrauensvolle Lächeln des Arztes verspürt Berthe Zuversicht.

»Ich kann Ihre Besorgnis gut verstehen, Madame Manet, dennoch sollten Sie sich keine großen Sorgen machen. Ihr Mann ist nicht anhaltend erkrankt. Die Anfälle kommen zwar immer wieder – aber sie vergehen nach spätestens zwei bis drei Tagen. Danach ist den Betroffenen nichts mehr anzumerken, sie sind wieder ganz die Alten.« Docteur Moréas rückt seine Brille zurecht. »Ich erlebe allerdings häufig, dass Männer über ihre Unpässlichkeit nicht reden wollen und den Weg zu einem Arzt scheuen. Weil sie sich keine Schwäche eingestehen wollen. Frauen dagegen sind eher dazu bereit, wodurch sie für mein Empfinden große Stärke beweisen.«

Als Berthe sich von dem Arzt verabschiedet, fühlt sie Erleichterung. Künftig will sie sich bei einem Rückzug ihres Mannes ins

Dunkle nicht mehr beunruhigen, sondern die Stunden abwarten, bis der Anfall vorüber ist.

Eines Nachmittags kommt Eugène ins Atelier und sieht ihr eine Weile zu, wie sie die Erinnerungen an ihren Aufenthalt am Mittelmeer auf der Leinwand wiederauferstehen lässt. Als sie nach einer Weile Pinsel und Palette ablegt und die Handgelenke ausschüttelt, tritt er neben sie und flüstert ihr etwas ins Ohr, das sie versonnen lächeln lässt.

»Mit diesem verwegenen Vorschlag bin ich auf jeden Fall einverstanden ...« Sie zupft ihn am Ohrläppchen und küsst ihn auf die Nasenspitze. »Aber ich sehe dir an, dass du mir zuvor noch etwas mitteilen möchtest. Oder sollte ich mich irren?«

Eugène schlingt die Armee um ihre Taille und presst sie zart und liebevoll an sich. »Du vermutest richtig. Ich habe soeben etwas Erstaunliches festgestellt.« Behutsam löst er die Umarmung und deutet auf die Staffelei vor ihnen. »Bei dieser Stadtansicht stellst du den Vordergrund verschwommen und den Hintergrund unverschleiert dar. Obwohl es von den Gesetzen der Perspektive her genau andersherum sein müsste. Das heißt, du kehrst die räumlichen Dimensionen radikal um. Einen solchen Grad an Abstraktion habe ich noch nirgends gesehen.«

Eugène spricht mit einer solchen Bestimmtheit, dass Berthe vor Erstaunen den Atem anhält. Dabei hat sie nichts anderes getan, als das zu malen, was sie in sich fühlt. Sie lehnt den Kopf gegen seine Schulter und lauscht aufmerksam seinen Worten.

»Die Darstellung widerspricht unseren Sehgewohnheiten, und

dennoch ist sie in sich schlüssig. Ich sage das nicht als dein Ehemann, sondern als ein Maler und kritischer Beobachter: Du bist eine Visionärin, und ich bin stolz auf dich.«

Ab Mitte September, wenn die Pariser aus der Sommerfrische in die Stadt zurückgekehrt sind und ihnen, je nach Temperament oder Bildungsstand, der Sinn nach Klatsch oder geistvollem Austausch steht, nimmt Berthe die Tradition des Jour fixe wieder auf. Sie freut sich auf ein Wiedersehen mit ihren künstlerischen Weggefährten, besonders aber auf die Begegnung mit zwei nahezu gleichaltrigen Frauen, die sie erst wenige Male zuvor gesehen hat und deren Bekanntschaft sie vertiefen möchte.

Mary Cassatt ist eine gebürtige Amerikanerin und unverheiratet. Seit acht Jahren lebt sie in Paris und hat seither Degas mehrfach Modell gestanden. Die zierliche rothaarige Frau ist ein Temperamentbündel, trägt farbenfrohe Kleider und ist immer guter Laune. Der Kontrast zu Marie Braquemond könnte kaum größer sein, einer dunkelhaarigen Schönheit, die von einer seltsamen Schwermut befallen scheint. Sie spricht leise und langsam, wägt jedes ihrer Worte ab. Die beiden Frauen kommen immer gemeinsam in Begleitung von Félix Braquemond, Maries Ehemann, der Eugène umgehend in ein Gespräch verwickelt. Am liebsten ziehen die drei Frauen sich in Berthes Atelier zurück, um miteinander zu fachsimpeln. Manchmal kommt Julie angelaufen, zeigt den Besucherinnen ihre neuesten Werke und freut sich über deren Lob. Nie dürfen die beiden gehen, ohne eine kleine Zeichnung mitzunehmen.

»Da steht mein Name«, erklärt sie stolz und deutet auf ein J in der unteren rechten Ecke. »Den habe ich mit Papa geübt. Er hat gesagt, ich soll mir einen Spazierstock vorstellen. Einen umgedrehten.«

»Dann werden wir wohl demnächst unsere Bilder zu viert ausstellen«, lacht Mary Cassatt. »Die Welt braucht mehr Malerinnen, und hier wächst gerade eine zukünftige heran. Ich sage nur: Bravo.«

Marie Braquemond seufzt und schweigt. Bei den folgenden Zusammenkünften wirkt sie müde und resigniert. Behutsam, weil sie die Bekannte nicht brüskieren will, erkundigt sich Berthe nach dem Grund. »Sie kommen mir erschöpft vor, Marie. Arbeiten Sie zu viel?«

»Darf ich einen Moment Platz nehmen? Im Sitzen spricht es sich leichter.« Marie Braquemond geht hinüber zum blauen Sofa und lässt sich darauf niedersinken. »Es ist nicht meine Arbeit, die mich erschöpft, sondern die Rolle, die ich in unserer Ehe zu spielen habe.« Berthe nickt ahnungsvoll und lässt Marie Zeit, ihre Gedanken zu ordnen.

»Offen gestanden bin ich die Zuarbeiterin meines Mannes. Die meisten Motive für seine Radierungen und die Porzellanmalerei stammen von mir. Sobald ich mich um meine eigene Malerei kümmern möchte, meint Felix, ich solle mich besser mit Entwurfszeichnungen für ihn nützlich machen. Nie höre ich ein Wort des Dankes, während er aller Welt seine Ruhmestaten verkündet.« Sie zieht ein Taschentuch aus der Rocktasche und tupft sich damit über die Augen. »Zweimal habe ich mit ihm zusammen ausgestellt, was zu zermürbenden Diskussionen geführt hat. Ich sehe mich als eigenständige Malerin und habe versucht, mich ihm gegenüber zu erklären und zu rechtfertigen, aber vergeblich.«

»Offenbar habe ich gut daran getan, dass ich bisher jeden Heiratsantrag abgelehnt habe«, murmelt Mary Cassatt und wirft ihrer französischen Namensschwester einen Blick voller Mitgefühl zu.

Berthe nimmt ebenfalls auf dem Sofa Platz und ergreift Maries Hand. »Bitte entschuldigen Sie, das wusste ich nicht. Sie haben so wunderbare Bilder geschaffen, erkennt Ihr Mann denn nicht, was Sie bisher geleistet haben?«

Marie lacht auf. Es ist ein bitteres Lachen. »Mein Mann sieht nur sich selbst, und er findet alles, was er macht, großartig. Neben ihm haben keine anderen Götter Platz – erst recht keine Göttin.«

Julie, die von ihrer Spielecke aus die ernste Diskussion aufmerksam verfolgt, wenn auch nicht verstanden hat, läuft zu ihrer Mutter und reckt die Arme hoch. Berthe nimmt die Tochter auf den Schoß. Dicht schmiegt Julie sich an die mütterliche Schulter und spielt vorsichtig mit der Medaillonuhr, die Berthe seit ihrem einundzwanzigsten Geburtstag an einer Halskette trägt. Ein Geschenk ihrer verstorbenen Großmutter.

»Was Sie erzählen, Marie, klingt sehr bitter und sehr traurig«, muss Mary Cassatt zugeben und versinkt in nachdenkliches Schweigen.

Marie Bracquemond presst die Fingerspitzen gegen die Schläfen und schließt für einen Moment die Augen. Dann wendet sie sich Berthe zu. »Sie führen offensichtlich ein ungewöhnliches Malerinnenleben. Sie sind Mutter einer entzückenden Tochter,

Sie malen, haben ein eigenes Atelier, signieren mit Ihrem Mädchennamen, Ihr Mann verhandelt mit Käufern und Galeristen, er organisiert Ausstellungen für Sie … das klingt wie ein Märchen.«

In diesem Moment sieht Berthe ihren Mann vor sich, sieht sein dunkles volles Haar, durch das sie so gern mit den Fingern fährt, die blaugrauen Augen, mit denen er sie mal aufmerksam, mal erstaunt, aber immer liebevoll betrachtet, hört sein Lachen. *Mir gefällt, wenn du mich malst. Dann komme ich mir edel vor,* hat er ihr einmal gesagt und sie mit diesen Worten tief berührt.

»Sie haben recht, Marie. Bis zu meiner Hochzeit habe ich geglaubt, dass ein solches Leben ein unerfüllbarer Traum bleiben muss. Nach der Geburt unserer Tochter fühlte ich mich zu schwach, um länger als ein paar Minuten vor einer Leinwand zu stehen. Mein Mann schenkte mir Pastellkreide und Zeichenblöcke, damit ich im Sitzen malen konnte, auf dem Kanapee oder notfalls sogar im Bett.«

Berthe fühlt eine Kinderhand auf ihren Lippen. »Du redest und redest, Maman«, beklagt sich Julie, der das Spiel mit der Medaillonuhr zu langweilig geworden ist. »Wollen wir alle *Frère Jacques* singen? Bitte, Maman, das ist mein Lieblingslied.« Mit großen Augen blickt Julie in die Runde – und hat bereits die Frauen überzeugt.

Sie lachen und stellen sich im Kreis auf. Berthe beginnt mit dem Kanon, und die anderen stimmen der Reihe nach ein. Das fröhliche, alte Kinderlied, vorgetragen von einer zarten Kinder- und drei Frauenstimmen, erfüllt das Atelier. Als Julie nach mehr als ein Dutzend Strophen das Lied beendet, steht Eugène in der Ateliertür und spendet begeistert Beifall.

»Großartig! Ich wollte vier Malerinnen meinen Besuch abstatten, und nun finde ich vier Sängerinnen vor. Darf ich den talentierten Damen einen Tee servieren lassen, oder möchte jemand lieber heiße Schokolade?«, fragt er mit einem augenzwinkernden Blick auf seine Tochter.

»Ich! Ich will heiße Schokolade«, ruft Julie und hüpft auf und ab wie ein Tennisball.

Er beugt sich hinunter und streckt Julie die Hand entgegen. »Dann lass uns in die Küche gehen und bei Nathalie die Bestellung aufgeben.«

In dem Moment, als das Hausmädchen das Tablett mit den Getränken hereinträgt, drängt Félix Braquemond zum Aufbruch. Seine Begleiterinnen nehmen nur einige Schlucke von dem frisch aufgebrühten Tee und hasten zur Haustür, wo der Maître in Mantel und Zylinder schon ungeduldig wartet. Berthe ist ihnen gefolgt, um die Kolleginnen zu verabschieden. »Wir müssen unsere Diskussion unbedingt fortsetzen. Au revoir und bis bald.«

Schon halb im Gehen, wendet Marie Braquemond sich noch einmal um. »Ich beneide Sie, Berthe«.

Kapitel 48

Für die Bewohner in der Rue Villejust beginnt das Jahr 1883 mit denselben schlechten Nachrichten, mit denen das vorige geendet hat. Édouard Manet ist schwer erkrankt und mittlerweile ans Bett gefesselt.

»Er empfängt keine Besucher mehr, weil er nicht erträgt, dass andere sehen, wie schwach er ist. Niemand darf zu ihm, außer Suzanne und Léon«, erzählt Eugène eines Abends bekümmert, nachdem er Julie ins Bett gebracht hat. Die Kleine soll zunächst nichts vom besorgniserregenden Zustand ihres Onkels mitbekommen. »Sein Bein ist rot und stark angeschwollen, er kann weder gehen noch stehen.«

Berthe erschrickt. »Meinst du, er wird eines Tages wieder malen können?«

Hilflos zuckt Eugène mit den Schultern. »Suzannes Mund sagt, dass er tapfer und zuversichtlich ist. Niemand soll sich seinetwegen sorgen. Aber ihre Augen sagen, dass er entsetzliche Schmerzen hat und an seinem Schicksal immer mehr verzweifelt.«

Der Zwei-Tages-Kopfschmerz ist zurückgekehrt. Eugène zieht sich ins Schlafzimmer zurück, erduldet kein Licht, keine Geräusche, keine Gerüche. Er will nicht sprechen, nimmt nur von dem Wasser, das Berthe ihm in einer Karaffe auf das Nachtschränkchen stellt, bevor sie sich auf Zehenspitzen davonschleicht. Sie mahnt sich zur Gelassenheit, denn seit dem Gespräch mit Docteur Moréas weiß sie, dass Eugène nicht an einer andauernden Krankheit leidet. Sobald der Anfall vorüber ist, wird er wieder der liebenswerte, verständnisvolle Ehemann und Vater sein. Künftig will sie seine gelegentliche Schwäche als Teil seiner Persönlichkeit annehmen.

Ernstliche Sorgen bereitet ihr der Gesundheitszustand ihres Schwagers. Jeden Tag fährt Eugène in die Rue de Saint-Pétersbourg, bespricht sich mit Suzanne oder Léon und kehrt mit bedrückenden Informationen zurück. Diese lassen in Berthe gemischte Gefühle aufkommen. Sie erinnert sich gut an den Zauber, den sie verspürt hatte, während Édouard sie porträtierte. Etwas Rätselhaftes, Magisches fand in diesem Atelier statt, das sie sich bis heute nicht erklären kann. Aber da ist auch Édouards Überheblichkeit, mit der er sie manches Mal vor den Kopf gestoßen hat, und auch seine Reserviertheit ihr gegenüber. Sein Rückzug begann mit dem zwölften und letzten Porträt, als er sie mit ihrem Verlobungsring malte. Neben diesen persönlichen Eindrücken empfindet sie jedoch auch Mitleid mit dem schwerkranken Menschen.

»Was meinst du, Eugène, würde Édouard sich über einige Zeichnungen freuen, die ich von Julie angefertigt habe?«, schlägt sie ihrem Mann vor. »Dann kann er erkennen, wie seine Patentochter gewachsen ist. Schließlich hat er sie seit über einem Jahr nicht gesehen.«

»Er wird sich ganz sicher freuen. Ich nehme die Blätter morgen mit und gebe sie Suzanne.« Eugène zieht Berthe zu sich auf den Schoß und lehnt seinen Kopf an ihre Halsbeuge. Sie spürt seinen Atem an ihrem Ohr und presst sacht die Lippen auf sein Haar. »Ich könnte viel gegen meinen Bruder vorbringen, aber das Schicksal ist ungerecht zu ihm. Er hätte mehr Gnade verdient«, hört sie ihn murmeln. Doch Berthe will weiterhin hoffen. Ereignen sich auf dieser Welt nicht immer wieder Wunder?

Zwei Tage später weiß Eugène etwas Erfreuliches zu berichten. »Suzanne hat mir erzählt, dass Édouard sich die Zeichnungen mehrmals angeschaut und dabei gelächelt hat. Wer würde sich nicht in das Motiv verlieben – und auch in die Malerin?«, fügt er im Flüsterton hinzu und nimmt seine Frau zärtlich und fest in den Arm.

Eine Woche später verflüchtigt sich das Fünkchen Hoffnung. Beim Nachhausekommen ringt Eugène um Fassung. »Zufällig traf ich heute auf der Straße die beiden Ärzte. Ich bat sie, mit mir offen über Édouards Zustand zu reden. Sie sprachen von Wundbrand und dass sich in den letzten Tagen die Infektion dramatisch ausgebreitet hat. Sein linkes Bein ist eine einzige große Wunde, immer mehr Gewebe wird zerstört. Die Ärzte sehen jetzt nur noch eine letzte Möglichkeit – die Amputation. Allerdings können sie nicht vorhersagen, ob er diesen Eingriff überleben wird.«

Berthe zuckt zusammen und schlägt sich die Hand vor den Mund. Sie ist unfähig, etwas zu sagen. Fest presst sie die Lippen aufeinander und beginnt lautlos zu beten. In der Nacht können weder sie noch Eugène schlafen. Das gemeinsame Frühstück nehmen sie in gedrückter Stimmung und nahezu schweigend ein. Verwundert blickt Julie von einem zum anderen und versucht durch Grimassen und glucksende Geräusche, die Eltern zum Lachen zu bringen.

Am Nachmittag sieht Berthe ihren Mann bleich und mit schleppendem Schritt nach Hause kommen. »Haben die Ärzte …?«, fragt sie beklommen und hält den Atem an.

Eugène schluckt schwer und ringt um Worte. Dann schließt er die Augen, atmet tief durch und nickt. Ihr Blick fällt an seiner zitternden Hand vorbei auf die Zeitung, die noch ungelesen auf dem Tischchen neben dem Ateliersofa liegt. Es ist der 20. April 1883.

Als die Hoffnung gegangen ist, folgen Angst und Zweifel. Berthe hat das Gefühl, sie habe ihren Körper verlassen und beobachte sich selbst, als sei sie die Besucherin eines dramatischen Bühnenstücks. Sie findet kaum noch die Kraft, mit ihrer Tochter zu malen, zu spielen oder ihr vorzulesen.

»Bist du traurig, Maman?« Julie setzt sich zu ihr auf den Schoß und schlingt ihr die Ärmchen um den Hals. Wie kann sie ihrer Tochter die Wahrheit sagen, ohne gleichzeitig die Kinderseele zu verstören? Die Kleine ist doch erst viereinhalb Jahre alt … Berthe zögert und streicht mit der Rechten über das dunkle gewellte Haar, das Julie von beiden Elternteilen geerbt hat.

»Du hast recht, mein Kätzchen, ich bin traurig.«

»Ist Papa auch traurig?«

»Ja, wir sind beide traurig.«

Julie legt den Kopf schief und runzelt die Stirn. »Warum?«

»Wegen Onkel Édouard ... er ist sehr, sehr krank.«

»Oh.« Einen Moment verharrt Julie reglos auf dem Schoß der Mutter, dann springt sie auf und läuft zu ihrer kleinen Staffelei neben der Spielecke. »Ich male jetzt ein Bild für Onkel Édouard.« Sie drückt einige Farbtuben auf einer Palette aus und greift zum Pinsel. »Ich male ihm ein gaanz schönes Bild.«

Ein Geräusch lässt Berthe irgendwann aufmerken. Eugène ist zurück. Er ist bleich und schwankt und sucht Halt am Türrahmen. Sofort eilt sie zu ihm, um ihn zu stützen. Und dann liegen sie sich in den Armen und schluchzen. Julie drängt sich zwischen die Eltern und zupft sie energisch an der Kleidung.

»Maman, Papa, warum weint ihr denn? Ihr dürft nicht weinen. Ich habe ein Bild für Onkel Édouard gemalt. Damit er gesund wird. Ich habe eine Sonne gemalt.«

Paris – Am gestrigen 3. Mai 1883 fand auf dem Cimetière de Passy eine Beerdigung statt, wie sie die Stadt seit Langem nicht mehr gesehen hat. Die Trauergäste bewegten sich in einem mehrere Hundert Meter langen Zug über den gesamten Friedhof und nahmen Abschied von dem Maler Édouard Manet, Ritter der Ehrenlegion, der am 30. April im Alter von einundfünfzig Jahren an den Folgen eines chirurgischen Eingriffs verstarb. Unter den Sargträgern waren seine Brüder Eugène und Gustave Manet sowie sein Patensohn Léon Leenhoff. Émile Zola, der langjährige Dichterfreund, hielt eine bewegende Ansprache. Er würdigte den Verstorbenen als eine über-

ragende Malerfigur, dessen künstlerische Schaffenskraft ihn zu einem Wegweisenden für seine Zeitgenossen machte und dessen Ruhm die Jahrhunderte überdauern wird. So hat nun die Kunstwelt einen ebenso kämpferischen wie umstrittenen Protagonisten verloren. Die Zukunft wird zeigen, wer am Ende recht behält. Die Kritiker, die seine Werke oftmals geschmäht haben – oder aber die Geschichte.

Kapitel 49

Berthe kann sich nicht erinnern, wer im Anschluss an die Trauerfeier zuerst die Idee gehabt hatte. Sie selbst, Eugène, Gustave, Suzanne, Léon, Degas, Monet, Renoir, Caillebotte, Zola … Vielleicht war auch allen gleichzeitig die Idee zu einer Gedächtnisausstellung gekommen, um den zu ehren, den sie an diesem Tag zu Grabe getragen hatten: Édouard Manet, einen streitbaren, widersprüchlichen Menschen und eigenwilligen, beharrlichen Maler. Das Publikum soll sein gesamtes künstlerisches Œuvre zu sehen bekommen, so die einhellige Meinung von Verwandten und Freunden.

Die Vielzahl an Gemälden, Pastellen, Aquarellen, Druckgraphik und Zeichnungen macht eine längere Vorbereitungszeit erforderlich. Deswegen wird die Ausstellung erst in acht Monaten, im Januar 1884, stattfinden können. Ein würdiger Ort ist bald gefunden. Eugène gelingt es, den Direktor der École des Beaux-Arts zu überzeugen, für die Präsentation mehrere Räume dieser ehrwürdigen Institution zur Verfügung zu stellen. Eine Woche nach der Trauerfeier treffen sich die Organisatoren der Gedächtnisausstellung in der Rue Villejust und stimmen sich über das weitere Vorgehen ab.

Suzanne, Léon, Eugène und Gustave werden den gesamten Nachlass, der sich im Atelier in der Rue d'Amsterdam befindet, auflisten. Degas, Renoir, Monet und Caillebotte bieten an, Sammler anzusprechen und um Leihgaben zu bitten, und Zola will den Text für den Ausstellungskatalog als eine Hommage an seinen langjährigen Freund verfassen. Für alle Beteiligten bedeuten diese Planungen zugleich Ablenkung von der Trauer, die jeder auf seine ganz persönliche Art empfindet.

Eugène hat schon den Mantel angezogen, als er noch einmal ins Atelier kommt. »Gustave und ich beginnen heute mit der Katalogisierung der Zeichnungen. Mir ist soeben eingefallen, dass Édouard mir nach unserer Italienreise einige seiner Skizzen geschenkt hatte. Ich glaube, sie liegen im Bibliotheksschrank, in einer dunkelgrünen Ledermappe. Würdest du einmal nachschauen, Berthe? Wahrscheinlich werde ich erst am Nachmittag zurück sein.«

Julie will mit zwei kleinen Freundinnen aus der Nachbarschaft und ihrem Kindermädchen Angèle zum Entenfüttern in den Bois de Bologne gehen. Berthe setzt die Arbeit an dem Porträt einer jungen Frau fort, die mit ihrer Stickarbeit vor einer weiß blühenden Rosenhecke sitzt. Das Modell ist die achtzehnjährige Patentochter ihres Hausmädchens Nathalie. Als sie irgendwann Julies fröhliche Stimme hört, legt sie Pinsel und Palette beiseite und nimmt mit der Tochter eine kleine Mahlzeit ein. Nathalie hat Crêpes mit Beerenkompott vorbereitet, Julies Lieblingsgericht. Müde vom mehrstündigen Ausflug und dem Spielen mit ihren

Freundinnen lässt Julie sich widerspruchslos zu einem Erholungsschlaf überreden.

»Aber nachher schreiben wir an Jeanne, Blanche, Edmé, Paule, Marcel und Jeannie einen Brief, dass sie uns bald besuchen sollen. Wir wollen alle in den Zoo gehen. Zu den Affen und zu den bunten Papageien und zu den Schildkröten. Versprochen, Maman?«

»Versprochen, mein Kätzchen.«

Berthe muss nicht lange suchen, die grün lederne Mappe liegt auf einem Stapel von Bänden über die großen französischen Maler des 18. Jahrhunderts. Sie geht zurück ins Atelier, legt die Mappe auf einem Beistelltischchen ab und nimmt Blatt für Blatt in die Hand. Schon damals, mit gerade einmal zwanzig Jahren, verfügte Édouard über einen entschlossenen, energischen Strich. Die zahlreichen Architekturdarstellungen erstaunen Berthe. Ein Thema, das bei Édouard nur in dieser frühen Phase seines Schaffens auftaucht. Sie wird Eugène vorschlagen, zwei oder drei der Skizzen in der Ausstellung zu zeigen. Beim Weiterblättern entdeckt sie eine launische Zeichnung, die offenbar beide Brüder beim Zechen in einer Trattoria am Markusplatz in Venedig zeigt.

Etwas rutscht aus der Mappe heraus und fällt zu Boden. Ein Briefumschlag. Sie hebt ihn auf, er ist unverschlossen. Ihre Finger greifen in den Umschlag und ziehen einen Briefbogen heraus. Berthe faltet das Papier auseinander und erkennt Eugènes Handschrift. Sie beginnt zu lesen und stockt, beginnt erneut, aber die Buchstaben verschwimmen vor ihren Augen. Verwirrt setzt sie sich auf das blaue Sofa, ihre Hand, die den Brief hält, zittert. Auch wenn der Name des Adressaten nicht genannt ist, weiß Berthe sofort, an wen dieser Brief gerichtet ist – an Albert Wolff, den Kritiker, der seine Schreibfeder lieber in Gift als in Tinte taucht.

Mehrere Male holt Berthe tief Luft, und dann liest sie, was ihr Mann sieben Jahre zuvor geschrieben hat.

Paris, den 2. April 1876
Monsieur!
Was soll man zu einem Zeitungsartikel wie dem Ihren sagen, in welchem Sie die Leistung von Künstlern verunglimpfen, die ein Metier beherrschen, das dem Ihren fremd ist? Damit meine ich Ihre Reportage im Figaro *vom 31. März über die zweite Ausstellung der sogenannten Impressionistenmaler in der Galerie von Monsieur Durand-Ruel.*
Nicht genug, dass Sie die schöpferischen Ergebnisse verurteilen, was man Ihnen angesichts Ihres Mangels an Kenntnissen bezüglich des Malerberufes nicht einmal verübeln kann. Nein, Sie nehmen sich das Recht heraus, ein Urteil über den Geisteszustand dieser Gruppe von Malern anstellen zu dürfen.
Seien Sie versichert, Monsieur, dass Sie irren. Denn eine dieser von Ihnen als »Revolutionäre und vom Ehrgeiz umnachtet« bezeichneten Personen ist meine Ehefrau – Berthe Morisot. Ihr Zeitungsartikel ist höhnisch, anmaßend und erfüllt den Tatbestand der Beleidigung. Ich aber erlaube niemandem, die künstlerische und geistige Fähigkeit meiner Frau infrage zu stellen.
Wir sollten die Angelegenheit unter vier Augen und zwei Pistolen klären.

Ich treffe Sie – und diese Formulierung dürfen Sie gern im doppelten Wortsinn verstehen – am 10. April 1876 bei Sonnenaufgang im Wald von Saint-Germain.
Eugène Manet

Der Brief in ihren Händen, der nie abgeschickt wurde, hätte zu einem Wendepunkt in ihrem Leben werden können. In diesem Augenblick ist Berthe ebenso erschüttert über Eugènes Forderung wie erleichtert, dass es damals nicht zu einem Duell gekommen ist, für das allein sie der Anlass gewesen wäre. Von Anfang an hat Eugène sie verteidigt. Er hätte sogar sein Leben für sie, seine Ehefrau, riskiert.

Dabei hatte sie nie heiraten wollen. So viele Jahre hatte sie jeden Bewerber abgelehnt, weil sie ihre Malerei über alles andere gestellt hatte. Bis schließlich Eugène kam und ihre Seele berührte. Er bewies der Frau seine Liebe und der Malerin seinen Respekt. Hat sie ihm in den zurückliegenden Jahren jemals deutlich genug gezeigt, wie glücklich er sie macht, wie dankbar sie für Julie ist, ihre wunderbare Tochter? Und wie sehr sie ihn, ihren Mann, liebt?

Nein, ihre Anerkennung war viel zu gering im Vergleich zu der Fülle, die Eugène ihr geschenkt hat. Stattdessen hat sie sich selbst betrogen und bis zum Schluss einen winzigen Funken Hoffnung in ihrem Herzen bewahrt. Die Hoffnung, von einem Maler als ebenbürtig anerkannt zu werden, dessen Werk sie wegen seiner Einzigartigkeit und Kompromisslosigkeit zutiefst bewundert – Édouard Manet.

Was aber verband sie miteinander, den Porträtisten und das Modell? Sie hatten einen Zweikampf ausgetragen, bei dem es keinen Gewinner und keinen Verlierer geben konnte. Édouard Manet hatte sie als Frau gemalt, ihr aber den Respekt als Malerin versagt. Sie wiederum hatte dem Maler eine Hülle präsentiert, ihm aber den Blick in ihr Inneres verwehrt.

Die Uhr neben der Staffelei zeigt drei Uhr an. Plötzlich kann Berthe es nicht erwarten, dass ihr Mann nach Hause kommt. Endlich hört sie das Geräusch von Pferdehufen vor dem Haus. Sie reißt sie die Tür auf, läuft ihm entgegen und umarmt ihn mitten auf der Straße.

»Eugène, ich muss dich malen. Jetzt. Sofort.«

Was danach geschah

◇ Vom 05. bis zum 28. Januar 1884 fand in der Pariser École des Beaux-Arts eine Ausstellung der Werke Édouard Manets statt. Gezeigt wurden 116 Gemälde, 31 Pastelle, außerdem Aquarelle, Zeichnungen und Druckgraphik.

◇ Eugène Manet starb am 13. April 1892 im Alter von 58 Jahren.

◇ Berthe Morisot starb am 02. März 1895 im Alter von 54 Jahren.

◇ Julie Manet wurde Malerin. 1900 heiratete sie den Maler Ernest Rouart. Sie starb am 14. Juli 1966 im Alter von 87 Jahren.

◇ Paule Gobillard, die Nichte Berthe Morisots, wurde Malerin. Ihre Schwester Jeannie Gobillard heiratete den Lyriker und Philosophen Paul Valéry.

Einige Worte an die Leserinnen und Leser

Impressionistische Malerei – wahrscheinlich denken Sie bei diesem Begriff an Gemälde, die aus der Nähe erscheinen, als seien zufällige Pinselstriche auf die Leinwand getupft worden. Farben und Objekte sind erst erkennbar, wenn die Bilder aus größerer Distanz betrachtet werden. Vielleicht haben Sie jetzt Darstellungen von tanzenden Paaren in einem sonnendurchfluteten Gartencafé vor Augen, von Tänzerinnen bei der Ballettprobe oder von jungen Mädchen in duftigen Kleidern beim Lesen oder beim gemeinsamen Klavierspiel. Namen wie Edgar Degas, Claude Monet, August Renoir, Paul Cézanne, Camille Pissarro oder Alfred Sisley sind Ihnen vermutlich vertraut. Wer aber kennt den Namen und das Werk von Berthe Morisot?

1864, im Alter von dreiundzwanzig Jahren, hat sie das erste Mal im Pariser *Salon* ausgestellt, dem offiziellen Schauplatz des französischen Kunstbetriebs. Von insgesamt acht Impressionisten-Ausstellungen zwischen 1874 und 1886 hat sie an sieben teilgenommen und nur im Jahr nach der Geburt der Tochter ausgesetzt. Und dennoch – trotz ihrer Präsenz in der Öffentlichkeit und trotz zahlreicher Auftragsarbeiten ist der Name Berthe Morisot heutzutage nahezu vergessen. Wie ist so etwas möglich?

Die Geschichte der Kunst ist eine Geschichte von Männern über Männer. Bis zum Ende des 19. Jahrhunderts waren Frauen von den renommierten europäischen Kunstakademien ausgeschlossen. Als einziger Ausweg blieb ihnen teurer Privatunterricht – sofern sie aus vermögenden Verhältnissen stammten. Frauen war ein Leben aus zweiter Hand zugedacht, verantwortlich für das Glück des zukünftigen Ehemannes und der zukünftigen Kinder. Berthes Morisots Talent, und auch das ihrer Schwester Edma, bewertete ihr gemeinsamer Lehrer Camille Corot als Katastrophe. Die beiden jungen Frauen sollten lieber ein Mitglied der Académie heiraten, als selbst zu malen, so seine Empfehlung.

Das Schicksal, in Vergessenheit geraten zu sein, teilt Berthe Morisot mit vielen Malerinnen der Vergangenheit. Auf deren Gemälden finden wir dann keine weibliche Signatur, sondern die eines Werkstattmeisters. Oftmals handelte es sich um den Vater, Bruder oder Ehemann. Oder aber ihre originale Signatur wurde mit der eines vorgeblich bekannten Malers überschrieben – zum Zwecke der Verkaufsförderung bei Sammlern. Dass eigenständige Künstlerinnen so wenig bekannt sind, gilt nicht nur für die Malerei, sondern auch für die Musik, Literatur, Bildhauerei, Fotografie und den Film.

Beim Schreiben dieses Romans war mir manchmal zwiespältig zumute.

Als Kunsthistorikerin hat Berthe Morisot mich fasziniert. Eine Frau, talentiert und technisch versiert, die mit ihren Malerkollegen gleichberechtigt kommuniziert. Im Namen einer Gruppe unabhängiger Maler hatte Edgar Degas sie 1874 gebeten, sich ihrer Vereinigung anzuschließen. Unter den dreißig Künstlern der ersten gemeinsamen Ausstellung war Berthe Morisot die einzige Frau! Vier Jahre zuvor hatte Édouard Manet, der sie insgesamt zwölfmal porträtiert hat, ein Doppelbildnis von ihr übermalt und es erst danach für ausstellungswürdig befunden.

Als Autorin hat Eugène Manet mich fasziniert, der jüngere Bruder Édouard Manets, Berthes Ehemann. Ein Maler, der seinen zeitgenössischen Kollegen ebenbürtig war und der dennoch niemals öffentlich ausgestellt, sondern seiner Frau den Vortritt gelassen hat. Ihm wollte ich auf die Spur kommen, einem Mann, der seiner Frau auf Augenhöhe begegnet und sie als Malerin respektiert. Der ihr Pastellkreide und Zeichenblöcke schenkt, als sie nach der Geburt der Tochter nicht genügend Kraft hat, an einer Staffelei zu arbeiten. Der sie in Phasen des Zweifelns ermutigt und in ihrem Wunsch nach Eigenständigkeit unterstützt, der für sie und die Freunde Ausstellungen organisiert und der, nachdem ein Kritiker sich verächtlich über ihre Malweise geäußert hat, entschlossen ist, die Ehre seiner Frau wiederherzustellen. Mit allen Mitteln.

Was für ein souveräner Mann – in der zweiten Hälfte des 19. Jahrhunderts.

Bei jedem Roman, der erdacht, niedergeschrieben und verlegt wird, gibt es viele Mitbeteiligte. Mein besonderer Dank gilt:
– meiner Tochter Pauline, die auch diesmal wieder zielsicher die

Person erkannt hat, der ich mehr Substanz und Kontur verleihen musste,
- meiner Agentin Franka Zastrow von der Agentur Schlück, die wusste, wo die Geschichte von Berthe Morisot eine Verlagsheimat finden konnte,
- Maike Kleihauer, meiner ebenso sachverständigen wie einfühligen Lektorin für eine wunderbar konstruktive Zusammenarbeit voller unverzichtbarer Vorschläge,
- meiner Freundin Urte Schink für ihre Anteilnahme an meiner persönlichen Entwicklung und der meiner Charaktere,
- meiner großartigen Testleserin Marlies Umlauft, die sich in das Seelenleben meiner Romanfiguren manchmal so viel besser hineinversetzen konnte als ich,
- meinen befreundeten Kolleginnen Heidi Rehn für zahlreiche Literatur- und Bildhinweise, Monika Buttler für manchen anregenden Zeitungs- und Büchertausch, Ute Baur-Timmerbrink für ihre Antworten zu allen meinen Fragen zur deutsch-französischen Geschichte und Friedel Wahren, die mir nach fünf gemeinsamen Büchern auch weiterhin mit ihrem Rat zur Seite steht,
- Inka Ihmels, Foreign Rights Manager im Aufbau Verlag, die dafür verantwortlich ist, dass meine Bücher auch in vielen anderen Ländern gelesen werden können,
- sowie Stefanie Werk mit ihrem Team und allen im Aufbau Verlag, die dazu beigetragen haben, dass aus einer Anfangsidee ein Buch werden konnte.

Sollten Sie, liebe Leserinnen und Leser, die Gelegenheit haben, eines der großen Museen in Paris, Brüssel, Stockholm, London, New York, Chicago, Washington oder Tokio zu besuchen, halten Sie Ausschau nach Gemälden von Berthe Morisot. Sie werden eine außergewöhnliche Künstlerin entdecken. Berthe Morisot war eine Meisterin des Lichts und der Farben, in ihren Bildern verbindet sich Lebendigkeit mit Stille. Das macht ihre Darstellungen so bewegend und anziehend, auch eineinhalb Jahrhunderte nach ihrem Entstehen. Sie betören nicht nur die Augen, sondern berühren auch die Seele der Betrachterin und des Betrachters. Ich bin sicher, Sie werden mir zustimmen.

Herzlich
Ihre Agnès Gabriel

Historische Personen

Familie Manet

MANET Auguste (1797–1862), Ehemann von Eugénie-Désirée Manet, Vater von Édouard, Eugène und Gustave Manet

MANET Eugénie-Désirée geb. Fournier (1812–1885), Ehefrau von Auguste Manet, Mutter von Édouard, Eugène und Gustave Manet

MANET Édouard (1832–1883), Ehemann von Suzanne Manet, Bruder von Eugène und Gustave Manet

MANET Eugène (1833–1892), Ehemann von Berthe Morisot, Vater von Julie Manet, Bruder von Édouard und Gustave Manet

MANET Gustave (1835–1884), Bruder von Édouard und Eugène Manet

MANET Julie (1878–1966), Tochter von Berthe Morisot und Eugène Manet

MANET Suzanne geb. Leenhoff (1829–1906), Ehefrau von Édouard Manet, Mutter von Léon Leenhoff

LEENHOFF Léon (1852–1927), Sohn von Suzanne Manet, Patensohn von Édouard Manet

FAMILIE MORISOT

MORISOT Edmé Tiburce (1806–1874), Ehemann von Marie Cornélie Morisot, Vater von Yves, Edma, Berthe und Tiburce Morisot

MORISOT Marie Joséphine Cornélie geb. Thomas (1819–1876), Ehefrau von Edmé Tiburce Morisot, Mutter von Yves, Edma, Berthe und Tiburce Morisot

MORISOT Yves (1838–1893), Ehefrau von Théodore Gobillard, Mutter von Paul, Marcel und Jeannie Gobillard, Schwester von Edma, Berthe und Tiburce Morisot

MORISOT Edma (1839–1921), Ehefrau von Adolphe Pontillon, Mutter von Jeanne, Blanche und Edmé Pontillon, Schwester von Yves, Berthe und Tiburce Morisot

MORISOT Berthe (1841–1895), Ehefrau von Eugène Manet, Mutter von Julie Manet, Schwester von Yves, Edma und Tiburce Morisot

MORISOT Tiburce (1848–?), Bruder von Yves, Edma und Berthe Morisot

GOBILLARD Théodore (?–1879), Steuerinspektor, Ehemann von Yves Morisot, Vater von Paule, Marcel und Jeannie Gobillard

GOBILLARD Paule (1867–1946), Tochter von Yves Morisot und Théodore Gobillard, Schwester von Jeannie und Marcel Gobillard

GOBILLARD Marcel (1872–1922), Sohn von Yves Morisot und Theódore Gobillard, Bruder von Paule und Jeannie Gobillard

GOBILLARD Jeannie (1877–1970), Tochter von Yves Morisot und Théodore Gobillard, Schwester von Paule und Marcel Gobillard

PONTILLON Adolphe (1842–1894), Ehemann von Edma Morisot, Vater von Blanche, Jeanne und Edmé Pontillon

PONTILLON Jeanne (1870–?), Tochter von Edma Morisot und Adolphe Pontillon

PONTILLON Blanche (1873–1941), Tochter von Edma Morisot und Adolphe Pontillon

PONTILON Edmé (1878–?), Sohn von Edma Morisot und Adolphe Pontillon

Zeitgenossen:

BRAQUEMOND Félix (1833–1914), Maler, Graphiker, Ehemann von Marie Braquemond

BRAQUEMOND Marie (1840–1916), Malerin, Ehefrau von Félix Braquemond

CAILLEBOTTE Gustave (1848–1894), Maler

CASSATT Mary (1844–1926), Malerin

CEZANNE Paul (1839–1906), Maler

COROT Jean-Baptiste Camille (1796–1875), Maler, Lehrer von Berthe und Edma Morisot

DEGAS Edgar (1841–1919), Maler und Bildhauer

DURAND-RUEL Paul (1831–1922), Kunsthändler und Galerist

GAUGUIN Paul (1848–1903), Maler

GONZALÈS Eva (1849–1883), Malerin

MALLARMÉ Stéphane (1842–1898), Schriftsteller, Freund der Familie Morisot

MENDÈS Catulle (1841–1909), Schriftsteller

MONET Claude (1840–1926), Maler

OUDINOT Achille François (1820–1891), Maler

PISSARRO Camille (1830–1903), Maler

PUVIS DE CHAVANNES Pierre (1824–1898) Maler

RENOIR Pierre-Auguste (1841–1919), Maler

SISLEY Alfred Arthur (1839–1899), Maler

WOLFF Albert (1825–1891), Journalist, Schriftsteller

ZOLA Émile (1840–1902), Schriftsteller, Maler, Journalist

Zum Weiterlesen:

Bona, Dominique: Berthe Morisot. *Das Geheimnis der Frau in Schwarz*, München 2002.

Des Cars, Laurens und Stéphane Guégan (Hg.): *Manet/Degas*, Ausstellungskatalog Musée d'Orsay Paris, Paris 2023.

Finckh, Gerhard (Hg.): *Édouard Manet*. Ausstellungskatalog Von der Heydt-Museum Wuppertal, Wuppertal 2017.

Herring, Sarah und Emma Capron (Hg.): *Discover Manet & Eva Gonzalès*, Ausstellungskatalog National Gallery London, London 2022.

Higonnet, Anne: *Berthe Morisot*, Berkeley, Los Angeles 1995.

Manet, Julie: *Das Tagebuch der Julie Manet. Eine Jugend im Banne der Impressionisten*, München, Hamburg 1989.

Patry, Sylvie (Hg.): *Berthe Morisot.* Ausstellungskatalog Musée d'Orsay Paris, Paris 2019.

Roe, Sue: *Das private Leben der Impressionisten*, Berlin 2011.

Rouart, Denis (Hg.): *Berthe Morisot. Correspondence*, London 1987.

Schaefer, Iris (Hg.): *Entdeckt! Maltechniken von Martini bis Monet*, Ausstellungskatalog Wallraf-Richartz-Museum Köln, Köln 2021.

Schneider, Angela et al. (Hg.): *Französische Meisterwerke des 19. Jahrhunderts aus dem Metropolitan Museum of Art*, New York, Ausstellungskatalog Neue Nationalgalerie Berlin, Berlin 2007.

Todd, Pamela: *Im Salon. Zu Besuch bei den Impressionisten*, Stuttgart 2005.

Walther, Ingo F. (Hg.): *Malerei des Impressionismus*, Köln 2000.

Agnès Gabriel
Die Couturière
Elsa Schiaparelli und die Kunst der Mode
Roman
382 Seiten. Klappenbroschur
ISBN 978-3-7466-3879-9
Auch als E-Book lieferbar

Elsa Schiaparelli – die große Gegenspielerin Coco Chanels

Tief verletzt, weil ihr Mann sie mit Isadora Duncan betrogen hat, verlässt Elsa Schiaparelli New York. Nie wieder will sie von einem Mann abhängig sein. In Paris ob ihres Esprits und ihrer Kreativität gefeiert, gilt sie schon bald als originellste Couturière ihrer Zeit – und die Frau, die in der Mode bislang den Ton angegeben hat, wird zu ihrer größten Rivalin: Coco Chanel. Doch dann muss Elsa nicht nur um das Leben ihrer kleinen Tochter kämpfen, sie muss auch entscheiden, ob sie der Liebe noch eine Chance geben will …

Ein berührender Roman über die Frau, die Kunst zum Anziehen erfand und um deren Mode sich ganz Hollywood riss

Regelmäßige Informationen erhalten Sie über unseren Newsletter.
Jetzt anmelden unter: www.aufbau-verlage.de/newsletter

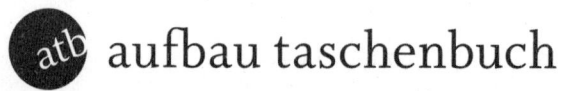

Agnès Gabriel
Merci, Monsieur Dior
Roman
416 Seiten. Broschur
ISBN 978-3-7466-3497-5
Auch als E-Book lieferbar

„Glück ist das Geheimnis aller Schönheit." Christian Dior

Frankreich, 1947: Die junge Célestine kommt nach Paris, wo sie dem Designer Christian Dior begegnet. Mit ihrer natürlichen Weiblichkeit inspiriert sie den Couturier, sie wird seine Privatsekretärin und Muse. Während die Menschen in dieser Zeit noch an den Folgen des Krieges tragen, sehnen sie sich zugleich nach Schönheit und Aufbruch, so dass Diors feminine, elegante Mode bald weltweit bejubelt wird. Zwischen Haute Couture und neuer Opulenz droht Célestine sich zu verlieren, aber dann findet sie – die Liebe …

Eine junge Frau sucht ihr Glück im Paris der Nachkriegszeit und begegnet Christian Dior, mit dessen New Look eine neue Ära der Mode beginnt.

**Regelmäßige Informationen erhalten Sie über unseren Newsletter.
Jetzt anmelden unter: www.aufbau-verlage.de/newsletter**

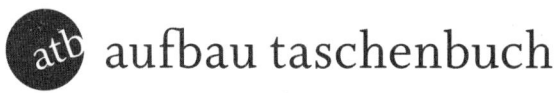

Caroline Bernard
Ich bin Frida
Eine große Geschichte von Liebe und Freiheit
Roman
376 Seiten. Klappenbroschur
ISBN 978-3-7466-4069-3
Auch als E-Book lieferbar

»Ich bin meine eigene Muse!«

Frida Kahlo

Endlich ist es so weit: Frida Kahlo hat ihre erste Einzelausstellung in New York – und sie ist ein rauschender Erfolg. Manhattans Kunstwelt feiert sie. Dann begegnet sie dem Fotografen Nickolas Muray und erlebt eine leidenschaftliche Amour fou. Nachdem sie künstlerisch aus dem Schatten ihres untreuen Manns Diego getreten ist, will sie auch in der Liebe ihren Gefühlen folgen. Doch Nick verlangt etwas scheinbar Unmögliches von ihr. Frida muss herausfinden, was sie wirklich will – in der Kunst und in der Liebe.

Der neue Roman über Frida Kahlo: Einfühlsam und mit großer Kenntnis erzählt Bestsellerautorin Caroline Bernard von einer bisher unbekannten Seite der Welt-Ikone

Regelmäßige Informationen erhalten Sie über unseren Newsletter.
Jetzt anmelden unter: www.aufbau-verlage.de/newsletter

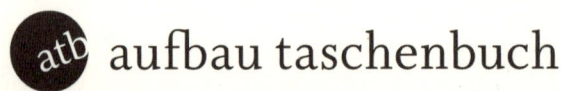